绿色公路隧道洞口设计与施工关键技术

华开成　岳夏冰　胡　昭
王玉文　吕大伟　陈伯俊　编

北京理工大学出版社
BEIJING INSTITUTE OF TECHNOLOGY PRESS

内 容 简 介

本书较为系统地介绍了绿色公路隧道洞口设计与施工需要考虑的主要内容，包括隧道洞口软弱围岩加固处理技术、隧道进洞方式、洞门适用性分析及优化设计、隧道洞口环境与驾驶行为分析、隧道洞口遮阳棚设计、隧道洞口景观优化设计等。本书还依托广东惠清高速公路项目进行了案例分析，通过数值计算及现场测试，对隧道洞口各项绿色技术的应用进行了介绍。

本书适合作为隧道和地下工程行业设计和施工人员的学习用书，亦可供科研人员及高校有关专业师生阅读参考。

版权专有　侵权必究

图书在版编目(CIP)数据

绿色公路隧道洞口设计与施工关键技术／华开成等编． --北京：北京理工大学出版社，2023.10
ISBN 978-7-5763-3063-2

Ⅰ. ①绿… Ⅱ. ①华… Ⅲ. ①公路隧道-隧道口-设计 ②公路隧道-隧道施工 Ⅳ. ①U453.1 ②U231.3

中国国家版本馆 CIP 数据核字(2023)第 198899 号

责任编辑：陆世立　　**文案编辑**：李　硕
责任校对：刘亚男　　**责任印制**：李志强

出版发行 ／ 北京理工大学出版社有限责任公司
社　　址 ／ 北京市丰台区四合庄路 6 号
邮　　编 ／ 100070
电　　话 ／ (010) 68914026（教材售后服务热线）
　　　　　　(010) 68944437（课件资源服务热线）
网　　址 ／ http://www.bitpress.com.cn

版 印 次 ／ 2023 年 10 月第 1 版第 1 次印刷
印　　刷 ／ 唐山富达印务有限公司
开　　本 ／ 787 mm×1092 mm　1/16
印　　张 ／ 12.5
字　　数 ／ 290 千字
定　　价 ／ 92.00 元

图书出现印装质量问题，请拨打售后服务热线，负责调换

前 言

隧道洞口施工不仅在很大程度上改变了洞口周边的自然环境，破坏了既有坡体的自然平衡状态，同时修筑的洞口和坡面挡墙以及附属构筑物对地区局部环境也产生了极大影响。长期以来，隧道工程中所谓的"早进洞、晚出洞"正是为了少开挖、少扰动山体，少破坏原始植被与原始洞口区段的环境，即针对环保而提出的；近年来，傍山棚洞结构、前置式洞口、零开挖进洞等设计理念和施工工艺，也都是针对环保而提出的。对隧道洞口开挖的边仰坡进行绿化，恢复和建设好地表植被，能够加固坡面浅层岩土体，稳定边仰坡，防止冲刷和水土流失，减少隧道建设对环境的影响，从而保护生态环境。在很长一段时间内，洞门仅被当作一个承受背后山体土压力、稳定边仰坡、保护道路免于落石与雪崩等危害的防护结构，即安全功能被当成其唯一功能，而且常常以路堑方式设置洞门和开挖洞口。隧道工程是一项隐蔽性极强的工程，洞口是其唯一的外露部分，也是与周边的景观协调、缓和进入一封闭的暗部空间时心理紧张感的重要结构。

本书较为系统地介绍了绿色公路隧道洞口设计与施工需要考虑的主要内容，同时提出了反向出洞方案的关键技术参数。该技术减小了隧道附近围岩的应力集中，降低了洞口围岩失稳的风险，提升了隧道施工安全，减少了洞口施工对环境的破坏。

本书得到广东省交通厅《惠清高速公路隧道绿色建设成套技术研究》课题和汕湛高速公路惠州—清远段项目支持。本书由吕大伟编写第一章、第八章，岳夏冰编写第二章、第八章，胡昭编写第三章、第五章、第六章、第七章、第八章，华开成编写第四章、第八章，王玉文编写第五章、第六章，陈伯俊编写第七章、第八章，全书由华开成统稿。

由于编者水平所限，书中疏漏之处在所难免，恳请广大读者批评指正。

编 者

目 录

- 第一章 绪论 ·· (1)
  - 1.1 概述 ·· (1)
  - 1.2 绿色施工发展现状 ··· (2)
  - 1.3 绿色公路隧道研究现状 ·· (6)
  - 1.4 公路隧道洞口段技术应用现状 ··· (8)
- 第二章 隧道洞口软弱围岩加固处理技术 ·· (19)
  - 2.1 软弱围岩的特点 ··· (19)
  - 2.2 隧道洞口软弱围岩处治方法 ·· (23)
  - 2.3 超前小导管支护效果研究 ·· (25)
  - 2.4 超前管棚支护效果研究 ·· (34)
- 第三章 隧道进洞方式 ·· (40)
  - 3.1 隧道常见进洞方式 ··· (40)
  - 3.2 隧道进洞方式的影响因素 ·· (41)
  - 3.3 隧道反向出洞技术研究 ·· (47)
- 第四章 洞门适用性分析及优化设计 ·· (60)
  - 4.1 隧道洞门形式分类及特点 ·· (60)
  - 4.2 不同洞门形式的功能性分析研究 ·· (64)
  - 4.3 隧道洞门选型的影响因素 ·· (66)
  - 4.4 基于环境保护的隧道洞门选型研究 ·· (68)
- 第五章 隧道洞口环境与驾驶行为分析 ··· (71)
  - 5.1 隧道洞口环境相关研究 ·· (71)
  - 5.2 隧道洞口构造设计对驾驶员行车体验影响分析 ································ (75)
  - 5.3 光环境对视觉影响的试验方法 ··· (83)
- 第六章 隧道洞口遮阳棚设计 ··· (93)
  - 6.1 隧道洞口光环境变化对驾驶员反应时间影响分析 ····························· (93)
  - 6.2 隧道洞口遮阳棚光环境模型设计 ·· (100)
  - 6.3 基于 Ecotect Analysis 的隧道洞口光环境仿真模型构建方法 ············· (128)
- 第七章 隧道洞口景观优化设计 ·· (132)
  - 7.1 惠清高速公路隧道洞口与区域景观和地域文化的融合 ····················· (132)

7.2 惠清高速公路隧道洞口工程结构物景观分析评价 …………………… (137)
7.3 隧道洞口景观设计 …………………………………………………… (148)

第八章 惠清高速公路隧道洞口绿色技术应用 …………………………… (156)
8.1 惠清高速公路隧道洞口及洞门优化设计 ……………………………… (156)
8.2 惠清高速公路绿色进洞技术应用 ……………………………………… (162)
8.3 隧道洞口景观优化在惠清高速公路中的应用 ………………………… (175)
8.4 枫树坳隧道洞口遮阳棚设计 …………………………………………… (185)

参考文献 ……………………………………………………………………… (190)

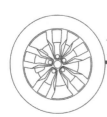
第一章 绪 论

1.1 概 述

随着国家交通运输网规划的逐步实施，交通运输线急剧增加，相应隧道工程的建设规模与数量也随之高速增长。随着我国"国土绿化工程"和"建设绿色走廊"等建设理念的逐步推行实施，隧道工程中的生态、环保和安全的设计理念也日益凸显。通过建设"绿色"高速公路交通体系来实现高速公路交通的可持续发展，充分反映了国家对工程建设环境方面的高度重视和要求。对高速公路隧道工程而言，在保证隧道工程安全的条件下，实施隧道工程的绿色建造是高速公路工程建设健康发展的必然需求。

本书依托的项目为汕湛高速公路惠州—清远段工程，其周边环境是生态群园区，因此在高速公路隧道工程建设的同时须将隧道建设全过程的生态环境保护放在工作首位。隧道工程是指在岩土体介质中构筑建筑结构，即开挖出岩土体介质从而形成充满动态空气介质的车行隧道结构空间。因此，构建高速公路绿色隧道的核心问题首先是隧道群的绿色开挖和隧道结构空间（洞口和洞体）的绿色环境构建，其次是开挖出的岩土体介质的生态处理和利用。因此，构建一种低碳、节能、结构体系完整、景观视觉与生态功能相统一的多层次、多元化的绿色隧道，成为高速公路隧道工程建设可持续稳定发展的必然趋势。

高速公路隧道群建设对生态环境有双重影响，一方面，高速公路隧道群建设会使自然景观失去原有状态，可能破坏相对稳定的生态系统，特别是穿越山区的高速公路隧道群建设可能会引发塌方、滑坡等地质灾害，尤其是我国华南山区降雨丰富，生态环境脆弱，一旦破坏就很难恢复；另一方面，通过优化隧道工程设计、绿色施工，最大限度地保护、利用自然环境和资源，实现高速公路隧道工程与自然的和谐统一。在高速公路绿色隧道建造全过程的管理中，应坚持两个基本准则：一是人类与自然是有机的统一整体，必须协调共处；二是必须坚持经济效益、社会效益、生态环境效益相统一。

众多高速公路隧道的建设将面临开挖后产生的大量废弃渣土的处理问题和地下水环境改变的难题，其中废弃渣土目前大多采用抛弃、堆放等处理方法，不可避免地会对环境产生各种不良的影响。近年来，随着我国高速公路的大量修建，必然涉及相当数量的隧道工程的开挖，其工程废弃渣土的再生资源利用问题和隧道群水环境保护问题变得尤为突出。因此，进行废弃渣土综合利用技术的研究可将大量的隧道弃渣转化为使用于土木工程、建筑工程中的各种材料或绿色处理，不但可有效地解决环境水污染问题，还可产生作为再生资源的工程材料，构建绿色设计、绿色施工和绿色利用的高速公路生态隧道。

综上所述，对隧道绿色建设成套技术进行研究，形成高速公路隧道工程绿色建造技术参考指南，具有以下重要的指导意义。

1) 绿色设计——体现国家工程建设的"绿色"新理念

国家正在推行实施"国土绿化工程"和"建设绿色走廊"的建设理念，本项目的研究将高速公路隧道工程的建造与生态环境保护有机结合，体现了国家工程建设的最新理念，有利于实现高速公路工程的可持续发展。

2) 绿色施工——实现隧道建设、生态景观和整个交通体系的和谐

隧道作为高速公路整个交通体系的一部分，其绿色设计、绿色施工、绿色利用的关键技术，不仅可以从根本上解决隧道开挖对当地生态环境、地下水资源破坏的难题，而且可以解决施工过程中的粉尘污染问题以及开挖所产生的废弃岩土体的生态处理问题，因而从整体上减少了隧道建设的负面影响，使人类创造的隧道工程群融入整个高速公路生态群中，给高速公路的使用者提供一个生态、环保、和谐的"绿色长廊"。

3) 绿色利用——实现经济效益、生态效益和社会效益的最优化

将"绿色"设计和施工的理念贯穿整个高速公路隧道的建造过程，提出了绿色设计、绿色施工和绿色利用的高速公路建造新思路和新方法。绿色隧道工程的构建将有效降低开挖过程中废弃岩土体的产出量，最大程度实现隧道内、外和周边环境及地下水资源的原生态平衡，实现隧道内、外设计和施工、景观设计、生态环境的协调发展，利于经济效益、生态环境效益和社会效益的最优化。

4) 绿色管理——倡导绿色交通，实现高速公路建造的可持续发展

绿色隧道是按照创新、协调、绿色、开放、共享的核心价值理念，在规划、设计、施工、运营、养护等阶段中，将绿色低碳理念贯穿于整个过程中，把绿色设计、绿色施工、绿色利用纳入核心建设目标，运用全寿命周期理论进行科学规划设计，在建设施工过程中采取新材料、新工艺、新方法、新能源，在运营养护阶段采用节能减排的新技术。即以绿色低碳为理念，全过程采用绿色低碳技术，全寿命实现绿色低碳效益，全方位进行绿色低碳管理，全面展示绿色低碳成果，用绿色低碳的方式修路，为使用者提供绿色低碳的公路产品。

1.2 绿色施工发展现状

1.2.1 国外绿色施工研究发展现状

绿色施工是可持续发展在施工环节的体现，绿色施工的概念在世界上有不同的提法，与可持续建筑、可持续建造、绿色建筑、清洁生产、环保施工等具有极高的相关度。

20世纪30年代，美国建筑师富勒提出"少费多用"原则。20世纪60年代，美国建

筑师保罗·索勒瑞提出"生态建筑"的新理念。20世纪70年代，世界石油危机使太阳能、地热、风能等各种建筑节能技术应运而生，节能建筑开始发展，为绿色革命拉开帷幕，成为绿色建筑发展的先导。

1972年，联合国在瑞典斯德哥尔摩召开了人类环境会议，通过了《人类环境宣言》。1976年，欧共体在巴黎举行了"无废工艺和无废生产国际研讨会"，会上提出了"消除造成污染的根源"的思想；1979年4月，欧共体宣布推行清洁生产政策。1980年，世界自然保护组织首次提出"可持续发展"的口号，节能建筑体系逐渐完善，并在德国、英国、法国、加拿大等发达国家广泛应用。1987年，联合国世界环境与发展委员会出版了《我们共同的未来》报告，引入了"持续发展"的概念，可持续发展思想被确定，在报告中敦促工业界建立有效的环境管理体系。1989年5月，联合国环境署工业与环境规划活动中心出台了《清洁生产计划》，在全球范围内推进清洁生产。

20世纪80年代开始，欧美的一些公司建立起环境管理方式和体系，旨在减少污染，发达国家进入"循环经济时代"。1985年，荷兰率先提出建立企业环境管理体系的概念。1990年，欧共体在慕尼黑的环境圆桌会议上专题讨论了环境审核议题，英国也制定了BS7750环境管理体系。同年，世界首个绿色建筑标准在英国发布。1995年4月，欧共体开始实施欧洲环境管理和审核体系（EMAS）。

1992年，联合国环境与发展大会在巴西里约热内卢召开，《21世纪议程》等文件被通过，该文件不仅制订了一系列有效的计划，还对21世纪可持续发展进行了详细的规划。这次大会的召开标志着全球开始谋求可持续发展，并认识到为实现可持续发展的目标，需从加强环境管理入手，提高能效，使用清洁技术，进行清洁生产，谋求可持续发展的具体途径。"绿色建筑"成为世界建筑业的发展方向。

1993年6月，国际标准化组织（ISO）成立了ISO/TC3207环境管理技术委员会，正式开始制定环境管理系列标准，以规范企业和社会团体等所有组织的活动、产品和服务的环境行为，支持全球性的环境保护工作。环境体系认证逐步成为跨国企业的必备条件。

1993年，Charles J. Kibert教授提出了可持续建造理论，可持续建造的目的是减少建筑在其整个生命周期内的消耗，实现经济、舒适、安全、环保。这一理论还介绍了工程施工在环境保护和节约资源方面的巨大潜力，说明建筑业在达到可持续发展进程中的责任。

1994年，首届可持续建造国际会议在美国召开，会议上将可持续建造定义为"在有效利用资源和遵守生态原则的基础上，创造一个健康的环境，并进行维护"。世界经济合作与发展组织（OECD）则对可持续建筑给出了四个原则：资源的应用效率原则、能源的使用效率原则、污染的防止原则（室内空气质量，二氧化碳的排放量）、环境的和谐原则。在施工阶段，要求减少和避免建造过程中环境的损害或破坏、避免浪费资源。

1998年，George Ofori建议与建筑施工可持续性相关的所有主题都应该得到关注和重视，尤其要得到发展中国家的认可。1998年10月，在韩国汉城召开的第五次国际清洁生产高级研讨会上，出台了《国际清洁生产宣言》。

2009年3月，国际标准委员会（ICC）首次为新建与现有商业建筑编写了《国际绿色建筑准则》。该准则涉及建筑领域的各方面，旨在确保在建设设计、施工安全性和可持续发展性的基础上，节约成本并增加就业机会。2009—2012年，该准则进行了多次修订和补充。2012版《国际绿色建筑准则》在建筑行业的专业人士、环保组织、决策者和公众的听证下,由美国材料与试验学会(ASTM),美国建筑师协会(AIA),美国采暖、制冷与空调工程师学会(ASHRAE),美国绿色建筑委员会(USGBC)以及美国照明工程学会(IES)五个机构合作制定。它是第一个包括衡量整个建设项目的可持续性的准则,对于新的和现有的建筑,它涵盖了有关能源节约、提高用水效率、现场影响、建筑垃圾、材料资源利用效率和其他可持续性措施的准则规范。

目前,世界各国逐步建立了绿色建筑评价体系,如英国的BREEAM、美国的LEED,加拿大的GBTool、日本的CASBEE等。

发达国家特别关注用何种材料建筑施工来节省材料和能源、减少建筑施工对环境的污染、降低建造成本、减轻劳动强度、延长建筑寿命等问题,已经取得了较大的进展。一些建筑研究所和大型企业共同协作,出版了《绿色建筑技术手册(设计、施工、运行)》《绿色建筑设计和建造参考指南》等书籍,具有一定的指导性,促进了绿色施工的发展。

1.2.2 国内绿色施工发展现状

我国建筑业首先从文明施工、环境保护开始认识到环境保护体系的推广,国家"节能减排"政策的推行,出现了"节约型工地"(上海)和施工中节能减排的具体做法和要求,因此研究绿色施工的发展可以从文明施工、环境保护、节能减排、绿色建筑等方面进行梳理。

1)节能、环保在国家宏观层面的强化

从20世纪70年代开始,我国政府愈发重视节能减排及环境保护,出台了很多环境保护、节能等方面的法规条例。

1978年开始,国家在环境保护、防治污染、节约能源等方面构建顶层法律和规章,如《中华人民共和国宪法》《中华人民共和国环境保护法》《中华人民共和国环境保护标准管理办法》《中华人民共和国水污染防治法》《节约能源管理暂行条例》《中华人民共和国水法》《中华人民共和国水污染防治法实施细则》《中华人民共和国大气污染防治法实施细则》《中国电力法》《中华人民共和国环境噪声污染防治法》《节能技术政策大纲》等。

1992年联合国环境与发展大会召开后,我国积极回应联合国环境与发展大会对走可持续之路的动员,发布了《中国21世纪议程——中国21世纪人口、环境与发展白皮书》。国务院颁布了《中国21世纪初可持续发展行动纲要》,强调环境保护和环境防治。

1997年,《中华人民共和国节约能源法》的公布和实施确定了节能在我国经济社会建设中的重要地位,将节能作为国家发展经济的一项长远战略方针,使我国的节能行动有了法律支持。

1998年11月,国务院常务会议通过了《建设项目环境保护管理条例》。2000年3月,国家经济贸易委员会、国家发展计划委员会颁布《节约用电管理办法》。

2002年6月,《中华人民共和国清洁生产促进法》在第九届全国人大常委会第28次会议通过;该法于2012年再次修正。

2005年7月,国务院发布了《关于做好建设节约型社会近期重点工作的通知》,强调以资源利用效率为核心,以节能、节水、节材、节地、资源综合利用和发展循环经济为重点，必须加快节约型社会的建设。

从 2006 年开始，我国实施单位 GDP 能耗公报制度，并将能耗降低指标分解到各省份，中央政府、各地政府和主要企业分别签订了节能目标责任书。

2018 年 10 月，修订后的《中华人民共和国节约能源法》公布，进一步强化了节能减排的重要性，要求全社会参与。

2）建筑施工中的安全文明、环境保护、节能减排

在环境保护、节能减排的大背景下，20 世纪 80 年代开始，我国对建筑施工要求由质量、安全扩展到环境保护、文明施工、节能减排、绿色施工等方向。

20 世纪 90 年代开始，国家及省市行业主管部门对安全文明要求和规定以标准、规范、行业要求等形式进行明确，特别是在北京、上海、广州等大中城市及各省都发布了明文规定，定期评选"安全文明"工地。

与 ISO14000 标准相配合，我国在 1996 年首次发布《环境管理体系要求及使用指南》，于 2005 年第一次修订。大多数建筑施工企业都开展了环境体系贯标工作。

《建设工程施工现场消防安全技术规范》《建筑施工场界环境噪声排放标准》《建筑施工现场环境与卫生标准》《施工现场临时建筑物技术规范》《城市建筑垃圾管理规定》等国家和行业标准相继发布，不断强化了施工现场安全、文明施工、环境保护的要求。

2000 年后，为保证安全文明施工，我国在建筑工程造价中增加了安全文明施工费用一项，对推进安全文明施工和环境保护起到了良好的促进作用。

在世界节能减排的大背景下，我国明确要求在全行业开展节能减排活动，对各行业都有具体的要求和指标，建筑行业也不例外。2017 年，原国家质检总局、住房和城乡建设部、工业和信息化部、国家认监委、国家标准委联合发布《关于推动绿色建材产品标准、认证、标识体系工作的指导意见》（国质检认联〔2017〕544 号），要求建立统一的产品标准体系和认证体系，并推进绿色产品认证。

3）"绿色建筑"与"绿色施工"

2000 年后，绿色建筑的有关办法、规章、标准的出台，让我国"绿色建筑"的理论和实践取得较大发展。2003 年，中国申报奥运成功时提出"绿色奥运、科技奥运、人文奥运"的理念后，建筑领域的"绿色"理念开始进入人们视野。2004 年，原建设部和科技部开始组织实施国家"十五"科技攻关计划项目"绿色建筑关键技术研究"，重点研究我国的绿色建筑评价标准和技术导则。2004 年下半年，原建设部正式设立了"全国绿色建筑创新奖"，我国进入绿色建筑推广时期。2005 年 12 月，原建设部出台了《绿色建筑技术导则》。2006 发布的《绿色施工导则》，标志着建筑工程推行绿色施工的开始。2009 年 3 月 1 日，北京市地方标准《绿色施工导则》率先推行，《建筑工程绿色施工评价标准》于 2011 年 10 月 1 日起开始施行，各省市也相继出台了关于绿色施工的地方标准、导则等文件。2010 年，建筑业 10 项新技术中增加了"绿色施工技术"一个大项，包括：基坑封闭降水技术、施工过程水回用技术等多个子项。2010 年，住房和城乡建设部颁布了《全国建筑业绿色施工示范工程验收评价主要指标》。中国建筑业协会颁布了《全国建筑业绿色施工示范工程管理办法（试行）》的配套文件，该协会在行业内组织开展全国建筑业绿色施工示范工程活动，标志着建筑施工行业正式进入绿色施工强化推广阶段。2012

年4月27日，财政部、住房和城乡建设部联合对外发布《关于加快推动我国绿色建筑发展的实施意见》，明确将通过建立财政激励机制、健全标准规范及评价标识体系、推进相关科技进步和产业发展等多种手段，力争到2020年，绿色建筑占新建建筑比重超过30%。2012年5月9日，《"十二五"建筑节能专项规划》印发。2020年，住房和城乡建设部、国家发改委、工业和信息化部等七部门共同发布《绿色建筑创建行动方案》，要求切实转变城乡建设模式和建筑业发展方式，提高资源利用效率，实现节能减排约束性目标，积极应对全球气候变化，建设资源节约型、环境友好型社会，提高生态文明水平，改善人民生活质量。其中，要加快绿色建筑相关技术研发推广，要求大力发展绿色建材、推动建筑工业化、推进建筑废弃物资源化利用等都与绿色施工直接相关。各省市都相应地颁布了绿色建筑和绿色施工的指导性文件。一些建筑企业已经开展了绿色施工管理和技术的研究工作，并颁布了有关企业标准。

1.3 绿色公路隧道研究现状

20世纪60年代以来，美国的一些景观设计师和心理学家建立和发展了评价景观和城市景观感观特征的程序，并通过一些法令和法规的实行，推动了这种程序的发展，如1965年的《公路美化法》，要求在政府决策中考虑"风景的价值"。1969年的《国家环境政策法》同样侧重环境的感观状况，该法令要求联邦机构在决策时，运用适当的衡量美学价值的技术。

丹麦于1994年制定了1995—2000年道路美化战略，把高速公路景观列为独立的课题进行研究，并制定了详细的执行方案。

世界银行在1994年出版的《道路与环境手册》中，对景观进行了单独的论述。西方国家把高速公路景观与美化作为项目环境影响评价（EIA）及后评估的重要内容。许多发达国家都先后制订了高速公路美化的发展规划，如日本提出早日建成与大自然协调的高速公路网，提高服务质量，提供更优质的服务。

国外高速公路隧道洞口景观设计完整，兼顾各种景观要素，对人们容易忽略的因素进行多种尝试，如在导引系统、洞壁材料、洞身材料等方面采用一些新型的耐久材料，表现出一些特殊的景观效果。植被的选择尽量以恢复原有植被为主，少进行大面积的绿化和美化。

日本在隧道洞口景观设计方面起步较早、成果较多，有很多成功的经验值得我们去借鉴。日本从1995年开始陆续发表了与隧道洞口景观设计有关的论文，如《隧道洞口景观设计的研究》《从交通功能对隧道洞口景观的研究》《隧道洞口景观的心理学评价方法》《隧道洞口的景观设计方法》等。日本的隧道洞口中，端墙式和突出式各占一定的比例。端墙多采用弧形墙，并进行肌理处理降低亮度。实验研究中对端墙式洞口的端墙的阴影处理进行过模型比较研究，确定端墙的明暗度与纹饰在不同的外界光线变化条件下的关系。突出式洞口结构一般比较朴素，以削竹式为主，偶有喇叭口洞口。

反观国内，近些年，国家从战略发展层面将可持续发展、生态环境保护、文化建设提到新的高度，生态环境保护理念已被引入公路的设计及建设中，美学设计理念也得到了重视，如交通部1983年颁发的《公路标准化美化标准》中要求道路不仅要畅通无阻，还需整洁、美观，同时与景物交叉协调；2005 年出版的《新理念公路设计指南》中也对公路设计的新理念以及景观等作了具体的规定；2010 年世博会，"公路旅游"这一理念第一次引入中国。但总体而言，美学设计理念在我国仍然处于萌芽期，尤其是关于公路隧道洞口美学设计方面的研究还较少。

  我国对公路隧道美学这个概念的探讨，是从 20 世纪 90 年代开始的，它也是伴随着对隧道洞口景观问题的探讨而发展的。1991 年，熊光荣注意到隧道洞口的造型问题，提出了"美学"设计，建议"改变洞门设计千篇一律，粗糙乏味的现状"。王毅才 1994 年发表的《古代隧道技术文化现象与思考》，首次介绍了我国隧道由古至今的技术发展及其与文化之间的联系。1996—1999 年，张兴来、熊世龙等针对洞门设计及隧道中的相关美学问题进行了探讨。2000 年以后，西南交通大学的研究者对隧道洞口景观研究领域开展了一系列研究。2001—2005 年，关向群发表了系列隧道洞口景观问题的研究文章，关于 2004 年完成博士论文《隧道洞口景观设计实用方法的研究》，将景观学的基本原理应用于隧道洞口的景观设计和评价，这是国内最早系统阐述隧道洞口景观问题的研究论文；关宝树在《隧道工程设计要点集》中专门对景观设计进行了强调和论述；周德培对隧道洞口的绿化进行了研究；仇文革利用 3D 动画、Photoshop 等对洞门的设计进行了研究；贾玲利对隧道洞口景观的评价体系进行了研究。长安大学叶飞根据搜集的国内外大量洞口景观案例，对公路隧道洞口景观的构造进行了分析总结，并从不同用途和角度分析工程效果，分析研究结果表明：隧道洞口景观的设计，与景观设计的出发点以及设计者对美的理解都息息相关，实现"稳"与"美"的统一，将是公路隧道设计中的未来方向。招商局重庆交科院蒋树屏等人对环境友好型的隧道洞口设计及施工的研究也取得了一些成果：对傍山公路的修建，设计出一种新型的结构形式，即棚洞，这种结构不但保护环境、节省材料、方便运营（通风与照明），而且与周围环境融合得非常好；此外，成功进行了"前置式洞口工法"（绿色洞口）的实践，为减少隧道施工对原有景观及环境的破坏提供了一定参考。李祝龙在其著作《公路环境与景观设计咨询要点》中指出隧道洞口的设计要点："一隧一景"不应该被过度强调，更应关注的是与环境的协调和人工痕迹的大小；而对于特长等重要隧道，可进行专门的设计，但仍然应该注意洞口的简单和易懂，不可过分吸引驾驶员的视线。此外，也有不少"环境工程"或"设计艺术学"等相关专业背景的人员、隧道洞口景观设计者对隧道洞口景观进行了研究。我国著名景观设计师俞孔坚提出"天地-人-神"和谐的设计理念，强调了尊重人、自然以及人与自然的关系。设计过程中要注意该地的自然景观特征、生物景观特征和人文景观特征，尽最大可能保留原本运行良好的自然生态系统，然后适当创造新的语言和形式，更充分地满足功能需求，更好地突出当地文化和乡土特色。

  现在的高速公路隧道洞口景观设计缺乏系统的研究，急需一套完整的设计方法。目前，高速公路隧道洞口的设计大多只考虑了保持洞口附近山体稳定以及洞口结构与洞口附近山体进行有机结合的需要，即大多只考虑了安全、力学上的因素，而很少考虑景观、美学上的因素。与之相应的，在高速公路隧道洞口结构标准设计中，洞口结构的形式比较单一，主要有端墙式、翼墙式、柱式、台阶式等，其设计理念还停留在挡土墙的阶段。将景观设计引入土木工程项目中，这就是当今人们思维意识的一种进步的表现，这种思维方式已经逐步被人们接受，正在改变人们的思想观念，影响着人们的生活。

隧道景观设计从城市走向农村，从平原走向山区，从人文环境走向自然环境，这个过程也是社会不断发展、人们追求更高生活质量的过程。对设计者而言，其审美态度会影响大量的资金和劳动力投入。设计并不是提供一个仅仅用来观看的东西，美感对于设计师来说也意味着责任，因此有必要加强相关的理论研究。总之，国内高速公路隧道洞口景观设计的现状可以概括为开始有工程实践，缺乏系统的理论研究指导实践，洞口景观设计具有一定的盲目性，各自为政，水平参差不齐，但也有比较好的隧道洞口景观设计。即我国高速公路隧道洞口景观设计目前尚处于"边缘地带"，属于研究和管理的"边角"，因为它不是人们衣、食、住、行所必需的东西。随着位置的不同，设计的内容会有风格样式的变化，虽然无法规定具体的设计内容，但是可以给出设计框架与要素。

关于洞身的绿色开挖，由于主要是洞内有限空间空气污染、噪声污染、粉尘污染、油液污染、废弃物及振动污染等，给生产环境和员工的健康带来了危害，因此，应减少或消除对环境和员工的影响，实施隧道工程"绿色施工"。

1.4 公路隧道洞口段技术应用现状

公路隧道洞口一般地质较差，在建设过程中是遇到问题最多的地方，已经出现了许多专题研究。张双苗分析了影响隧道洞口安全的支护、开挖等因素，对偏压隧道进行了回填进洞的实例验证；郑余朝等对正削式洞门的受力特性和分布进行了研究；蒙国往等分析了端墙式洞门背后的土压力形态并提出了一种简化的计算方法；刘斌研究了管棚和小导管在隧道洞口段的作用机理和适用条件；张广乾等研究了隧道洞口段超前支护中小导管的技术参数、施工工艺及适用性；白国权针对偏压隧道，分享了常见的隧道明挖、明洞暗做、反压回填3种进洞方式的优缺点和适用条件；蒋树屏等基于环保的理念，提出了前置式洞口的进洞方式，可以基本实现隧道洞口"零开挖"；邓祥辉基于大断面软弱围岩地层，研究了使用交叉中隔壁法和双侧壁导坑法进行开挖时隧道结构变形和力学特性的差异；任尚强和李跃强对比分析了双侧壁导坑法、CD工法、台阶法在隧道洞口边坡稳定控制上的优劣；刘诚等针对软弱围岩隧道，进行了施工方法技术参数的评价研究；叶飞、王东方等对隧道洞口景观及洞门设计等问题进行了归纳与梳理。

上述研究涵盖了隧道洞口关键技术的各个方面，然而鲜见有文献将洞口问题进行分类梳理。本文依据洞口工程技术的功能特点，将其进行归纳分类，为后续研究提供借鉴。

1.4.1 公路隧道洞口关键技术现状

1. 洞门形式

早期出于经济及技术原因，隧道建设中为缩短隧道长度，大多进行深挖大刷坡，为保证边仰坡稳定，采用带挡土墙功用的受力洞门，如端墙式洞门、翼墙式洞门、台阶式洞门、柱式洞门、拱翼式洞门。随着时代发展，绿色隧道建设理念逐渐成为大家的共识，与环境和谐、尽量减少对环境破坏的非受力（沿隧道轴线）洞门逐渐普及，如直削式洞门、削竹式洞门、倒削竹式洞门、喇叭口式洞门、棚洞式洞门、明洞式洞门、框架式洞门。常见的隧道洞门形式如图 1.1 所示。

图 1.1　常见的隧道洞门形式

（a）端墙式洞门；（b）削竹式洞门；（c）翼墙式洞门；（d）棚洞式洞门；（e）台阶式洞门；（f）柱式洞门

　　洞门是否受力，关键在于隧道轴向地面坡度的陡缓程度、隧道洞口地理位置及当隧道受到纵向荷载时是否需要承担挡土墙作用等因素。各种洞门适用的工程地质条件如表 1.1 所示。

表1.1 各种洞门适用的工程地质条件

类别	洞门形式	纵向坡度	横向坡度	功能性
受力洞门	端墙式洞门	适用于纵向坡度较大	洞门墙需嵌入两侧边坡,当横坡较大时,可设置为台阶式洞门	洞门墙具有挡土墙作用,能够保护隧道仰坡的稳定性
	柱式洞门		适用于洞门墙两侧无法嵌入边坡,或分离式隧道洞门相连,沿横向较长,受力不利时	洞门墙柱具有抗滑桩功能,可保护隧道仰坡的稳定性
	翼墙式洞门			翼墙在轴向起到抵抗山体纵向推力、增加洞门的抗滑及抗倾覆能力的作用,两侧保护路堑边坡起挡土墙作用
非受力洞门	削竹式洞门	适用于隧道纵坡较缓	适用于沿隧道横向坡度变化不大时	能够与环境融为一体,降低对环境的人工干预,防止突兀
	棚洞式洞门		适用于各种横向坡度,可建于山体内或山体外	考虑隧道洞口减光,同时防止隧道洞口落石等对洞口行车安全的影响
	明洞式洞门		适用于沿隧道横向坡度变化不大时	常使用前置式洞口进洞,能够减少对边仰坡的开挖,同时防止隧道洞口自然坡落石等对洞口行车安全的影响

2. 超前支护形式

在工程实践中,隧道开挖和支护的关系有"先挖后支"和"先支后挖"(即超前支护)两种模式:"先挖后支"实质上就是在开挖对围岩造成的松弛在可以接受的范围内时,用支护控制围岩变形在容许范围之内的方法;"先支后挖"则是用预支护先行补强围岩,控制可能发生的过大变形,而用支护把开挖后的变形控制在容许范围之内的方法。一般洞口段隧道的工程地质条件较差时,采用"先支后挖"的模式。

超前支护常用超前小导管、超前管棚,其功用上的差别在于加固范围的大小,如图1.2所示。

(1)超前小导管。超前小导管施工工序相对简单,施工时小导管利用普通的风动凿岩机成孔后,采用引孔顶入法从拱顶钢架腹部预留孔穿过,进入孔中,然后焊接注浆管,用喷射混凝土封闭钢架与掌子面围岩间的空隙,作为止浆墙,小导管注入水泥浆液完成后,进行掌子面开挖作业。

(2)超前管棚。超前管棚是在隧道开挖前沿隧道外周用钻机进行超前长钢管施工,而后在钢管内外充填砂浆的工法,是抑制洞口坍塌、维持拱顶稳定、减小地表下沉及保护周边环境的方法。超前管棚洞内施工工序复杂，注浆时自下而上间隔跳孔注浆。

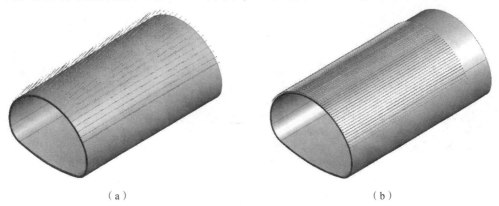

图 1.2 洞口主要超前支护形式
(a) 超前小导管；(b) 超前管棚

超前小导管与超前管棚在隧道施工中都是极强的支护，二者都可以改良加固围岩，控制掌子面前方的位移，减少开挖过程中的超挖量，防止围岩坍塌，为正常的隧道掘进施工提供安全储备，但两者有明显的差异。

1) 超前小导管施工的优缺点

超前小导管施工的优点：可改良加固围岩，防止开挖过程中小型开挖掉块和超挖过大的现象；可按照原有设计断面进行施工，无须专门操作平台和专业设备，用平常正在使用的风动凿岩机即可完成操作；循环施工周期相对超前管棚较短，可在短时间内遏制掌子面前方的位移，减小拱顶下沉。缺点：长距离采用时循环次数多，小导管数量较多，且注浆施工效果不能有效地发挥，没有完全发挥小导管的设计功能。

2) 超前管棚施工的优缺点

超前管棚施工的优点：注浆压力大，浆液扩散效果相对较好，能够更好地改良加固围岩，提高围岩的自成拱能力；管棚钢管刚度大，并且必要时可以在钢管内增设小型钢筋笼，较大提高管棚刚度，可以更多地承受身上部围岩的压力，防止拱顶出现坍塌、冒顶等现象；长距离地控制掌子面前方的位移，更好地减小洞内围岩的拱顶下沉和水平收敛，为工人施工提供更多的安全储备。缺点：需要扩大原有设计断面作为管棚施工的空间，造成开挖断面增大，施工风险相对增加，初期支护材料、衬砌混凝土超耗；需要专门的钻孔设备和操作平台，循环施工周期较长。

3. 隧道进洞形式

隧道进洞形式根据暗洞施做时机及洞口位置不同，通常分为明挖进洞、明洞暗做进洞及前置式洞口进洞，如图 1.3 所示。

明挖进洞是比较传统的方法。为了施工安全，一般在洞口进行边仰坡开挖、防护，当隧道覆盖层达到一定厚度时再进行暗洞施工。明挖进洞常形成较大高度的边仰坡，虽然有些洞口采用接长明洞回填绿化的方法加以补救，但这对于原生植被的破坏却是不可恢复的。

明洞暗做进洞是顺着山体地面线施做护拱，进行暗洞施做，对两侧边坡开挖影响较小，较为明显地减小了临时仰坡的开挖，对原地表的保护效果较好。

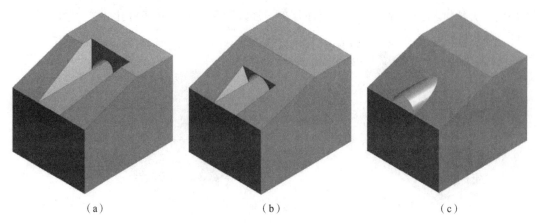

图 1.3　隧道进洞方式
(a) 明挖进洞；(b) 明洞暗做进洞；(c) 前置式洞口进洞

蒋树屏等提出了前置式洞口进洞，其施工方法为在洞外不开挖山脚土体的情况下，采用两侧开槽逐榀施做工字钢拱架，随着钢拱架推进逐渐"亲吻"山体，拱架间以纵向钢筋连接为整体，浇筑混凝土临时衬砌，在进洞前以临时衬砌成洞，回填反压后再进行临时衬砌内暗挖施工。这种方法可基本实现"零开挖"。

明挖进洞方法在实际施工中使用得较多，较易施工，适用性广，但需大刷边坡并存在边坡坍塌的风险。

明洞暗做进洞遵循"早进洞、晚出洞"原则，能够减小隧道洞口的挖方量及减少对洞口环境的破坏，同时降低因开挖对边坡稳定性产生的影响。

前置式洞口进洞适用于纵坡适当、植被情况较好的洞口设计、施工。对于偏压情况，需要对施工槽边坡较高一侧进行加强防护处理或在边坡较低侧进行回填。

4. 隧道开挖形式

如果开挖后围岩不稳定，隧道是难以施工的，开挖面周边围岩的稳定性是选定开挖方法的前提。在某些工程条件下，需要对隧道开挖引起的地表变形进行控制。因此，开挖后围岩能够自稳的场合，多采用全断面法；而不稳定的场合则多采用分部开挖法，如上下台阶法、双侧壁导坑、中隔壁法（CD法）、交叉中隔壁法（CRD法）等，如图1.4所示。

上下台阶法是先开挖上半断面，待开挖至一定长度后同时开挖下半断面，上、下半断面同时并进的施工方法，按台阶长度不同分为长台阶法、短台阶法和超短台阶法3种。近年由于大断面隧道的设计，又出现了三台阶法，甚至多台阶法。

双侧壁导坑法一般将断面分成4块：左、右侧壁导坑，上部核心土和下台阶。其原理是利用两个中隔壁把整个隧道大断面分成左中右3个小断面施工，左、右导洞先行，中间断面紧跟其后；初期支护仰拱成环后，拆除两侧导洞临时支撑，形成全断面。两侧导洞皆为倒鹅蛋形，有利于控制拱顶下沉。

中隔壁法是在软弱围岩大跨度隧道中，先开挖隧道的一侧，并施做隔壁，再开挖另一侧的施工方法，主要应用于双线隧道Ⅳ级围岩深埋硬质岩地段以及老黄土隧道（Ⅳ级围岩）地段。

交叉中隔壁法是在软弱围岩大跨隧道中，先开挖隧道一侧的一部分，施做部分中隔壁和横隔板；再开挖隧道另一侧的一部分，完成横隔板施工；然后开挖最先施工一侧的最后部分，并延长中隔壁；最后开挖剩余部分的施工方法。采用短台阶法难确保掌子面的稳定时，宜采用分部尺寸小的交叉中隔壁法，该工法对控制变形是比较有利的。

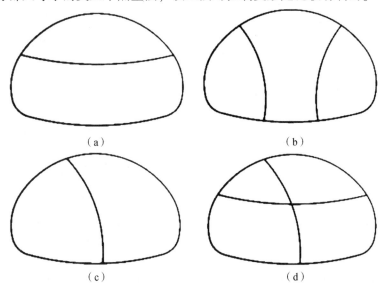

图 1.4　分部开挖法

（a）上下台阶法；（b）双侧壁导坑法；（c）中隔壁法（CD 法）；（d）交叉中隔壁法（CRD 法）

从施工造价及工期角度考虑，由造价低、工期短到造价高、工期长依次为全断面法、上下台阶法、环形开挖留核心土法、中隔壁法、交叉中隔壁法、双侧壁导坑法，但是反过来围岩稳定性和变形却能够得到更好的控制，故应根据工程地质状况进行恰当的选择。以三台阶法和中隔壁法为例，具体介绍如下。

三台阶法分块少，上、中、下台阶同时进行施工互不干扰，施工空间大，施做方便，系统锚杆的施工质量得到保证，超、欠挖较容易控制。三台阶法没有侧壁导坑，不需要临时支护，既省材料又省工时，具有明显的经济优势。施工时，下台阶和中台阶拉开 10 m，下台阶对中台阶能起到核心土作用；中台阶和上台阶拉开 10 m，中台阶对上台阶起到核心土作用，安全上得到保证。

中隔壁法断面分块多，同时施工会互相干扰，扰动大，对施工安全不利，且单侧壁导坑场地狭窄，出渣及施做系统锚杆很困难，很难达到设计要求。侧壁导坑上缘尖而窄，成形困难，很容易超挖。另外，中隔壁法需对侧壁导坑靠核心土一侧进行临时支护，工序多而繁杂，进度缓慢，临时支护待监控量测证明围岩稳定后需拆除，拆除难度大，易造成材料浪费，而且对已稳定围岩进行第二次扰动，有一定安全隐患。

5. 隧道弃渣利用

根据隧道围岩等级、开挖方法和弃渣物理力学性质，确定弃渣利用的范围以及对应的工作流程，如图 1.5 所示。弃渣常用于路基填料、瓦工砌筑、明洞和仰拱填充、机制砂和碎石、软地基处理等方面。

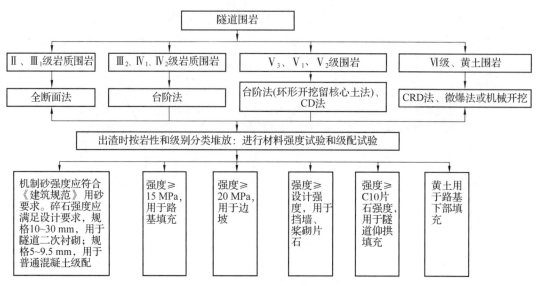

图1.5 隧道弃渣综合利用流程

6. 隧道掌子面除尘

隧道施工除尘方式多采用雾炮除尘、除尘机除尘和隧道负离子除尘,如图1.6所示。隧道除尘设备常见的有袋式除尘机、静电除尘机等。

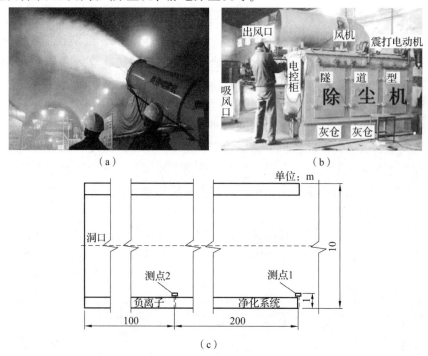

图1.6 隧道施工除尘方式
(a)雾炮除尘;(b)除尘机除尘;(c)隧道负离子除尘

7. 隧道照明无极控制技术

隧道照明是运营中主要的耗能方式。在运营照明节能研究中,以绿色隧道照明的灯具、配光、电源设计、灯具布置等基本方案优化,新型光源和新型发光材料的参数与节能效果,以及无极控制系统为主要研究方向。

1.4.2 绿色公路隧道建设面临的挑战

1. 隧道设计中遇到的问题

公路隧道设计中遇到的问题:隧道边仰坡大刷大挖,防排水措施不当;生态恢复区植被与环境不适宜;隧道设计规范陈旧,部分材料、工艺已不适用;前期勘察不详细,造成返工;设计过于保守,经济性差;通风、照明设计不当;隧道内装过于单调;隧道洞口及边仰坡在环境中显得突兀。设计决定着施工对于环境的破坏程度,并对经济节能起到重要作用。

2. 隧道施工中遇到的问题

1)对水源的影响

(1)隧道开挖过程中,爆破振动、隧道挖掘等改变了岩体原有裂隙及地下水流通道,造成地下水水位下降、水源消失等。

(2)隧道弃渣处置不当,随意堆放,造成水土流失、污染水源地等。

(3)隧道施工排放的污水及施工人员排放的生活污水处理不当或未经处理就直接排入河流,造成河流污染。

(4)隧道施工产生的垃圾、生活垃圾处理不当,随意丢弃,造成水源污染。

2)对植被的影响

(1)隧道施工的永久占地、临时设施用地等造成原有植被破坏。

(2)隧道弃渣场选址不合理,防护不及时,造成弃渣场植被破坏。

(3)隧道施工机械产生的废弃油污渗入土壤对植被造成破坏。

(4)隧道施工产生的粉尘对周边植被造成影响。

3)对土壤的影响

(1)隧道施工产生的污水直接排放下渗到土壤中,由于污水中含有多种化学试剂,因此会对土壤造成影响。

(2)施工机械设备产生的废弃油污渗入土壤,对土壤造成破坏。

(3)隧道弃渣造成的水土流失破坏原有土壤。

4)对空气的影响

(1)隧道施工机械产生的废气对周边空气产生影响。

(2)施工便道的扬尘对周边空气产生影响。

(3)混凝土拌合站的水泥等产生的粉尘对周边空气产生影响。

(4)生活垃圾处理不当对周边空气产生影响。

5)噪声的影响

(1)隧道爆破施工产生的噪声对环境产生影响。

(2)隧道施工机械设备产生的噪声对环境产生影响。

(3)混凝土拌合站及运输车辆产生的噪声对环境产生影响。

3. 隧道管理维护中遇到的问题

隧道管理维护中遇到的问题:在可行性研究中对环保要求过低;在项目验收中对环保要求不严;缺少评价分级体系。设计与施工脱节会导致返工,造成资源浪费。运营管理可以在环保与经济节能方面对设计与施工过程提出要求，以实现公路隧道的绿色建设。

1.4.3　绿色隧道建设内涵

随着我国"国土绿化工程"和"建设绿色走廊"等建设理念的逐步推行实施，隧道工程中的生态、环保和安全的设计理念将日益凸显。对高速公路隧道工程而言，在保证隧道工程安全的条件下，实施隧道工程的绿色建造是高速公路工程建设健康发展的必然需求。

关于绿色隧道的修建技术，已有关于施工、运营及评价等方面的研究，然而这些研究中未给出绿色隧道的含义。绿色隧道隶属于绿色公路，是绿色交通体系的重要组成部分，学术界亦未能给出统一的定义。多数文献提及的绿色公路以生态环境为关注点；郝培文等基于可持续发展理念将绿色公路的评价指标指定为7个基本点；秦晓春等基于"碳补偿"指标，以碳平衡为基本原则对绿色公路的内涵及特点进行了界定；李祝龙等认为绿色公路的内涵包括功能适用、资源及能源节约、低碳环保、景观优美与生态文明5个方面。《关于实施绿色公路建设的指导意见》（交办公路〔2016〕93号）中指出，绿色公路是以质量优良为前提，以资源节约、生态环保、节能高效、服务提升为主要特征的可持续发展公路。

1. 质量优良

隧道建设符合各项建设标准要求。结构上安全，功能上适用，质量满足规范要求，隧道建设过程中资料完善。

2. 资源节约

施工过程中尽可能减少借土、弃土用地，尽量保持土石方挖填平衡，降低对土地资源的占用，将公路建设过程中对环境的负面影响控制在最小范围内。

3. 生态环保

在整个公路项目建设过程中，施工组织阶段对生态环境的污染与破坏最为严重，因此施工组织阶段也是建设绿色公路的重要控制环节。施工过程中要遵循"最大程度保护、最小程度破坏、最大限度恢复"的原则，能不占用就避开、能不破坏就保持，进行长期和短期考虑，降低对自然环境的影响。

4. 节能高效

项目建设期和运营期均存在一定程度的能源消耗。节能高效的要求是减少或降低对能源的消耗，包括提升材料品质、使用高标号混凝土及降低钢材使用数量，同时要降低能源的直接消耗和间接消耗。

5. 服务提升

隧道建设从安全性、功能性向服务性扩展，要求：提高建设标准，使用高标准线形，提升行驶速度，增加使用年限；提高驾驶员在隧道中行驶的舒适感；进行洞口景观优化，增加洞内装饰等。

1.4.4　隧道绿色建设要求

1. 环保

在项目立项时应将环境保护作为可行性研究中的重要考察内容，在项目验收时以环境保护作为重要评价指标。严控隧道施工过程，进行隧道绿色施工技术的研究，减少地下水的流失以及对上覆植被的影响；优化施工工艺，降低对空气的污染；对施工过程产生的污水进行净化处理。构建绿色隧道评价体系，融合隧道设计、施工、管理各方面，确定相关指标进行隧道绿色评价，甄选优秀的方案。

2. 经济

应鼓励成熟的新材料、新工艺的应用，进行低碳技术的研发利用及隧道弃渣的可利用技术研究。优化隧道能源使用结构，推进太阳能、地热能等清洁绿色能源的利用。设计应具有前瞻性。道路是交通工具的载体，应当考虑运载工具的发展趋势，在通风设计中，可以考虑新能源汽车的应用前景，在照明中可以将自动驾驶等新技术理念进行考虑，优化设计，节约资源和能源。推广BIM技术在隧道中的应用，使设计与管理保持全生命周期，实现隧道建设的可持续性。

3. 美观

隧道洞口是隧道结构中仅有的可视部分，应加强景观优化设计，使其与环境和谐统一。尽量减少洞口开挖，趋近于"零开挖"，减少对原始植被的破坏；生态恢复时应选取适合该地区的植物，与周围环境相适应；同时，洞门不宜奢华，尽量不凸显，使其与洞口环境相融合。

1.4.5 行业建设标准及规范发展趋势

1. 国家对节能、节材的要求

2012年，住房和城乡建设部、工业和信息化部联合发布《关于加快应用高强钢筋的指导意见》（建标〔2012〕1号），推荐以300 MPa等级钢筋替代235 MPa等级钢筋的使用，以400 MPa等级钢筋替代335 MPa等级钢筋的使用，建议使用高强钢筋，达到节材、节能、环保的目的。

2. 标准制定理念的转变

《公路工程技术标准》（JTG B01—2014）中规定，对于公路等级选用，先明确公路功能及类别，再通过交通量和地形等选用公路等级，这打破了以交通量作为唯一指标的传统观念。同时，还提高了设计标准，将时速100 km所对应的左侧侧向宽度由原标准的0.5 m调整为0.75 m等。

3. 规范中提高了对材料的要求

《铁路隧道设计规范》（TB 10003—2016）提高了对混凝土及钢筋的使用要求。其中要求喷射混凝土不低于C25，钢筋混凝土不低于C30，结构中混凝土不低于C25，填充混凝土不低于C25；钢筋可选用的材料为HPB300、HRB400、HRB500、CRMG600，明显比之前的《铁路隧道设计规范》（TB 10003—2005）要求提高了，具体修正部分如表1.2、表1.3所示。

表1.2 《铁路隧道设计规范》修正前后衬砌、支护建筑材料对比

材料种类	混凝土		钢筋混凝土		衬砌		支护	
规范执行时间	2005	2016	2005	2016	2005	2016	2005	2016
拱墙	C25	C25	C30	C30	C25	C25	C20	C25（提高）

续表

材料种类	混凝土		钢筋混凝土		衬砌		支护	
规范执行时间	2005	2016	2005	2016	2005	2016	2005	2016
仰拱	C25	C25	C30	C30	C25	C25	C20	C25（提高）
底板	—	—	C30	C30	—	—	—	—
仰拱填充	C20	C20	—	—	—	—	—	—
管片	—	—	—	C50（新增）	—	—	—	—
水沟、电缆槽	C25	C25	—	C25（新增）	—	—	—	—
水沟、电缆槽盖板	—	—	C25	C30（提高）	—	—	—	—

表1.3 《铁路隧道设计规范》修正前后洞门建筑材料对比

材料种类	混凝土		钢筋混凝土		砌体	
规范执行时间	2005	2016	2005	2016	2005	2016
端墙	C20	C25	C25	C30（提高）	M10水泥砂浆砌块石或C20片石混凝土	护坡可采用C20喷射混凝土、M10水泥砂浆片石，其他部位取消了砌体使用
顶帽	C20	C25	C25	C30（提高）	M10水泥砂浆粗料石	
洞口挡土墙、翼墙	C20	C25	C25	C30（提高）	M10水泥砂浆块石	
侧沟、截水沟	C15	C20（提高）	—	—	M10水泥砂浆块石	
护坡	C15	C20（提高）	—	—	M10水泥砂浆片石	

第二章 隧道洞口软弱围岩加固处理技术

2.1 软弱围岩的特点

软弱围岩是指结构松散、胶结程度差、破碎、膨胀、分化、强度低、孔隙大、受结构面切割及分化影响显著或还有大量膨胀性黏土矿物的岩体,其强度在 15 MPa 以下。

《公路隧道设计规范 第一册 土建工程》(JTG 3370.1—2018)中给出的岩石按坚硬程度分类如表 2.1 所示。

表 2.1 岩石按坚硬程度分类

岩石单轴饱和抗压强度 R_c/MPa	$R_c>60$	$60 \geqslant R_c>30$	$30 \geqslant R_c>15$	$15 \geqslant R_c>5$	$R_c \leqslant 5$
坚硬程度	坚硬岩	较坚硬岩	较软岩	软岩	极软岩
软岩范畴	1. 强风化的坚硬岩 2. 中等(弱)风化~强风化的较坚硬岩 3. 中等(弱)风化的较软岩 4. 未风化的泥岩、泥质页岩、绿泥石片岩、绢云母片岩等				

2.1.1 隧道软弱围岩变形的特征

隧道软弱围岩变形具有以下几个特征。

(1)大变形。此特征是由软弱围岩自身的力学属性决定的,并且直墙拱隧道是以水平方向的收敛为主,而曲墙拱隧道是以垂直方向的收敛为主。

(2)初期围岩变形速率比较大。隧道开挖初期,隧道周围的围岩突然失去支撑,受到的应力比较大,在应力重分布时发生较大较快的变形。

(3)围岩变形导致的破坏范围比较大。这是因为地应力与软弱围岩的强度比值较大,因此当隧道开挖好之后,如果支护不及时,或支护方案不恰当,围岩的破坏范围比正常情况更大。

(4)隧道软弱围岩变形并不是毫无规律的,而是呈现出非常显著的 3 个阶段,并且时间效应非常明显。第一阶段的变形比较剧烈,来压快,变形的速率更大,变形量也更大,自稳能力很差;第二阶段为缓慢变形阶段;第三阶段为稳定变形阶段。整个变形的过程持续很长时间。

（5）隧道软弱围岩多是不对称的环向受压，隧道开挖之后，不仅顶拱变形比较大，拱底位置也会出现强烈底鼓。如过支护方案只考虑拱顶和两边墙位置，对拱底不加支护，底鼓现象就会强烈地表现出来，从而引发边墙的破坏和顶拱的垮落。

（6）随着埋深不断增加，隧道软弱围岩变形也会不断增大。隧道围岩的稳定性与应力差和隧道尺寸有密切关系，应力差较高、围压较低的地质条件对围岩稳定性的影响很大，同样，隧道尺寸增加也不利于隧道保持稳定。

2.1.2 隧道软弱围岩变形的影响因素

很多因素都能够影响到深埋隧道软弱围岩变形以及支护效应，其中影响最大的4个因素为围岩应力、岩性、时间和水。

（1）围岩应力。围岩应力是围岩发生变形的直接原因，主要包括垂直应力、构造残余应力及现场施工时对围岩的扰动应力等，当多种应力同时存在相互叠加时，围岩应力对围岩变形的影响更大。

（2）岩性。该因素是影响隧道软弱围岩变形的内在因素，主要包括岩石自身的强度、结构状况、胶结程度以及胶结物的属性等。

（3）时间。流变性是软弱围岩特性中的一种，围岩变形和时间的关系非常密切。

（4）水。水会改变围岩的物理特性，如强度、稳定性等，从而影响隧道的稳定性。水的渗透和侵蚀作用会导致围岩中的裂隙扩大，进一步影响隧道的稳定性。水会对隧道周围地层的稳定性产生影响，可能引起隧道附近地面沉降、滑坡及掌子面塌方等问题。

2.1.3 隧道开挖对软弱围岩应力的影响

1. 计算模型

隧道计算模型如图2.1所示，计算范围为横向长度60 m，竖向长度为90.5~170 m，隧道开挖宽度为14 m，高度为11 m，进行5种隧道埋深的计算，分别为10 m、30 m、45 m、60 m和90 m。围岩参数如下：容重为16.2 kN/m³，弹性模量为25 MPa，泊松比为0.35。

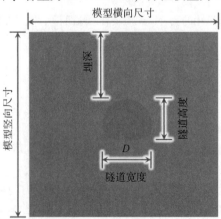

图2.1 隧道计算模型

2. 工况设置与数据选取

在进行数值分析时，选取上述5种埋深工况进行分析，每种工况进行两步分析。第一步进行自重下的初始应力计算,第二步进行隧道开挖后模型的计算。

在结果分析时选取隧道开挖中线上的点,分别研究隧道开挖对拱顶上部和拱顶下部围岩的影响。对于多个隧道埋深数据,以拱顶位置作为坐标原点,以距离拱顶的位置作为自变量,分别向上和向下构建坐标,研究围岩的应力状态变化。数据分布如图 2.2 所示。

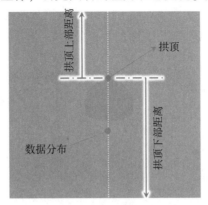

图 2.2 数据分布

3. 结果分析

图 2.3 为中心线处不同埋深时隧道开挖前后竖向围岩应力(SY 应力)变化。从图中可以看出,随着隧道埋深的增大,SY 应力增大,隧道开挖后,开挖面周边围岩应力减小,产生了应力释放。

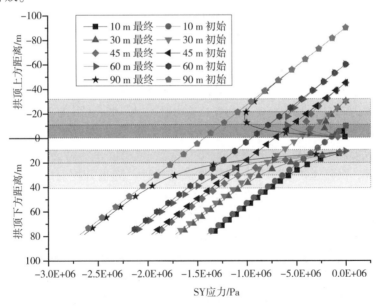

图 2.3 中心线处不同埋深时隧道开挖前后 SY 应力变化

在隧道上部,沿隧道拱顶向上,随着距离拱顶位置增大,靠近地表时,拱顶上部围岩 SY 应力先增大后减小;在远离隧道开挖洞口时,SY 应力与初始应力逐渐一致;在地面时,SY 应力为 0。随着隧道埋深的增大,围岩应力的增幅也呈现出增大的趋势。

在隧道下部,沿隧道拱底向下,距离拱底位置越远,下部围岩 SY 应力越大,趋近于初始应力。

埋深为10 m和30 m时，拱顶上部竖向围岩压力最大值出现在1D（D为隧道宽度）范围内。在埋深为60 m和90 m时，拱顶上部竖向围岩压力最大值出现在2D范围内。随着隧道埋深的增加，需要更大范围进行围岩应力释放。

图2.4为中心线处不同埋深时隧道开挖前后围岩竖向应力变化百分比。从图中可以看出，隧道周围围岩影响较大，远离开挖面则影响逐渐减小。不同埋深时，SY应力变化百分比随埋深变化影响基本一致，各工况间的差异较小。

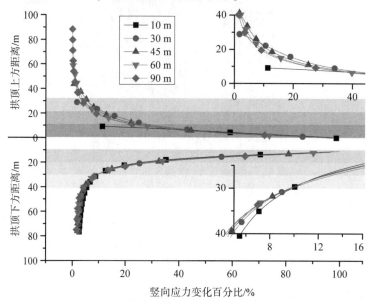

图2.4 中心线处不同埋深时隧道开挖前后围岩竖向应力变化百分比

在隧道上部，距隧道拱顶越远，越靠近地表的位置，隧道开挖对SY应力的影响越小。在2D范围内影响较大，SY应力变化百分比急剧减小，呈现出线性变化趋势。1D处SY应力变化百分比约为25%，2D处SY应力变化百分比约为10%。而在3D~4D范围内这种变化趋势发生变化，由急剧减小变为缓慢减小。在3D处，SY应力变化百分比约为4%。此范围内的围岩应力发生了状态上的变化。

在隧道下部，沿隧道拱底向下，距隧道拱底越远，隧道开挖对SY应力的影响越小。在2D范围内影响较大，SY应力变化百分比急剧减小，呈现出线性变化趋势。1D处SY应力变化百分比约为30%，2D范围内SY应力变化百分比从30%减小为9%。在3D范围内，这种变化趋势发生变化，由急剧减小变为缓慢减小，SY应力变化百分比从9%减小为5%。

上部围岩的侧压力系数影响范围较下部围岩大，变化幅度稍平滑些。

图2.5为中心线处不同埋深时隧道开挖后围岩侧压力系数（SY/SX）变化。由于地表SY应力为0，SX应力（水平应力）也为0，因此删除了地表点的数据。从图中可以看出，在隧道下部，随着距隧道底部距离的增大，SY/SX也逐渐增大。这种变化趋势由快到慢，最后趋于定值，趋近于初始的SY/SX。

在隧道上部，随着距隧道拱顶距离的增加，SY/SX先增大后减小。当隧道埋深增加时，SY/SX的最大值增大。随着隧道埋深增加，地表附近SY/SX降低的幅度减小。在隧道埋深为90 m时，SY/SX随着距隧道拱顶距离的增加而一直增加。此时，隧道开挖对地面的影响已经可以忽略不计。

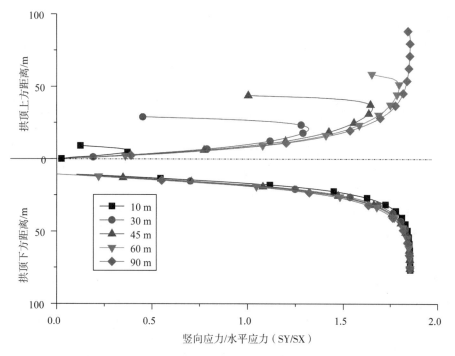

图 2.5　中心线处不同埋深时隧道开挖后围岩侧压力系数（SY/SX）变化

深埋隧道拱顶上部侧压力系数随距离拱顶距离增加而增大，而浅埋隧道拱顶上部侧压力系数随距离拱顶距离增加先增大后减小。这种差异可以用来判断软弱围岩的深浅埋分界。

2.2　隧道洞口软弱围岩处治方法

1. 超前锚杆法

超前锚杆法是在隧道施工加固与初期支护中应用非常广泛的一种支护手段，它操作简单，施工方便，见效快。锚杆主要有以下 3 种作用。

（1）悬吊作用。由于隧道围岩被节理、裂隙、断层等切割，开挖爆破震动可能引起局部失稳。采用锚杆将不稳定岩块悬吊在稳定的岩体上，或将应力降低区内不稳定的围岩悬吊在应力降低区以外的稳定岩体上，在侧壁则用锚杆阻止岩块滑动。

（2）组合梁作用。在水平或倾角小的层状岩体中，锚杆能使岩层紧密结合，形成类似组合梁结构，能增加层面间的抗剪强度和摩擦力，从而提高围岩的稳定性。

（3）加固作用。软弱围岩开挖后，使洞内临空面变形较大，当沿坑道周边布设系统锚杆，向围岩施加径向压力而形成承载拱后，便与喷射混凝土支护共同承受围岩的变形压力，可减少围岩变形，提高围岩的整体稳定性。

2. 旋喷注浆法

旋喷注浆法是在一般的初期导管注浆的基础上发展起来的，以高压旋喷的方式压注水泥浆，从而在隧道开挖轮廓外形成拱形预衬砌的预支护工法。该方法分为垂直旋喷注浆和水平旋喷注浆两种方法，其加固原理包括成桩原理和成拱原理两个方面。水平旋喷注浆支护是一种新型的长距离预支护方法，超前距离长、刚度大，适用于开挖面不能自稳、含水丰富的地层，与钢架共同组成预支护系统，控制地表沉降、防渗止水的效果好，施工工艺要求高，造价较高。

3. 预衬砌法

预衬砌法隧道施工技术就是在隧道开挖面开挖之前，先用锯割机械沿着隧道拱背线切割出一条宽为4~35 cm的切槽，随后将切槽所界定的开挖面开挖出来。用混凝土将切槽充填成为预置拱圈，然后就可在其下进行开挖。预切槽技术的缺点是能够获得的开挖长度和厚度有限，还要求切槽必须保持敞开直至用喷射混凝土填充为止。预衬砌法可使隧道永久衬砌领先于隧道开挖面之前，其特点是在进行切槽的同时填充混凝土，混凝土的压力使切削刀具沿隧道轮廓线推进。这样，预衬砌法隧道施工技术使得隧道在开挖之前就可安装永久衬砌。由于在切槽和混凝土浇筑阶段有切割机控制着围岩，在隧道开挖阶段有混凝土衬砌控制着围岩，因此隧道施工稳定安全。

4. 冻结法

冻结法是利用液态氮或二氧化碳冷冻膨胀的方法，或利用普通机械制冷设备与一个封闭的液压系统相连接，通过垂直冻结孔向地层供冷，冻结软弱地层，在冻结壁的保护下进行掘进和衬砌，冻结壁具有抵抗周围土压力及隔水作用。冻结法在我国广泛应用于煤矿施工，部分应用于隧道施工中。

5. 超前小导管法

超前小导管是沿隧道纵向在拱上部开挖轮廓线外一定范围内向前上方倾斜一定角度，或者沿隧道横向在拱部附近向下方倾斜一定角度的密排注浆钢花管。超前注浆小导管的外露端通常支撑于开挖面后方的格栅钢架上，共同组成预支护系统。超前注浆小导管既能加固一定范围的围岩，又能支托围岩，其支护刚度、预支护效果均大于超前锚杆，适用于砂土层、砂卵石层、断层破碎带、软弱围岩浅埋段等地段的隧道施工。格栅钢架与超前注浆小导管组合成的预支护系统具有类似管棚的作用，又称为短管棚或小管棚。此法具有以下特点：

（1）比超前锚杆和单独小导管的支护能力强大；

（2）比管棚简单易行，灵活经济，但支护能力较弱；

（3）充填的喷射混凝土将围岩与钢管均紧密黏结，形成一个共同变形体，受力条件合理，同时具有较好的防水性能。

超前小导管的直径一般为40~60 mm，长度一般为3~6 m。

被超前小导管加固的围岩或土体其强度的提高受到诸多因素的制约，这是一种复杂的物理化学过程。在应力重新分配的过程中，一方面超前小导管将起到支撑梁和锚杆的作用，进而诱导改变二次应力的分布状态，产生不同于未加固围岩的二次应力状态；另一方面，注浆过程也改变了岩体的力学参数，可以提高围岩自身的稳定性。

（1）锚杆作用：被加固区域的隧道围岩因为有着不稳定的岩块或者岩层，所以存在着不稳定的因素，通过超前小导管的注浆加固作用就可以将它们连接成一个稳定的整体，提高围岩整体性以及稳定性。此时，超前小导管在注浆后形成的锚杆系统起到了关键的作用，通过把开挖造成的松动围岩锚固在未受扰动的较为稳定的土层上，能够有效地防止隧道产生较大变形。

若把层状的岩土体理想化为简支梁，在未受到导管锚固作用时，在荷载的作用下，各个围岩层都会产生变形，而且产生的还是弯曲变形，此时每一个围岩层的受力状态都是上部边缘受压，下部边缘受拉。当通过超前小导管加固后，各个围岩层由于超前小导管的锚固作用，会组合形成一个组合梁的结构，当上部围岩的荷载透过该结构时，与未加固时相比，隧道开挖掌子面的内力及变形都将大大减小。

（2）梁、拱作用：超前小导管按设计施工结束后，其前端支撑在隧道开挖掌子面前方稳定的围岩当中，其后端也就是注浆端支撑在预先架设好的刚拱架上，这就相当于导管的前后两段都是固定的，该种结构的受力方式就相当于两段固定的梁结构，通过该结构可以将注浆加固区承受的上部围岩的应力传递给预先架设的刚拱架以及掌子面前方稳定的围岩中，进而可以减少加固区域所承受的围岩压力。

在不良地质地段挖掘隧道进行施工时，如果不采用超前小导管加固措施，围岩应力主要就由隧道挖掘后紧挨临空面形成的承载拱结构来承受；在采用超前小导管加固后，若导管的间距合适，且注浆饱满，则各个导管之间也会发生成拱现象，以导管为拱脚，其跨度为导管间距，小于隧道开挖形成的拱跨，且导管能够为承载拱提供足够的支持力，大大提高了承载拱的承载力。因其跨度较小，在隧道开挖时便很快成拱达到平衡，为上部围岩提供抗力，随后与隧道开挖形成的拱一起作用，共同支撑上部地层的压力，以此来形成群拱效应进而约束围岩的变形。

6. 管棚注浆法

管棚注浆法是一种长距离超前支护方法，超前距离长，刚度较大，适用于开挖面不能自稳、含水的地层。其控制地表沉降、防渗止水的效果较好，施工工艺要求较高。管棚注浆法的主要作用和优点可以归纳如下。

（1）梁拱效应：先行施设的管棚，以开挖面和后方支撑为支点，形成一个梁式结构，二者构成环绕隧洞轮廓的壳状结构，可有效抑制围岩松动和垮塌。

（2）加固效应：注浆液经管壁孔压入围岩裂隙中，使松散岩体胶结固结，从而改善了软弱围岩的物理力学性质，增强了软弱围岩的自承能力，达到加固钢管周边软弱围岩的目的。

（3）环槽效应：开挖面爆破产生的爆炸冲击波传播和爆炸气体扩展遇管棚密集环形孔槽后，被反射、吸收或绕射，大大降低了反向拉伸波所造成的围岩破坏程度及扰动范围。

（4）可确保施工安全：管棚支护刚度较大，施工时如发生塌方，塌渣也是落在管棚上部岩坡上，起到缓冲作用，即使管棚失稳，其破坏也较缓慢。

2.3 超前小导管支护效果研究

2.3.1 几何模型

本节研究的几何模型纵向长 5 m，宽 40 m，高 40 m。在隧道前方设置初期支护，初期支护纵向长 0.2 m，喷射混凝土厚 0.28 m，如图 2.6 所示。初期支护作为超前小导管施做基础及传力点，超前小导管外径为 50 mm，壁厚 5 mm，环形间距 50 cm，纵向长度 3 m，如图 2.7 所示。

土体、超前小导管、喷射混凝土均使用三维实体模型。土体选用摩尔库伦模型，超前小导管和喷射混凝土选用 DP 模型。单元选用的是不带中节点的 Solid185 单元。几何模型网格划分和超前小导管网格划分分别如图 2.8、图 2.9 所示。

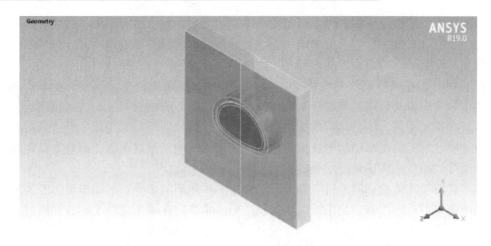

图 2.6　几何模型整体图

图 2.7　超前小导管

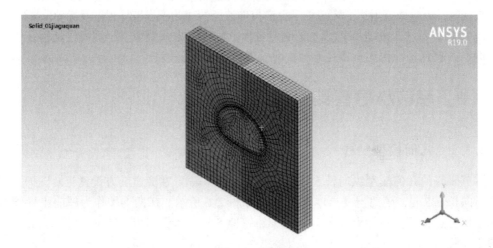

图 2.8　几何模型网格划分

图 2.9　超前小导管网格划分

2.3.2　材料参数和工况设置

将超前小导管中的注浆材料和钢材进行加权计算，等效为一种材料。

密度计算方法：

$$\rho \times (A_s + A_c) = \rho_s \times A_s + \rho_c \times A_c$$

式中，ρ_s 为钢管密度；A_s 为钢管截面积；ρ_c 为注浆材料密度；A_c 为注浆材料截面积；ρ 为超前小导管的等效密度。材料力学参数如表 2.2 所示。

表 2.2　材料力学参数

材料		变形模量/GPa	泊松比	密度/(kg·m^{-3})	黏聚力/MPa	内摩擦角/(°)
超前小导管		62.3	0.2	3 354.5	—	—
喷射混凝土		23	0.2	2 300	—	—
围岩类型	Soil 1	0.045	0.25	2 300	0.25	45
	Soil 2	0.03	0.33	2 000	0.06	30
	Soil 3	0.015	0.37	1 800	0.03	20
	Soil 4	0.005	0.45	1 600	0.015	15

按 4 种围岩类型（Soil 1 最好，Soil 4 最差）和 3 种埋深进行正交试验设计，共设置 12 个工况。具体如表 2.3 所示。

表 2.3　超前小导管支护工况

编号	围岩类型	埋深/m	单元数/个	节点数/个
1	Soil 1	11.6	738 691	223 495
2	Soil 2	11.6	738 691	223 495
3	Soil 3	11.6	738 691	223 495

续表

编号	围岩类型	埋深/m	单元数/个	节点数/个
4	Soil 4	11.6	738 691	223 495
5	Soil 1	6.6	846 096	242 822
6	Soil 2	6.6	850 336	244 052
7	Soil 3	6.6	850 336	244 052
8	Soil 4	6.6	850 336	244 052
9	Soil 1	1.6	737 310	221 452
10	Soil 2	1.6	737 310	221 452
11	Soil 3	1.6	737 310	221 452
12	Soil 4	1.6	737 310	221 452

每一个工况分3步进行计算,第一步计算自重应力,改变材料参数后进行开挖计算,第二步开挖1 m,第三步在第二步的基础上再开挖1 m。

2.3.3 结果分析

选取第三步与第一步自重应力计算的变形差值。在开挖轮廓线沿拱顶提取拱顶下沉随纵向距离的变化,如图2.10中的1至2方向。

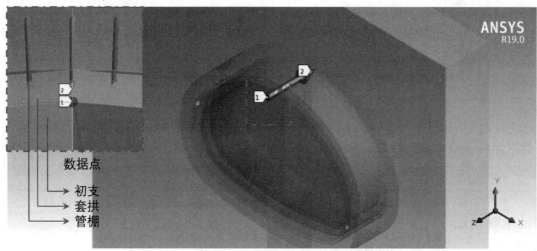

图2.10 拱顶下沉数据选取位置示意图

1. 不同埋深和围岩类型的最大拱顶下沉分布规律

由图2.11和图2.12可以看出,无论是否存在支护,随着隧道埋深增大,最大拱顶下沉都会增大;随着围岩变差,最大拱顶下沉增大。而且,无论支护存在与否,埋深和围岩类型对最大拱顶下沉的影响规律都是一致的。当埋深小于3 m时,围岩变化对最大拱顶下沉影响较小;当围岩比Soil 3好时,埋深变化对最大拱顶下沉影响较小。当围岩为Soil 4,埋深从6 m向12 m变化时,隧道最大拱顶下沉急剧增加。所有工况中,无支护时最大拱顶下沉为0.184 17 m,使用超前小导管支护时最大拱顶下沉为0.113 38 m,减小了38.4%的竖向变形。

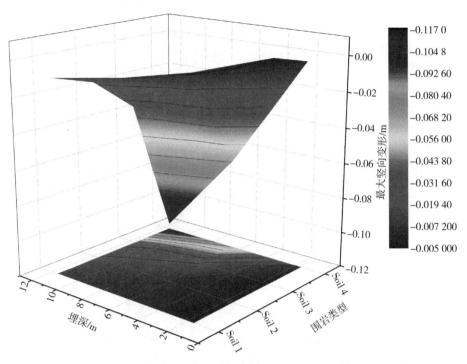

图 2.11　无支护时最大拱顶下沉随埋深和围岩类型变化规律

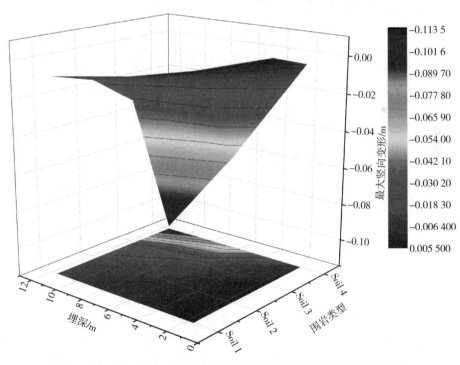

图 2.12　超前小导管支护时最大拱顶下沉随埋深和围岩类型变化规律

2. 不同埋深与围岩类型时超前小导管的支护效果

由图 2.13 和图 2.14 可以看出,在 1 m 处变形最大的三种工况依次是 Soil 4 埋深 11.6 m、Soil 4 埋深 6.6 m、Soil 3 埋深 11.6 m。

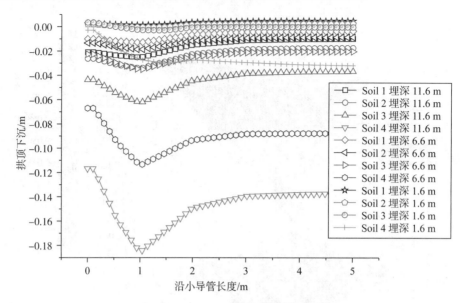

图 2.13 无支护时各工况隧道拱顶下沉变形分布

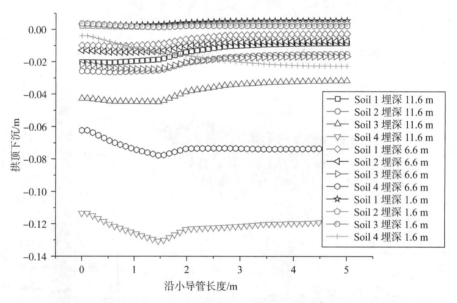

图 2.14 超前小导管支护时各工况隧道拱顶下沉变形分布

由图 2.15 第一列和第二列图可以看出，随着隧道埋深的增大，隧道变形呈现增加的趋势，围岩越差，变形越大。无支护时，在开挖部分（横轴 2 m 内）范围内隧道拱顶下沉较大，在埋深为 11.6 m 和 6.6 m 时超前小导管有效降低了开挖部分隧道变形。当围岩较好时，对未开挖部分的变形控制效果不显著；当围岩较差时，对开挖部分变形的控制可以附加地体现出对未开挖部分变形的控制效果。随着围岩逐渐变差，这种对未开挖部分变形的附加控制效果逐渐增强。

由图 2.15 可以看出，在埋深为 1.6 m，围岩为 Soil 1、Soil 2 和 Soil 3 时，变形出现了正值，即发生了隆起，而且有超前支护时隆起更多，进行超前小导管支护后的变形甚至较无支护时还大。通过观察模型整体变形，发现这种隆起是由于拱底的隆起传递过去的。

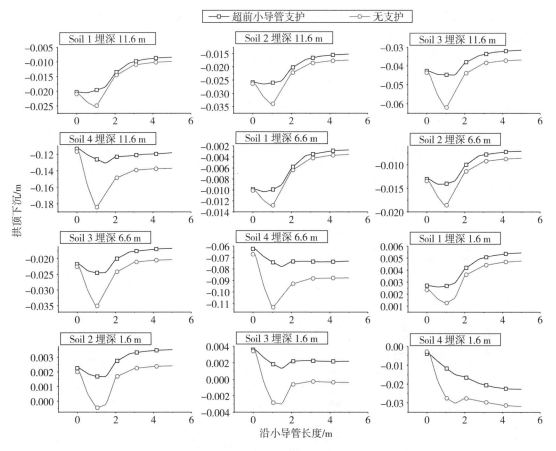

图 2.15 超前小导管支护时各工况隧道拱顶下沉变形趋势

引入支护效果百分比进行超前小导管支护效果评价，计算方法为：

支护效果百分比=（无支护时竖向变形−超前小导管支护时竖向变形）/无支护时竖向变形×100%

将各工况结果列入图 2.16 中。

图 2.16 表明，埋深为 11.6 m 与 6.6 m 时，隧道开挖部分的支护效果百分比较大，最大处约出现在 1 m 位置。将其放入同一个图中进行分析，如图 2.17 所示。可以看出在 1 m 位置处变形控制效果为 20%~35%，且围岩越差，控制效果越好。超前小导管长度为 3 m，发现在约 3 m 位置处，围岩较好时，位移控制比会产生微弱的波动；围岩较差时，无此现象。

在埋深为 1.6 m，围岩为 Soil 1、Soil 2 和 Soil 3 时，支护效果百分比出现了负值，如图 2.18 所示。这种负值的出现是无支护时的变形出现了负值引起的。进一步分析这 3 组数据，无论是否进行支护，变形均在 5 mm 以内。

从埋深为 1.6 m、围岩为 Soil 4 的工况可以看出，当围岩较差时，超前小导管有效控制了围岩变形，但围岩与超前小导管之间的相互作用会传递到作为超前小导管施做基础的初期支护上，在初期支护上产生较大变形。当初期支护强度不足时，容易产生较大变形。

观察超前小导管支护前后的变形量，图 2.19 为各工况超前小导管支护时变形控制量，图 2.20 为最大变形控制量随埋深和围岩类型分布。可以发现超前小导管对开挖部分支护效果较好，对未开挖部分同样会起到作用。当围岩较好时，控制的变形量较小；当围岩较差时，控制的变形量较大。控制的变形量随埋深增加而增加。Soil 1 控制的最大变形为

5.32 mm，Soil 2 控制的最大变形为 8.02 mm，Soil 3 控制的最大变形为 17.29 mm，Soil 4 控制的最大变形为 112.85 mm。

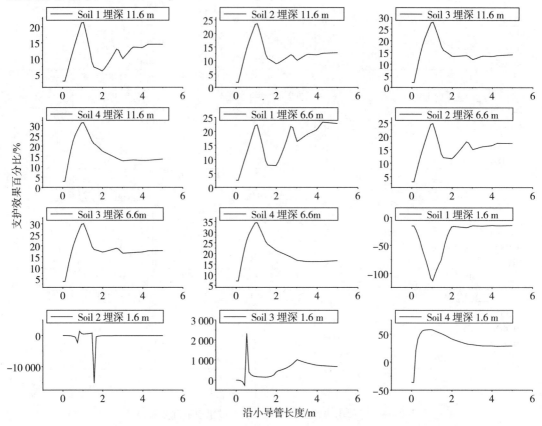

图 2.16　各工况超前小导管支护效果百分比

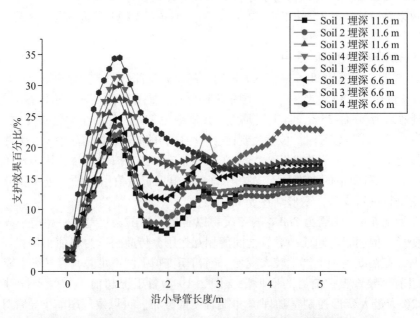

图 2.17　埋深为 11.6 m 与 6.6 m 时超前小导管支护效果百分比

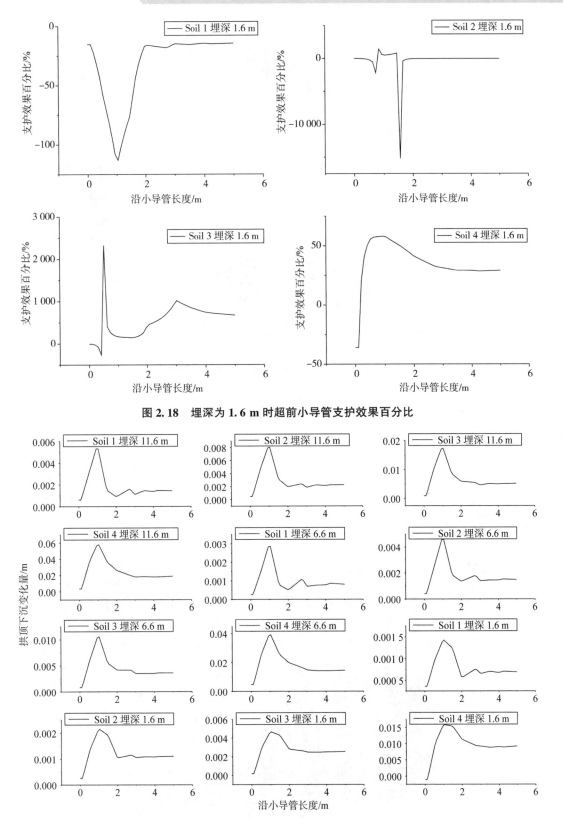

图 2.18 埋深为 1.6 m 时超前小导管支护效果百分比

图 2.19 各工况超前小导管支护时变形控制量

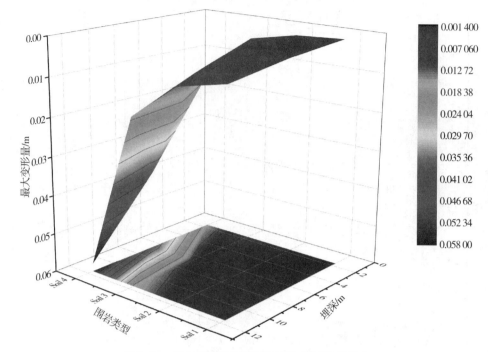

图 2.20　最大变形控制量随埋深和围岩类型分布

2.4　超前管棚支护效果研究

2.4.1　几何模型

本节研究的几何模型纵向长 10 m，宽 40 m，高 40 m，如图 2.21 所示。在隧道前方设置套拱，套拱纵向长 2 m，厚 50 cm。喷射混凝土厚 28 cm。管棚外径为 108 mm，壁厚 6 mm。

图 2.21　管棚支护几何模型

土体、管棚、喷射混凝土、套拱均使用三维实体模型。土体选用摩尔库伦模型,管棚和喷射混凝土选用 DP 模型。单元选用的是不带中节点的 Solid185 单元,共有单元 55 299 个,节点 34 981 个。几何模型网格如图 2.22 所示,管棚网格如图 2.23 所示。

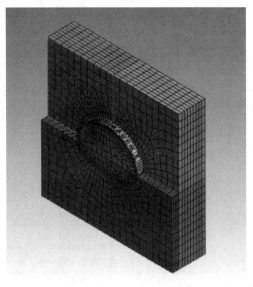
图 2.22　几何模型网格

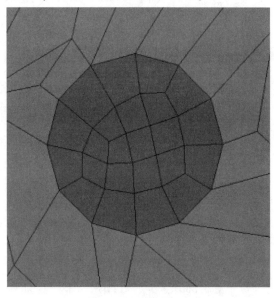
图 2.23　管棚网格

2.4.2　材料参数和工况设置

将管棚中的注浆材料和钢材进行加权计算,等效为一种材料。

密度计算方法:

$$\rho \times (A_s + A_c) = \rho_s \times A_s + \rho_c \times A_c$$

式中,ρ_s 为钢管密度;A_s 为钢管截面积;ρ_c 为注浆材料密度;A_c 为注浆材料截面积;ρ 为管棚的等效密度。材料力学参数如表 2.4 所示。

表 2.4　材料力学参数

材料		变形模量/GPa	泊松比	密度/(kg·m^{-3})	黏聚力/MPa	内摩擦角/(°)
管棚		53.5	0.2	3 069	—	—
喷射混凝土		23	0.2	2 300	—	—
套拱		31	0.2	2 300	—	—
围岩类型	Soil 1	0.045	0.25	2 300	0.25	45
	Soil 2	0.03	0.33	2 000	0.06	30
	Soil 3	0.015	0.37	1 800	0.03	20
	Soil 4	0.005	0.45	1 600	0.015	15

按 4 种围岩类型和 3 种埋深水平进行正交试验设计,共设置 12 个工况。具体如表 2.5 所示。

表 2.5 管棚支护工况

编号	围岩类型	埋深/m	单元数/个	节点数/个
1	Soil 1	11.6	36 324	149 578
2	Soil 2	11.6	36 324	149 578
3	Soil 3	11.6	36 324	149 578
4	Soil 4	11.6	36 324	149 578
5	Soil 1	6.6	51 782	162 980
6	Soil 2	6.6	51 782	162 980
7	Soil 3	6.6	51 782	162 980
8	Soil 4	6.6	51 782	162 980
9	Soil 1	1.6	55 907	164 688
10	Soil 2	1.6	55 907	164 688
11	Soil 3	1.6	55 907	164 688
12	Soil 4	1.6	55 907	164 688

每一个工况分 3 步进行计算，第一步计算自重应力，改变材料参数后进行开挖计算，第二步开挖 3 m，第三步在第二步的基础上再开挖 3 m。

2.4.3 结果分析

选取第三步与第一步自重应力计算的变形差值。在开挖轮廓线沿拱顶提取拱顶下沉随纵向距离的变化，如图 2.24 中的 1 至 2 方向。

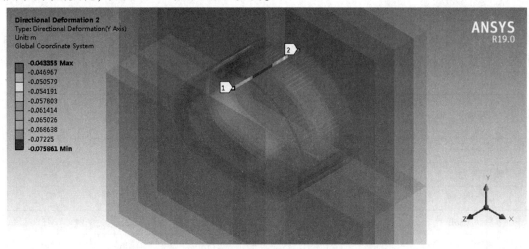

图 2.24 拱顶下沉数据选取位置示意图

由图 2.11 和图 2.25 可以看出，无论是否存在支护，随着隧道埋深增大，最大拱顶下沉都会增大；随着围岩变差，最大拱顶下沉增大。而且，无论支护存在与否，埋深和围岩类型对最大拱顶下沉的影响规律都是一致的。当埋深小于 3 m 时，围岩变化对最大拱顶下沉影响较小；当围岩比 Soil 3 好时，埋深变化对最大拱顶下沉影响较小。

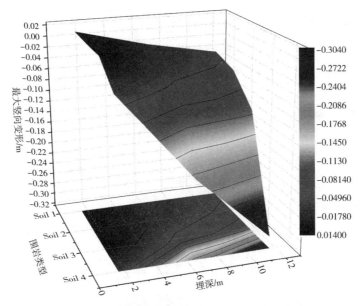

图 2.25　管棚支护时围岩变形随埋深和围岩类型变化支护效果

从图 2.26 中可以看出，当没有管棚支护时，靠近洞口端隧道拱顶变形大，而靠近掌子面端隧道拱顶变形小。从图 2.27 中可以看出，进行管棚施做后，各工况拱顶下沉均增大了，这是由于管棚自重较大，对围岩具有竖向加载的作用。

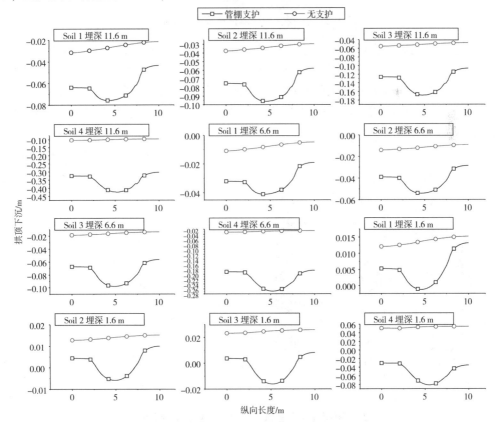

图 2.26　管棚支护前后隧道拱顶变形对比

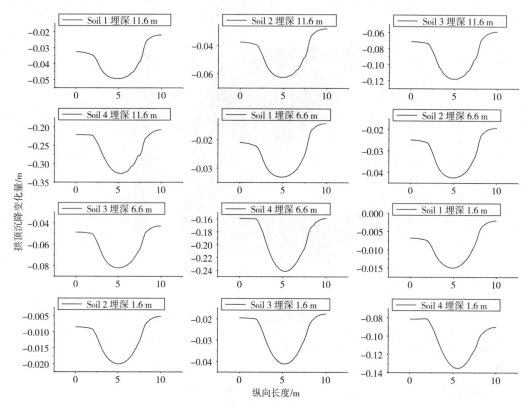

图 2.27 管棚支护后隧道拱顶下沉变化量

隧道进行超前管棚支护后，开挖部分隧道变形较大，套拱和未开挖部分隧道变形较小。在围岩较好时，套拱处隧道拱顶变形比未开挖部分隧道拱顶变形大，而随着围岩变差，这种变形差逐渐减小，最终套拱处的变形量甚至小于隧道未开挖部分的变形，这表示管棚发生支护作用的支撑位置从围岩深部向套拱处转移。图 2.28 为不同埋深下套拱承载百分比随围岩类型的变化。

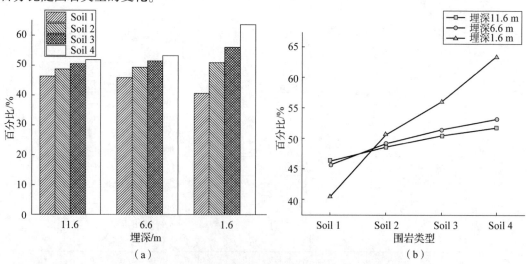

图 2.28 不同埋深下套拱承载百分比随围岩类型的变化
（a）柱形图；（b）折线图

其中，套拱承载百分比表示为：

套拱承载百分比＝未开挖围岩变形均值/（套拱变形均值+未开挖围岩变形均值）×100%

围岩承载百分比表示为：

围岩承载百分比＝套拱变形均值/（套拱变形均值+未开挖围岩变形均值）×100%

将管棚看作杆件，将套拱与未开挖围岩看作支座，随着围岩变差，套拱承载百分比逐渐增大，这种增加幅度，随着埋深减小而显著增加。

从图 2.29 中可以看出，随着埋深增大，套拱承载比逐渐降低，降幅减小，趋近于 50%，即管棚支护与内部围岩同等变形。当围岩较好时，套拱承载百分比小于 50%，且随埋深增加而逐渐增大，增幅减小，趋近于 50%。

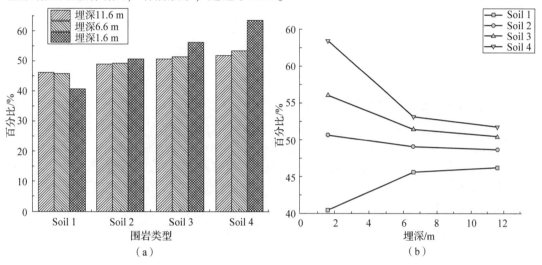

图 2.29　不同围岩类型下套拱承载百分比随埋深的变化

(a) 柱形图；(b) 折线图

第三章 隧道进洞方式

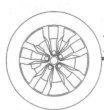

3.1 隧道常见进洞方式

隧道进洞方式是指隧道以何种方式进入暗洞,从而进行隧道洞身施工。隧道进洞施工十分复杂,从隧道工程出现到现在,工程人员就一直在对进洞方式进行着不懈的研究与探索。从原来的"晚进晚出""早进晚出",到现在的"零开挖",洞口的工程理念经历了重经济到重安全再到重环保的历程。

常见的隧道进洞方式有明挖进洞、明洞暗做进洞、反压暗挖进洞、前置式洞门进洞、迂回进洞等。

1. 明挖进洞

明挖进洞是比较传统的方法。为了施工安全,一般在洞口进行边仰坡开挖、防护,当隧道覆盖层达到一定厚度时再进行暗洞施工。明挖进洞常形成较大高度的边仰坡,虽然有些洞口采用接长明洞回填绿化的方法加以补救,但这对于原生植被的破坏却是不可恢复的。

2. 明洞暗做进洞

明洞暗做进洞是顺着山体地面线施做护拱,进行暗洞施做,虽然对两侧边坡开挖影响较小,但较为明显地减小了临时仰坡的开挖,对原地表的保护效果较好。

3. 反压暗挖进洞

反压暗挖进洞一般用在隧道偏压或正常进洞会产生高大边仰坡的情况下。其在洞外一定距离首先施做一个类似明洞的暗洞,逐步向洞内方向推进,直到完全嵌入山体,在暗洞两侧回填贫混凝土至暗洞设计标高。洞口边仰坡基本不被破坏,该暗洞与回填的贫混凝土形成整体支护作用,有效地保证了洞口段及边仰坡施工的安全。

4. 前置式洞门进洞

蒋树屏等提出了前置式洞口进洞,其施工方法为在洞外不开挖山脚土体的情况下,采用两侧开槽逐榀施做工字钢拱架,随着钢拱架推进逐渐"亲吻"山体,拱架间以纵向钢筋连接为整体,浇筑混凝土临时衬砌,在进洞前以临时衬砌成洞,回填反压后再进行临时衬砌内暗挖施工。这种方法可基本实现"零开挖"。

5. 迂回进洞

迂回进洞是在隧道洞口施工条件极为不利,难以满足安全施工的要求,或隧道洞口位置缺少必要的施工场地时,先在山体旁施做导洞到隧道主线,再由此向隧道洞口方向施工。

3.2 隧道进洞方式的影响因素

3.2.1 地形条件

根据隧道轴线与地面等高线关系的不同(见图3.1),隧道轴线与坡面的相互位置一般可分为以下几种。

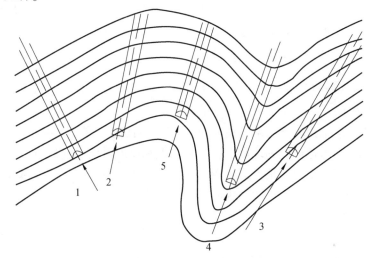

1—正交进洞;2—斜交进洞;3—坡面平行型进洞;4—山脊处正交进洞;5—沟谷处正交进洞

图 3.1　隧道轴线与地面等高线的关系

(1)正交进洞:隧道洞口轴线与地面等高线夹角较大时的进洞方式,是最为理想的进洞方式。根据隧道洞口位置不同,又可分为山脊处正交进洞与沟谷处正交进洞。

①山脊处正交进洞:山脊处一般围岩比较稳定,围岩状况良好,但其背后可能存在断层,设计、施工时应注意考察并作超前地质预报。

②沟谷处正交进洞:沟谷地质一般为坡积层、堆积层等,围岩稳定性差,地下水水位较高,易发生泥石流、洪水等自然灾害。

(2)斜交进洞:隧道洞口轴线与山体坡面斜交的进洞方式。此种情况边坡切面与洞门为非对称,很容易出现地形偏压。为了防止地形偏压,在进洞时,靠近山体一侧往往要刷很大的坡,形成很高的边仰坡。这种进洞方式不仅防护困难,费时费力,而且对于洞口环境也造成极大的破坏。

(3)坡面平行型进洞:隧道轴线与地形等高线近似平行,隧道洞口段在较长的区间内处于单侧覆盖层较薄的情况,施工中着重考虑偏压的影响。

地形对隧道进洞的影响主要包括两个方面,即沿隧道纵向坡度和横向坡度。考虑地形条件时的隧道结构特性如表3.1所示。

表 3.1 考虑地形条件时的隧道结构特性

纵坡	横坡	隧道进洞考虑的不利因素	特性
纵向坡度大	横向坡度大	考虑偏压，考虑边坡稳定性	偏压式明洞或设置挡墙，并设置柱式洞门
	横向坡度小	考虑边坡稳定性	柱式洞门
纵向坡度小	横向坡度大	考虑偏压	偏压式明洞或设置挡墙
	横向坡度小	—	长距离浅埋

3.2.2 地质条件

地质条件对隧道进洞的影响主要有两个方面，一是不良地质对隧道进洞的影响，常见的不良地质包括滑坡、泥石流、崩塌等，对隧道洞口位置的选择具有较大影响；二是围岩条件对隧道进洞的影响，围岩条件包括地质构造类型、地层产状、风化程度等，决定了围岩的稳定性、承载能力，影响隧道施工工艺选择。

3.2.2.1 洞口边坡常见的防治措施

1. 消除或减轻水的危害

1）排除地表水

排除地表水是整治边坡不可缺少的辅助措施，而且应是首先采取并长期运用的措施。其目的在于拦截、旁引边坡外的地表水，避免地表水流入滑坡区；或将边坡范围内的雨水及泉水尽快排除，阻止雨水、泉水进入滑坡体内。主要工程措施：边坡体外截水沟；边坡体上地表水排水沟；引泉工程；边坡区的绿化工作等。

2）排除地下水

对于地下水，可疏而不可堵。主要工程措施：截水盲沟——用于拦截和旁引滑坡外围的地下水；支撑盲沟——兼具排水和支撑作用；仰斜孔群——用近于水平的钻孔把地下水引出。此外，还有盲洞、渗管、渗井、垂直钻孔等排除滑坡体内地下水的工程措施。

2. 改变坡体几何形态

改变坡体几何形态的主要措施：消减推动滑坡产生区的物质（即减重）和增加阻止滑坡产生区的物质（即反压），即通称的"砍头压脚"；或减缓边坡的总坡度，即通称的"削方减载"。这种措施是经济、有效的，技术上简单易行且对边坡体滑坡防治效果好，所以获得了广泛的应用并积累了丰富的经验。特别是对厚度大、主滑段和牵引段滑面较陡的滑坡体，其治理效果更加明显。对其合理应用则需先准确判定主滑、牵引和抗滑段的位置。

3. 设置抗滑建筑物

1）挡墙

在滑坡底脚修建挡墙也是常用的一种措施。挡墙可用砌石、混凝土以及钢筋混凝土结构。临时性加固时，也可采用木笼挡墙。修建挡墙不但能适当提高滑坡的整体安全性，更可有效防止坡脚的局部崩坍，以免边坡条件不断恶化。但对于大型滑坡，挡墙由于受到工程量及高度的限制，滑坡体的安全系数往往提高不大。若在边坡表面修建一些拱形或网形建筑物，或对边坡加以表面砌护，则它们虽不能防止深层滑动，提高滑坡体的整体稳定性，但能防止表面局部崩落、冲刷，避免滑坡体的工作条件进一步恶化。

2）抗滑桩

抗滑桩是一种被实践证明效果较好的传统滑坡体加固方式。对于一些中、深层滑坡，在用挡墙难以整治的情况下，可以用抗滑桩。抗滑桩是在滑坡体上挖孔设桩，不会因施工破坏其整体稳定。桩身嵌固在滑动面以下的稳固地层内，借以抗衡滑坡体的下滑力，这是整治滑坡比较有效的措施。但是由于其多为悬臂梁式设置，不但受力状态不理想，而且为克服较大的弯矩作用，往往设计的断面较大，配筋率较高，造价也非常高。

3）预应力锚索

预应力锚索单独稳定滑坡是在其中、前部打若干排锚索，锚于滑动面以下稳定地层中，加预应力 500 kN 以上，增加对滑动面的垂直压力从而提高摩擦力和水平抗力，变被动受力为主动抗滑。地面用梁或锚墩作反力装置给滑坡体施加一个预应力来稳定滑坡，这样能有效地阻止滑坡的移动。锚索工程不开挖滑坡体，对滑坡体扰动小，又能机械施工，比抗滑桩工程节省投资约 50%，因此应用前景十分广阔。

4）锚索桩

锚索与抗滑桩联合形成锚索桩。在抗滑桩顶部加 2~4 束锚索，增加一个拉力，改变普通抗滑桩的悬臂受力状态，接近简支梁，加预应力使桩由被动受力变为主动受力，因而大大降低了传统桩体的截面、配筋率和埋置深度，可节省工程投资 40%~50%，有较明显的技术、经济效益。锚索桩改变了桩的受力状态，变被动支挡为主动预加，提高了滑坡稳定性。其优点是可以提供较大的锚固力，锚杆充分发挥其全部作用之前不产生移动，故边坡的变形和可能的张裂是最小的；缺点是要配备大型的张拉设备，且施工工艺复杂，成本高昂。

5）普通砂浆锚杆

普通砂浆锚杆利用水泥砂浆将锚杆和孔壁牢牢地黏结在一起。其优点是结构简单，适应性强，可适用于各种地层，抗震动性能较好，费用仅为预应力锚索的 1/3 左右；缺点是强度较低，注浆时易造成空洞，不够密实，安装后不能及时提供锚固力（锚固力为杆体强度）。

6）复合挡土结构

复合挡土结构是树根桩技术在边坡工程中的应用，是一种较为新型的抗滑挡土结构，由前后两排树根桩斜锚杆与灌入水泥浆加固后的土体复合构成，用来控制土体的稳定性。该结构可用来代替传统的挡墙、抗滑桩等用于滑坡防治，与挡墙、抗滑桩等抗滑结构相比，具有造价低、施工方便、工期短、对土体扰动小等特点，具有一定的经济和社会效益。

7）土锚钉

土锚钉是将金属棒、杆、竹等打入原土体或软弱围岩，或将灌浆置入土或软弱围岩中预先钻好的钻孔内，它们和土体共同构成有内聚力的土结构物，以阻止不稳定斜坡的运动或支撑临时挖方边坡。土锚钉属被动单元，打入或置入后不再施加拉张应力。它可用以支撑潜在不稳定斜坡或蠕动斜坡，最适用于密实的颗粒土或低塑性指数坚硬粉质黏土。由于金属棒、杆锈蚀速度的不确定性，土锚钉主要用于临时结构物。土锚钉系统既有柔韧性又有整体性，故可抗地震荷载。

8）加筋土

加筋土是在土体中埋入有抗拉的单元以改善土体的总体强度，稳定天然及堆填斜坡。

支挡、开挖边坡都可用加筋土挡墙,它优于传统挡墙之处:①既有黏聚性又有韧性,故能承受大变形;②可使用的填料范围很广;③易于修建;④抗地震荷载;⑤已有多种面板形式,可以建成赏心悦目的结构;⑥与传统挡墙或桩相比造价低廉。

9）格构锚固

格构锚固是一种新型支挡加固措施,是利用浆砌块石、现浇钢筋混凝土或预应力混凝土进行坡面防护,并利用锚杆或锚索固定的一种滑坡综合防护措施,它将整个护坡与柔性支撑有机结合在一起。其特点是施工时不必开挖扰动边坡,施工安全快速,与植被恢复结合,还可美化环境,特别是钢筋混凝土格构、预应力混凝土格构与预应力锚索的联合应用,变被动抗滑为主动抗滑,充分发挥滑坡体的自承能力,非常经济、有应用前景。但目前对格构锚固原理研究不够,因此其传力机理、适用范围以及设计理论、设计方法值得进一步研究。

4. 改善滑动带土石性质

对于软基和由软土构成的边坡,可以采用物理或化学的处理方法,改变土体性质,以提高边坡的稳定性。一般采用焙烧法、爆破灌浆法等方法对滑坡进行整治。由于滑坡成因复杂、影响因素多,因此常常需要几种方法同时使用、综合治理,方能达到目的。

（1）注浆及注浆加筋法、静压注浆法:一般用于排水条件好且阻滑段坡面较平缓的滑坡体破碎、节理裂隙发育的崩塌堆积体及岩质滑坡,改善深层滑面力学性质,防止在诱发因素作用下产生滑移及处理滑坡体裂缝。静压注浆前,宜先用堆石固脚压坡,并核算滑坡处于稳定状态,再施灌。

（2）旋喷注浆法:生成若干连续壁状固结体,既改善滑带及滑面力学强度,又可减少对滑坡排水通道影响,保持排水畅通,适用于治理淤泥、淤泥质土及饱和黏性土的滑坡体、滑带。

（3）群桩法:采用碎石桩、石灰桩等柔性桩或微型桩等小截面群桩处理滑坡,适用于治理滑带土较深厚或滑面和滑移方向不确定的中小型滑坡。

（4）碎石桩法:采用干振或沉管方法形成碎石桩,在砂性土中可挤密加固,适用于治理滑带为厚层淤泥质土、粉细砂的土质滑坡。

（5）焙烧法:以一定的压力向预先设置在土层中的钻孔内压入灼热的气体,或向孔中注入可燃液体或气体进行燃烧,使土体脱水、孔壁附近土体烧结固化,从而提高滑带土力学强度,适用于治理滑带土在地下水位以上的非饱和黏性土、湿陷性黄土,加固深度 8~10 m 的滑坡。

3.2.2.2 隧道偏压常见的防治措施

1. 改善偏压状态

1）反压回填

当隧道侧覆土厚度较薄且横坡坡度较小时,可以考虑采取反压回填的处置措施,如图 3.2 所示。反压回填的作用在于当侧覆土厚度较小时,浅埋侧洞身受到偏压的影响很大,此时采用反压回填可以增加浅埋侧的侧覆土厚度,使其达到或超过临界深度。在横坡坡度较大的情况下,隧道整体都有失稳的倾向。这时,必须与边坡抗滑相关措施结合,才能起到好的安全处置作用。

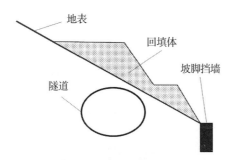

图 3.2 反压回填以改善偏压状态

2）挡土墙

根据上面的分析，在地表横坡坡度较大的情况下，可以考虑采用挡土墙。挡土墙的效果在于地表倾角较大的情况下可以很好地控制隧道整体失稳的趋势，同时与反压回填配合可以减小水平方向上的偏压荷载。挡土墙施工时要特别注意墙后回填土的质量。回填土的作用有三，一是可以提高对隧道浅埋侧变形的约束，二是可以传递一部分隧道水平的偏压荷载，三是可以提高地表的整体性。

2. 改善围岩的力学状态

1）地表注浆加固

地表注浆加固改良了岩土体的物理力学性能，从而提高了隧道围岩的自身承载能力，减小了隧道开挖围岩的自稳时间，减小隧道进洞时围岩松动产生的松弛圈的范围，因此可大幅减小初期支护结构受到的压力，有效提高隧道围岩的稳定性。注浆的浆液能充填围岩的孔洞和裂隙，提高围岩的整体性，且注浆浆液封堵围岩导水通道，能防止地下水的渗透对围岩软化。

2）锚杆加固技术

在偏压隧道开挖中，锚杆通过自身的抗剪能力防止围岩沿软弱结构面的相对滑动，从而改善岩体的稳定性。需要特别提醒的是，对隧道洞口边坡加固时锚杆加固的长度一般要贯穿软弱结构面才能发挥作用。一般来说，锚杆加固与其他偏压措施联合使用效果更好。具体采取哪种处置对策应结合工程实际勘察与理论计算得出。

3）抗滑桩

由于隧道受覆盖层偏压的影响，因此在偏压侧设置抗滑桩，抵抗来自围岩内部的应力，以减小隧道偏压。抗滑桩改善围岩的力学状态如图 3.3 所示。

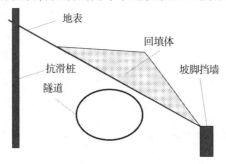

图 3.3 抗滑桩改善围岩的力学状态

3. 改善衬砌结构的力学状态

半明半暗结构进洞作为一种隧道进洞方式，经常应用于山岭隧道的修建，特别是隧道进出口处与地形等高线斜交的情况，如图3.4所示。采用半明半暗结构进洞既可以保护地表植被不被破坏，又可以防止浅埋侧开挖造成边坡失稳坍塌。半明半暗结构的明挖侧有类似于挡土墙的作用，半明半暗结构施做完毕后可以在结构上方回填土体，其作用与挡土墙相似，能够改善衬砌结构的力学状态。

图3.4 半明半暗结构进洞

3.2.3 其他特殊要求

1. 桥隧直接相连

修建山区高速公路在时桥隧比例往往会占到70%，甚至更高。填挖方路基路堑段的减少，必然导致桥梁与隧道空间上距离的减小。一般地，桥梁与隧道直接相连时隧道洞口位置较高，边坡较陡，缺少隧道洞口施工的必要条件与操作平台，常常使用单向出洞技术或迂回进洞方式。九子地隧道单向出洞如图3.5所示。

图3.5 九子地隧道单向出洞

2. 环境保护

隧道进洞方式在环境保护方面主要体现在减少边仰坡的开挖,降低对原始植被的破坏。随着这种理念的推进,逐渐从传统明洞进洞的大挖方大刷坡向明洞暗做、降低开挖,乃至"零开挖"转变,对隧道进洞方式提出了更高的要求。一些独特的施工方法越来越多地应用到隧道建设中来,如采用桥隧对接系统设计、偏压明洞+放陡边坡、楔形管棚套拱+反压回填、护拱+反压回填的半明半暗技术、零开挖反向出洞以及棚洞进洞技术方案等。

3.3 隧道反向出洞技术研究

3.3.1 几何模型

本节研究的几何模型纵向长 60 m,宽 40 m,高 40 m,由 6 个部分构成,如图 3.6 所示。隧道仰坡角度为 60°。实体单元选用 Solid189,网格划分后共 8 948 个单元,18 755 个节点。

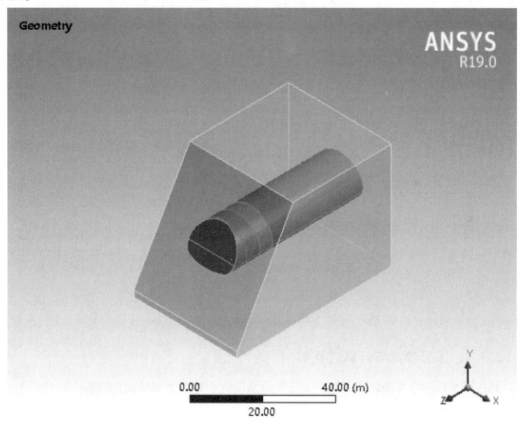

图 3.6 几何模型

3.3.2 材料与几何模型设置

选用摩尔库伦模型,弹性模量为 $5×10^6$ Pa,泊松比为 0.43,密度为 16 kg/m³,内摩擦角为 15°,黏聚力为 0.015 MPa。

3.3.3 边界条件设置

重力加速度为 9.800 6 m/s²。采用无摩擦支护,即在该面上仅存在切向位移。边界条件如图 3.7 所示。

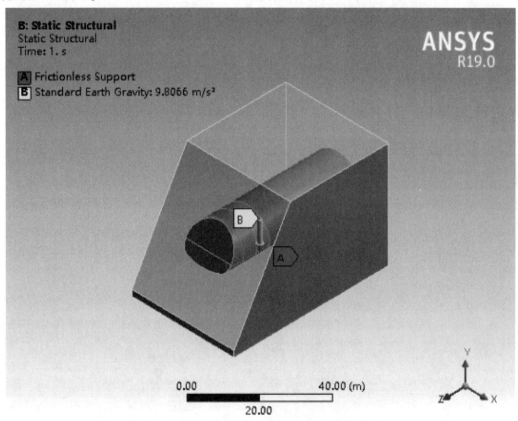

图 3.7 边界条件

3.3.4 工况模拟与计算过程控制

共进行 5 步开挖 6 步计算,第一步计算自重应力,然后由仰坡向内部依次开挖 2.3 m、5 m、5 m、5 m、35 m。

收敛准则:荷载收敛至 0.1%。

3.3.5 结果分析

1. 正向进洞和反向出洞变形与应力云图

正向进洞和反向出洞变形与应力云图如图 3.8~图 3.11 所示。

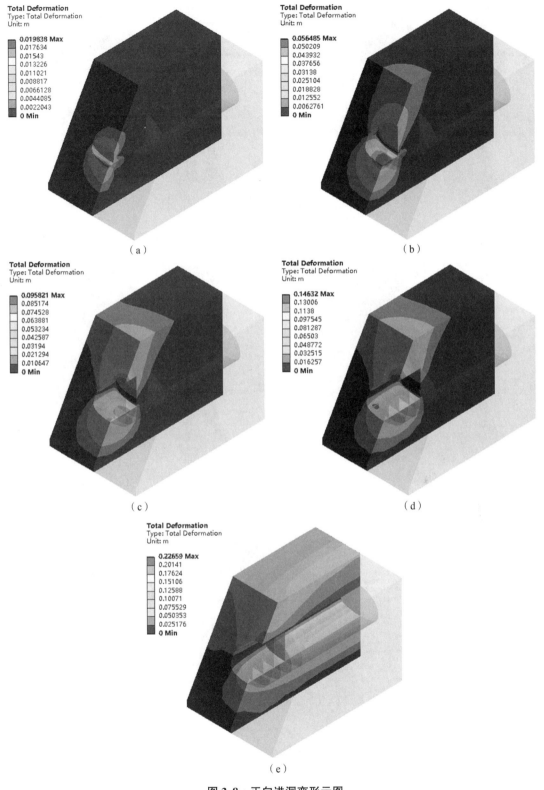

图 3.8 正向进洞变形云图

(a) 第一步开挖变形云图;(b) 第二步开挖变形云图;(c) 第三步开挖变形云图;
(d) 第四步开挖变形云图;(e) 第五步开挖变形云图

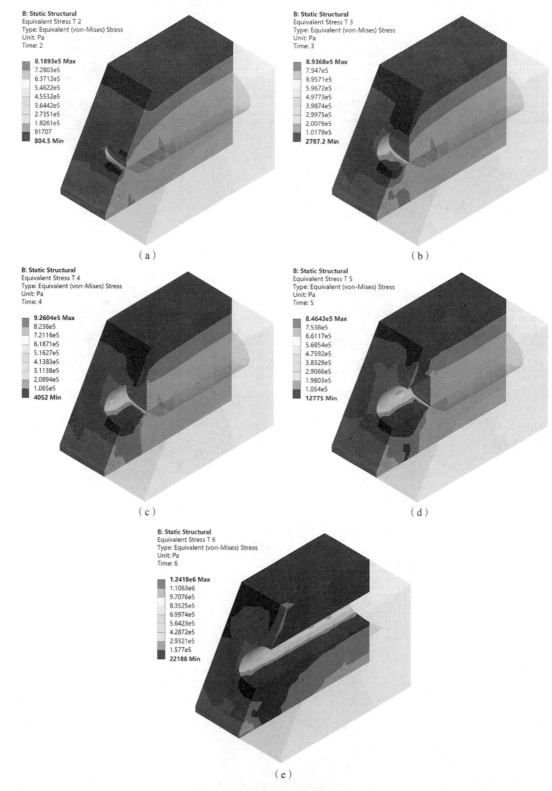

图 3.9 正向进洞应力云图

(a) 第一步开挖应力云图；(b) 第二步开挖应力云图；(c) 第三步开挖应力云图；
(d) 第四步开挖应力云图；(e) 第五步开挖应力云图

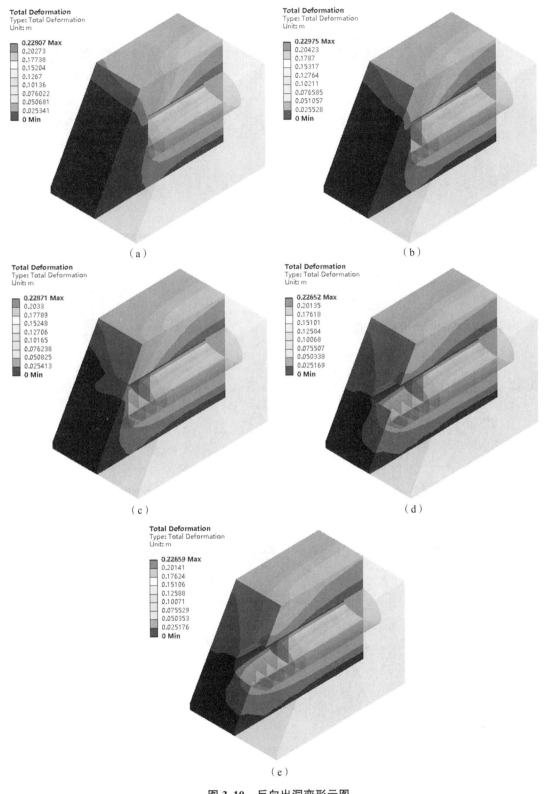

图 3.10 反向出洞变形云图

(a) 第一步开挖变形云图；(b) 第二步开挖变形云图；(c) 第三步开挖变形云图；
(d) 第四步开挖变形云图；(e) 第五步开挖变形云图

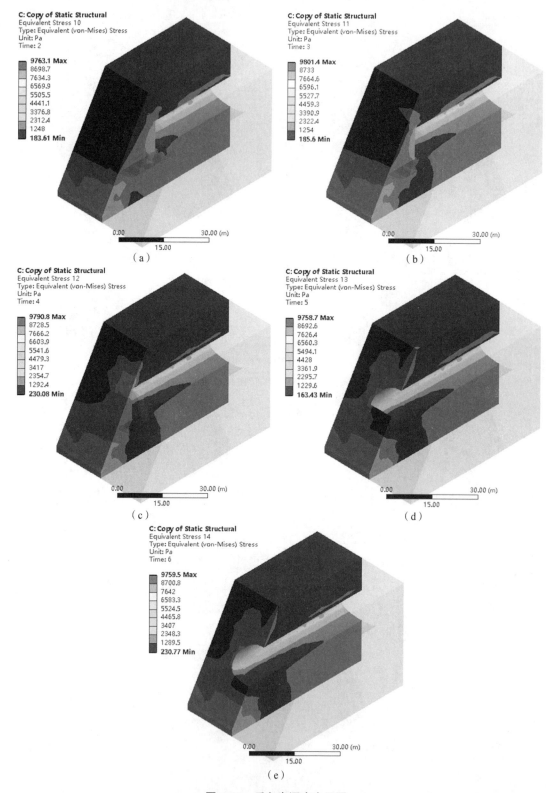

图 3.11 反向出洞应力云图

(a) 第一步开挖应力云图;(b) 第二步开挖应力云图;(c) 第三步开挖应力云图;
(d) 第四步开挖应力云图;(e) 第五步开挖应力云图

2. 坡面稳定性分析

提取坡面各开挖步的变形与应力，数据提取路径为图 3.12 中的 1 至 2 方向。结果如图 3.13~图 3.16 所示。

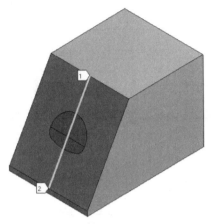

图 3.12 坡面数据提取路径

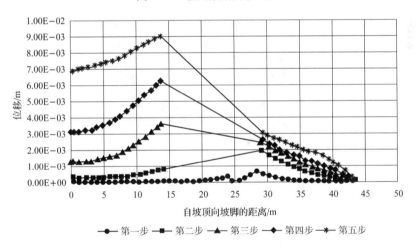

图 3.13 正向进洞坡面变形折线图

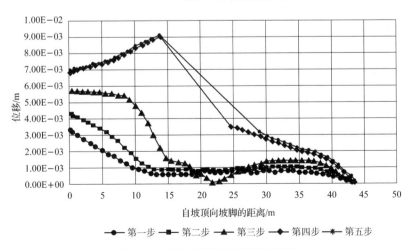

图 3.14 反向出洞坡面变形折线图

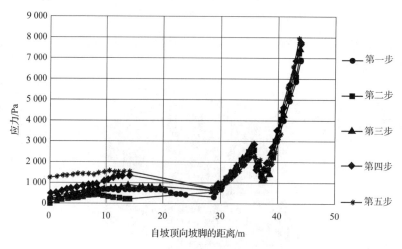

图 3.15　正向进洞坡面应力折线图

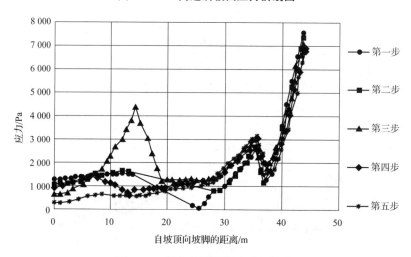

图 3.16　反向出洞坡面应力折线图

从正向进洞坡面变形折线图中可以看出，随着开挖向围岩内部推进，坡面的整体变形均呈现逐渐增大的趋势。越靠近隧道仰坡，其变形增长越快。

通过对比坡面变形折线图发现，在贯通时正向进洞与反向出洞坡面变形基本一致。

从正向进洞与反向出洞的坡面变形折线图中可以看出，正向进洞对隧道洞口上方 8 m 范围变形较大，随着隧道开挖的深入，整体变形增大，对下部影响较小。

反向出洞，隧道未贯通时，封闭的坡面可以有效控制变形范围，隧道仰坡影响范围为拱顶上部 4 m，且隧道洞口周边变形量小于隧道仰坡坡顶的变形量；贯通后变形迅速增大，因此在贯通前需要加固开挖面周边围岩。

通过对比坡面应力折线图发现，在贯通时应力基本一致。

正向进洞时坡面下部应力较上部大，随着隧道的开挖，隧道上部坡面应力逐渐增大，坡面下部应力基本不变。

反向出洞，隧道未贯通时，拱顶处会产生应力集中，当掌子面离坡面越近，应力集中越大，应控制贯通前最后一步的开挖距离。

3. 最后一步开挖预留长度研究

坡面60°时最后一步开挖预留长度对坡面应力的影响如图3.17所示。

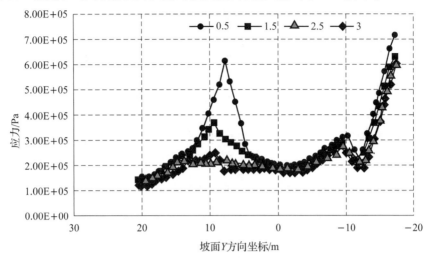

图3.17 坡面60°时最后一步开挖预留长度对坡面应力的影响

研究在该参数条件下最后一步开挖预留长度对坡面最大应力的影响，结果如图3.18所示。可以看出当最后一步开挖距离从0.5 m变化为1.5 m、2.5 m时，隧道开挖部分上部坡面应力分别为611 kPa、368 kPa、248 kPa，坡面的应力集中将发生较大改善，集中应力降低了59.4%。

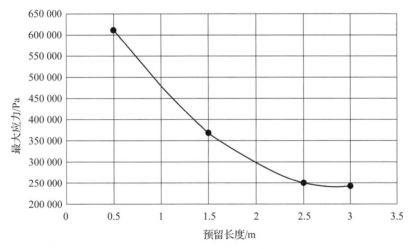

图3.18 坡面60°时开挖预留长度对坡面最大应力的影响

当最后一步开挖距离增加至3 m时，坡面上部应力为241 kPa，与2.5 m预留长度相比仅变化了2.8%，坡面应力改善状况与2.5 m相差不大，建议最后一步开挖距离为2.5 m。

研究坡面45°时最后一步开挖预留长度对坡面应力的影响，结果如图3.19所示。可以看出当最后一步开挖距离从0.5 m变化为2.5 m时，隧道开挖部分上部坡面应力分别为479 kPa、339 kPa、230 kPa，坡面的应力集中将发生较大改善，集中应力降低了52.0%。

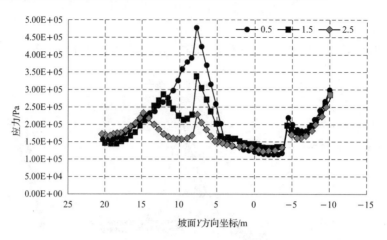

图 3.19 坡面 45°时最后一步开挖预留长度对坡面应力的影响

研究坡面 30°时最后一步开挖预留长度对坡面应力的影响,结果如图 3.20 所示。可以看出当最后一步开挖距离从 0.5 m 变化为 2.5 m 时,隧道开挖部分上部坡面应力分别为 363 kPa、305 kPa、223 kPa,坡面的应力集中将发生较大改善,集中应力降低了 38.6%。将不同坡度时隧道开挖上方产生的最大应力随长度变化列入图 3.21 中。

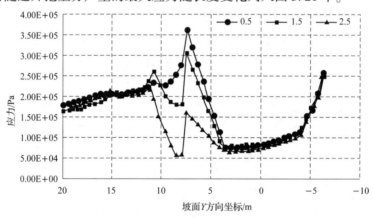

图 3.20 坡面 30°时最后一步开挖预留长度对坡面应力的影响

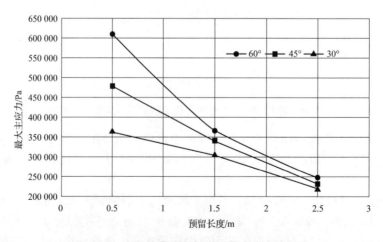

图 3.21 不同坡度预留长度对最大应力的影响

从图中可以看出，贯通预留长度从 0.5 m 变为 1.5 m 后，当隧道出口坡面坡度较大时，对最大等效应力的减小更加显著，坡度较缓时，通过增加贯通预留长度控制最大等效应力的效果降低；各种坡度都表现出随着预留长度的增加，控制效果降低，基本呈现出随贯通预留长度的增大，最大等效应力线性降低的特点。

4. 正向进洞与反向出洞时掌子面的力学差异

在距离坡面较远处，两种进出洞方法对围岩影响不大，随着掌子面靠近隧道出口，正向进洞方式引起的围岩应力逐渐减小，最大值均出现在隧道底部。反向出洞方式引起的围岩应力也出现逐渐减小的趋势，其最大值由隧道拱底移至隧道拱顶。虽然最大值由拱底移至拱顶，但拱顶应力是减小的，在距离洞口 18 m、10 m、3 m 时应力分别为 676 kPa、626 kPa、592 kPa。相应的应力及变形如图 3.22~图 3.27 所示。

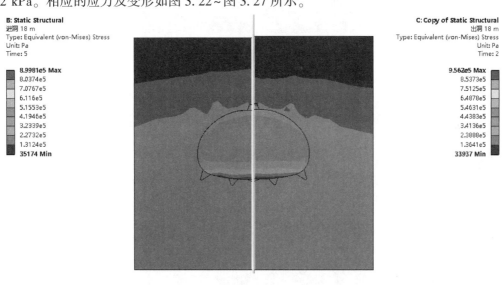

图 3.22　掌子面距洞口 18 m 处围岩应力

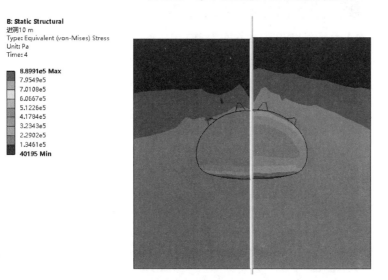

图 3.23　掌子面距洞口 10 m 处围岩应力

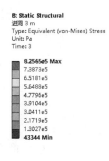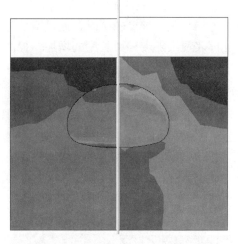

图 3.24　掌子面距洞口 3 m 处围岩应力

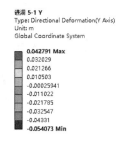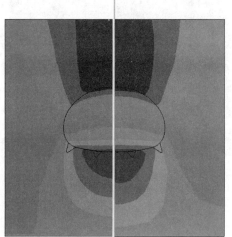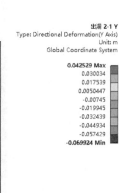

图 3.25　掌子面距洞口 18 m 处断面围岩变形

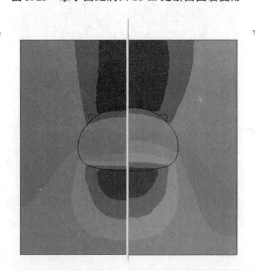

图 3.26　掌子面距洞口 10 m 处断面围岩变形

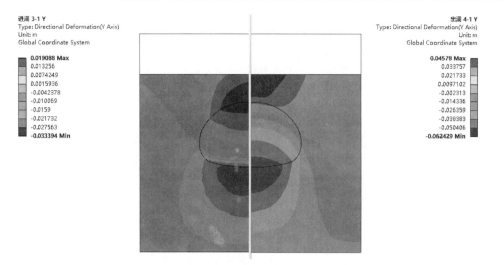

图 3.27　掌子面距洞口 3 m 处断面围岩变形

进洞与出洞开挖引起的围岩变形均为拱顶沉降、拱底隆起，在距离坡面较远处，两种进出洞方法对围岩变形的影响基本一致。随着掌子面靠近隧道出口，正向开挖和反向出洞引起的围岩变形均逐渐减小。

出洞引起的围岩沉降变形和隆起变形均较进洞引起的围岩变形大。随着距隧道洞口距离的增大，两种方式引起的拱顶下沉和拱底隆起差异在逐渐减小，隆起的差异减小更加迅速。

当距离出口较近时，反向出洞方式在进行应力传递时没有足够范围的抗力作用，可以产生较大变形，通过变形进行了应力的释放，更能体现出隧道开挖使围岩产生适量变形，进行应力释放的新理念。掌子面最大变形随掌子面距坡面长度的变化如图 3.28 所示。

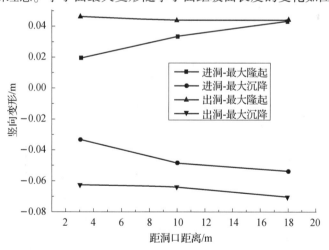

图 3.28　掌子面最大变形随掌子面距坡面长度的变化

第四章 洞门适用性分析及优化设计

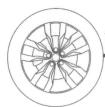

洞门是隧道洞口用瓦工砌筑并加以建筑装饰的支挡结构物。它联系衬砌和路堑，是整个隧道结构的主要组成部分，也是隧道进出口的标志。洞门结构常由坡面稳定构造物、坡面截排水系统、碎落阻挡构件组成。公路隧道常用的洞门分为墙式洞门、突出式洞门和特殊式洞门3类。

4.1 隧道洞门形式分类及特点

4.1.1 墙式洞门

墙式洞门从外观形式上看起来像一堵墙，适用于仰坡陡峻地形、山凹地形或斜交地形的狭窄地带，具有承受背后土体压力、支挡边仰坡的作用。隧道洞门的端墙或翼墙是抵抗边仰坡土压力的支挡结构，须按承受主动土压力的挡土墙结构来进行设计，对地基承载力的要求较高。这类洞门的突出特点：端墙壁面面积大，有重量感，对驾驶员易产生心理上的压迫感，墙面对光线敏感。该类型的洞门形式可随地形条件变化而变化，具有多种不同样式，因此设计人员有较宽广的创作空间。

墙式洞门的造型及装饰面的处理方法对洞门景观影响较大，端墙的造型可根据洞口周边地形及所需承受的土压力确定。墙式洞门的形状有直线形和曲线形两种，二者均可分为左右对称和不对称两种形式。其中，曲线比直线给人的印象要柔和、明亮、轻快和开放，选择何种端墙造型主要是考虑与周围环境的协调，应注意其要与作为背景的地形条件吻合，同时体形上尽量对称或与地形结合。

墙式洞门具有结构简单、工程量小、施工简便的优点；其缺点是洞口顶部排水条件较差，横向山坡一侧较低时，应当开挖沟槽横向引排。墙式洞门可通过采用合理选材、精心布局、科学配置、突出主题等手段，在满足结构功能的前提下，结合当地的环境、人文特点，使隧道洞门与大自然融为一体，给高速公路增色添景。

公路隧道墙式洞门装饰材料主要有石材、涂料、人工塑石和素混凝土4种；装饰手法主要有建筑式装饰手法、浮雕式装饰手法、雕塑式装饰手法、造型式装饰手法、贴面式装饰手法。设计时应综合考虑现场环境条件、洞门形式、地方文化习惯等方面，遵循"整体协调性和自然性"原则，选择适合隧道的装饰。选择墙面装饰材料的颜色时，应以冷色系为主，不宜采用暖色；墙面不宜处理成光面，应用亚光或反光弱的材料来进行装饰。

墙式洞门主要分为柱式洞门（见图 4.1）、台阶式洞门（见图 4.2）、城堡式洞门（见图 4.3）、拱翼式洞门（见图 4.4）、翼墙式洞门（见图 4.5）、端墙式洞门（见图 4.6）。

图 4.1　雁门关隧道

图 4.2　蝴蝶谷隧道

图 4.3　某城堡隧道

图 4.4　秦岭二号隧道

图 4.5　克老隧道

图 4.6　马蹄梁隧道

4.1.2　突出式洞门

突出式洞门即非受力式洞门，是按照洞门结构不承受山体岩层侧向压力的原则来设计的，周围没有相应的支挡结构来支挡山体，实际上可以看作是与隧道主体连接的洞口段衬砌突出于山体坡面之外而形成的突出环框结构。突出式洞门可以根据仰坡坡度合理选取切削坡度及切削方式，以减少洞口附近的刷坡，甚至不刷坡，保护周围的自然环境。突出式洞门的突出特点：洞门面积小，视觉效果良好，能很好地与周围自然环境融为一体，在修筑突出式洞门的时候，对洞口周围山体应尽量少挖或不挖，仰坡顺其自然，不破坏山体的整体性及地表植被，有利于环境保护。

突出式洞门适用于坡面稳定、无路堑或浅路堑、短路堑的地形地质条件。通常，在地形开阔、边仰坡不高、仰坡较平缓、隧道轴线与地形等高线正交或接近正交的地带，突出式洞门应用范围较广。根据具体的仰坡坡度和与周围地形相适应的要求，可将突出式洞门分为顺切式、倒切式、扩张式和直切式 4 种形式。突出式洞门的仰坡坡率平缓、洞门结构简单，边仰坡便于恢复植被，易与周围景观协调，可以有效地减少施工对自然环境的破坏，符合现在的环保观念。从行车安全方面考虑，车辆进入隧道前，仰坡正面反射光较弱，光的反差小，不会给驾驶员造成较大的心理压抑感，有利于行车安全。

突出式洞门主要分为削竹式洞门（见图 4.7）、喇叭口式洞门（见图 4.8）、环框式洞门（见图 4.9）。

图 4.7　雪峰山隧道

图 4.8　乌鞘岭四号隧道

图 4.9　毛坝一号隧道

4.1.3　特殊式洞门

目前，公路隧道洞门部分的设计大都只考虑保持洞口岩体的稳定性，即只考虑力学因素，而较少思考景观和美学上的要求。因此，大多数线路上的隧道洞口均采用比较单调呆板的洞门形式。随着高速公路的发展，其隧道洞口景观设计也愈发显得意义非凡，洞门形式的美观性直接影响着景观设计的好坏。

景观设计应从创造与周围环境协调的视点出发，使隧道洞门的设计在满足其基本功能的同时，又与周边环境有机融合。以前的隧道洞门形式都比较传统，随着隧道工程建设技术的进步，人们也开始逐渐改变这种固化的洞门设计思维模式，开始追求形式上的突破，力图设计出结构形式新颖，同时与周围自然环境相协调的洞门。于是，一些结构形式新颖、打破常规审美的特殊洞门应运而生。

特殊式洞门的结构形式美观，色彩和形式与洞门周围自然生态背景相协调，可丰富高速公路景观设计，吸引人们的眼球，缓解驾驶员的视觉疲劳感，给人视觉上美的享受。但是，若洞门设计的尺度设计把握不好，过分追求形式的独特性，则有可能适得其反，不仅让人在视觉上受到影响，而且影响驾驶员的行车安全。

特殊式洞门主要分为棚洞式洞门（见图 4.10）、遮光棚式洞门（见图 4.11）、框架式洞门（见图 4.12）及其他形式洞门（见图 4.13）。

图 4.10　南新棚洞

图 4.11　上海长江隧道

图 4.12　南湖隧道

图 4.13　南湾隧道

4.2　不同洞门形式的功能性分析研究

不同洞门形式的功能性分析研究结果如表 4.1 所示。

表 4.1　不同洞门形式的功能性分析研究结果

洞门类型		适用性	特点	美学感受	应用情况
墙式洞门	端墙式	路线轴线与仰坡基本正交；地形开阔、岩层稳定、有一定山体压力；边仰坡坡率为 1:0.3~1:0.5	结构简单、易于施工	壁面面积大，需降低其亮度；有重量感，驾驶员易感到压抑	应用很广泛
	翼墙式	地质条件较差，墙背土压力较大，边仰坡坡率为 1:0.75~1:1.5	端墙宽度较小，抗滑、抗倾覆能较好	壁面面积大，有重量感，驾驶员易感到压抑	应用较广泛
	台阶式	傍山地形，边仰坡坡率为 1:0.5~1:1.25	一定程度上减小边仰坡开挖量，通常需辅以偏压衬砌	壁面面积大，需降低其亮度；有重量感，驾驶员易感到压抑	偏压地段应用较多
	柱式	地形开阔，山体雄伟；边仰坡坡率为 1:0.5~1:0.75	受到洞口地形及布置所限，翼墙式洞门难以布置时选用	较为雄伟	应用较广泛
	拱翼式	洞口地面横坡连绵起伏，仰坡较宽	端墙结构设计为拱翼形式	和隧道身后地形的起伏相协调	应用较广泛
	城堡式	洞口地形开阔，风景区、民族文化区	施工复杂，造价相对也较高	彰显当地的民族风情，很好的景观效果	应用范围较小
突出式洞门	削竹式	洞口周围地形平坦、土质围岩（顺切）；陡坡岩质围岩、桥隧相接处（逆切）	模板、配筋较麻烦，耗资比较大	修饰周围的景观，使洞门与之协调	应用广泛
	喇叭口式	地形、地质条件较好，洞口开阔、排水要求较高	模板、配筋较麻烦，耗资大；利于照明适应	对车辆行驶影响小	应用较广泛
	环框式	洞口仰坡坡度较大、围岩稳定性较好；如桥隧相连岩质围岩	常用于距离城市较近地段，较美观	与洞口周围山体协调性很好	应用较广泛
特殊式洞门	框架式	城市矩形隧道	矩形断面	与城市周边环境协调	应用较少
	棚洞式	傍山隧道，洞口存在较大长度的偏压	减少边坡防护数量	利于照明通风，环保性好	应用较广泛

续表

洞门类型		适用性	特点	美学感受	应用情况
特殊式洞门	遮光棚式	适用于隧道纵向间距较小、洞内外亮度反差较大的地方	遮光、节能、环保	过渡洞口光线，轻盈、明快、简洁	应用较少
	其他形式	—	结构造型新颖	洞口景观兴奋点	应用较少

4.3 隧道洞门选型的影响因素

前面也提到，隧道洞门形式的分类方法很多，在不同方式的划分下，隧道洞门形式多种多样，姿态万千。而工程实践中常用的为以下几种：端墙式洞门、翼墙式洞门、环框式洞门、遮光棚式洞门。

端墙式洞门适用于岩质稳定的Ⅳ类以上围岩和地形开阔的地区，是最常使用的形式。

翼墙式洞门适用于地质较差的Ⅱ类以下围岩，以及需要开挖路堑的地方。翼墙式洞门由端墙和翼墙所组成，翼墙有增加端墙的稳定性及防护边坡的作用。

当洞门岩层坚硬，整体性好，节理不发育且不易风化，路堑开挖后仰坡稳定的时候，常采用环框式洞门。当洞口岩层松软，需要采用环框式洞门时，应注意：避免大刷仰坡、边坡，洞门常常要接长。此种洞门环框两翼和翼墙起一样的作用，能维持边坡稳定。

当洞门光线强烈的时候，需要采用遮光棚式洞门来协调驾驶员对光线的落差。此种洞门有两种：开放式和封闭式。一般采用开放式，因为封闭式容易弄脏，不易清洗。还有一些变化形式，如柱式洞门，其在端墙两端增加两个柱子，美观、雄伟，而且能使端墙局部加强，增加洞门的稳定性。

4.3.1 线形条件

线形条件即隧道总体设计应符合路线走向，洞门的选型更多应该寓于沿线风景中，合理结合线路上的植被、景观、建筑等进行设计，而不是单纯地将洞门的构造设计凌驾于区域环境之上。譬如，由于设计中有需要避让的地块等，路线总体走向在该地为曲线形。其中对于洞口位置选取的要求也严格受到线形条件的影响。

根据多年的工程实践可知，隧道洞口位置的选择应遵循"早进晚出"的指导思想，就是在决定隧道洞口位置时，为了施工及运营的安全，宁可早一点进洞，晚点出洞。这样做，虽然隧道长度稍稍长了一些，但却安全可靠得多。从全面观点出发，这样做是值得的、合理的。当然，所谓早和晚都是相对的，并不意味着进洞越早越好，出洞越晚越好。不应当盲目地把隧道定得很长，而是应当着重从安全方面来考虑问题。

通过实践总结出以下几点经验：

（1）洞口应尽可能地设在山体稳定、地质较好及地下水不太丰富的地方；

（2）洞口不宜设在垭口沟谷的中心或沟底低洼处，不要与水争路；

（3）洞口应尽可能设在线路与地形等高线相垂直的地方，使隧道正面进入山体，洞门结构物不致受到偏侧压力；

（4）当线路位于有可能被淹没的河滩上或水库回水影响范围以内时，隧道洞口标高应在洪水位以上，并加上波浪的高度，以防洪水倒灌到隧道中；

（5）为了保证洞口的稳定和安全，边坡及仰坡均不宜开挖过高，不宜使山体扰动太大，也不宜使新开出的暴露面太大；

（6）若洞口附近遇到水沟或水渠横跨线路，应慎重处理；当线路横沟进洞时，设置桥涵净空不宜太小，以免后患；

（7）若洞口前方岩壁陡立，基岩裸露，则最好不刷动原生坡面，不开挖山体；

（8）洞口以外必须留有生产活动的场所。

总体来说，选定隧道洞口位置时，首先要按照地质条件控制边坡和仰坡的高度及坡面长度，其次是避开不良地质区域和排水的影响，最后才从经济方面进行比较。

4.3.2 地形地质条件

地质条件即工程活动的地质环境，可理解为工程建筑物所在地区地质环境各项因素的综合。一般认为，其包括岩土（岩石和土）的类型及其工程性质、地质构造、地形地貌、水文地质条件天然建筑材料地表地质作用等。

1. 岩土的类型及其工程性质

这是最基本的工程地质因素，包括它们的成因、时代、岩性、产状、成岩作用特点、变质程度、风化特征、软弱夹层和接触带以及物理力学性质等。

2. 地质构造

这是工程地质工作研究的基本对象，包括褶皱、断层、节理构造的分布和特征。地质构造，特别是形成时代新、规模大的优势断裂，对地震等灾害具有控制作用，因而对建筑物的安全稳定、沉降变形等具有重要意义。

3. 地形地貌

地形是指地表高低起伏状况、山坡陡缓程度与沟谷宽窄及形态特征等，地貌则说明地形形成的原因、过程和时代。平原区、丘陵区和山岳地区的地形起伏、土层厚薄和基岩出露情况、地下水埋藏特征和地表地质作用现象都具有不同的特征，这些因素都直接影响到隧道洞门形式的选择。

4. 水文地质条件

这是重要的工程地质因素，地下水是降低岩、土体稳定性的重要因素，又在某些情况下会对建筑物的某些部位（如基础）发生侵蚀作用，影响建筑物的安全。它包括地下水的成因、埋藏、分布、动态和水质等。

5. 地表地质作用

这与建筑区地形、气候、岩性、构造、地下水和地表水作用密切相关，主要包括滑坡、崩塌、岩溶、泥石流、风沙移动、河流冲刷与沉积等，对评价建筑物的稳定性和预测工程地质条件的变化意义重大。

4.3.3 洞门与自然、人文景观的协调性

绿色设计对洞门选型的影响，除了要考虑洞门与自然环境的协调性，还应考虑洞门与自然景观、人文景观的协调性，洞门能否体现出当地风土人情。

隧道洞口与自然环境紧密相连，除功能作用外，还对周围的自然景观和人文景观有一

定的符号和象征意义。随着社会的发展，科学技术的进步，洞门形式的艺术性越来越受到重视，一方面要对传统的洞门形式进行改进；另一方面要结合地形情况、地理位置、时代特征、地区和民族特点，有所创新和突破。

"墙式"洞门，由于端墙的面积较大，给设计人员相对较大的创作空间，在对洞门的塑造上方法较多，样式多种。首先，端墙的形状应和洞口位置处的环境背景条件融合在一起。洞门不能仅仅作为隧道结构的一部分，或作为隧道入口的摆设，而应该上升到文化艺术的高度，应该体现当地环境、文化和民俗民族传统的关联性，体现人造景观与区域文化、人文景观的和谐统一。例如，位于国道 213 线郎川公路上的日尔郎山隧道处于藏羌少数民族地区，隧道的洞门采用了具有藏式风格的柱式洞门，并且增加了藏羌风格的洞门外装饰，洞门端墙色彩、墙面、端墙顶部无不体现藏羌民族特色，与当地的环境、人文景观浑然一体，十分和谐，让人一看到就立刻明白，正进入藏羌少数民族聚居区。

"洞式"洞门，目前来讲，是种较环保的洞门形式，倡导的是"弱化"或无洞门的设计。这种设计不是为了人为地增加建筑物，与周围环境相协调，而是要融入自然风景。与"墙式"洞门相比，"洞式"洞门造型小、形状简单，给人简约的感觉。一般来说，"洞式"洞门要比"墙式"洞门在外部造型上小很多，不可能像"墙式"洞门那样，依靠对端墙的处理，来达到与自然景观和人文景观和谐统一的目的。这就给洞门设计提出了更高的要求。例如，云南思小高速公路上的野象谷隧道，通过艺术手法适当装点洞门，使得洞口景观独具匠心。野象谷隧道洞门装饰为傣族风格的冠冕，金光灿烂，入口的弧形刚好和帽檐的弧度一致。而且，为使这一文化象征发挥更大的作用，入口一侧的休息场地建盖了傣族竹楼、凉亭等，更形象地展现了西双版纳独特的傣族文化，使该洞门充分吸取地方民族文化符号，融合到当地文化氛围中，营造出"虽为人工，宛自天成"的隧道景观，充分体现地域特色、乡土风情，和人文景观融为一体。

4.4 基于环境保护的隧道洞门选型研究

近年来，随着我国经济的不断发展，以高速公路为主体的快速交通网络的建设取得了巨大的进步。山区公路隧道作为高速公路的一个重要组成部分，由于所处的特殊地理位置，其环境效应、经济效应和社会效应等已经成为日益突出的问题。本节着重从洞门环境保护的角度出发，同时在考虑洞门安全性和经济性的基础上，对于不同地形、地貌、地质条件和生态环境，如何选择合理的隧道洞门形式，进行初步的研究和探讨。环保性对洞门选型的影响，是指主要从环境保护的角度出发，分析不同洞门形式对环境所造成的影响。这里所指的环境保护，应理解为广义的环保，不仅仅是指减少对环境的破坏，对花草树木、绿色植被的损坏，对大气水土的污染，还包括洞门和整个地理环境、自然景观和人文景观是否和谐，彼此之间能否相互映衬，相得益彰。因此，环保性对洞门选型的影响，主要从以下两个方面展开分析：

（1）洞门造型和自然环境的协调性关系；

（2）洞门景观和自然景观及人文景观的协调性关系。

一般来说，隧道洞门的造型越大，所要对山体的开挖量也越大，对周边环境造成的损伤也就越显著，环保性也就越差；造型较小，对环境的影响较小，环保性一般较好。

洞门与自然环境的协调性，是指洞门的形式与地形地貌的统一性，彼此之间能否相互映衬。《公路隧道设计规范 第一册 土建工程》（JTG 3370.1—2018）指出，洞门的形式和洞口所处的位置密切相关，洞口位置应根据地形、地质条件，同时结合环境保护、洞外有关工程及施工条件、运营要求，通过经济、技术比较确定；隧道应遵循"早进洞、晚出洞"的原则，不得大挖大刷，确保边坡及仰坡的稳定；洞门设计应与自然环境相协调。

公路隧道不同洞门形式对环境的影响主要从下面两个方面进行考虑：

(1) 隧道洞口施工对自然环境的破坏；

(2) 隧道洞门及其他构造物与环境的协调。

不同形式洞门对生态环境的影响如下。

1) 端墙式洞门对生态环境的影响

端墙式洞门对洞口山体要产生一定开挖，对洞口顶部植被有一定程度的破坏，对洞口顶部植被的影响相对于其他"墙式"洞门相对较小；但是，端墙式洞门与周围地形协调性较差，仅适用于洞门横断面地形接近于水平的情况，通用性较差，洞口结构形式比较呆板、单一，缺乏美感，易对驾驶员产生压迫感，视觉景观性较差。

2) 台阶式洞门对生态环境影响特征

台阶式洞门适用于地面横向坡度为单面坡的地形，洞门一侧边坡较高，并且另一侧边坡高度大于洞身高度，洞口外挖方段较长，对洞口植被开挖较大，对隧道洞口植物群落有较大的破坏；同时，由于洞口形式呈台阶状，洞门造型相对烦琐，体量大，与周围地形的协调性较差，无法满足视觉环境的连续性，视觉景观效果较差。

3) 柱式洞门对生态环境的影响

柱式洞门适用于地面较陡、地质条件较差的地形，柱式洞门对洞口山体有一定的开挖，对洞口植被群落有一定的不利影响；柱式洞门在两柱之间可布设建筑造型，美学价值较高，适用于风景区、少数民族聚居区或长大隧道的洞口，但是，柱式洞门有一定的重量感，体积较大，易对驾驶员产生压迫感。

4) 城堡式洞门对生态环境的影响

城堡式洞门一般应用于城市、风景区等区域。城堡式洞门形式结构复杂，对洞口地表扰动较大，对洞口植被的不利影响相对较大。由于这种洞门结构复杂，造型烦琐，体量大，洞门的修筑不仅改变了周边的自然环境，破坏了既有坡体的自然平衡状态，而且附属突出的构筑物对地区局部景观产生极大的影响，与周围山体的协调性差，有一定的景观效果，但是整体性较差。

5) 拱翼式洞门对生态环境的影响

拱翼式洞门适用于地势较为平坦、横断面呈弧线变化的地形，该洞门形式对洞口山体有很大的开挖，洞口顶部山体开挖量大，对洞口植被影响较大；该洞门形式中的拱形曲线和周边地形不易协调，对隧道区域山体局部景观产生不利影响。

6) 扩张式洞门对生态环境的影响

扩张式洞门对车辆行驶影响较小，与周围自然环境协调性好，与洞口周边地形易于配合，洞门结构比较简单，可产生一种渐变的效果，给人一种空间增大的感觉，使驾驶员在进入隧道时随着洞口的渐变，在心理上舒适过渡，景观价值较高。同时，这种洞门形式对洞口山体开挖较小，对洞口植被影响轻微，对洞口野生动植物群落影响较小，较好地贯彻了"尽量不对山体造成扰动"的原则。

7）非扩张式洞门对生态环境的影响

非扩张式洞门主要是指削竹式洞门和棚洞式洞门，这种洞门形式对山体基本没有开挖，对洞口顶部山体植被不产生破坏作用，对洞口植被群落没有不利影响。同时，该洞门形式不破坏洞口山体地貌，与周围地形易于配合，与山体的景观协调性最好。

综上所述，不同地域洞门形式对环境的影响程度迥异。分析可以得出不同洞门形式对环境影响的评价等级：非扩张式洞门的评价等级为好（对环境几乎没有影响），扩张式洞门的评价等级为较好，端墙式洞门和拱翼式洞门的评价等级为一般，台阶式洞门和柱式洞门的评价等级为较差，城堡式洞门的评价等级为最差。

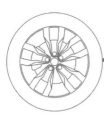

第五章 隧道洞口环境与驾驶行为分析

5.1 隧道洞口环境相关研究

5.1.1 隧道洞口驾驶员视觉适应性研究

早在 20 世纪 60 年代，英国学者 J. M. Waldram 就提出隧道洞口处黑洞现象对于行车安全的危害性，隧道洞口光环境改善问题开始成为一个重要的研究方向。

1964 年，荷兰学者 Schreude 根据室内模型试验和隧道洞口实地量测，根据视觉适应时间、适应亮度、亮度变化幅度等 5 个指标，得到了基于视觉适应特性的 75%观察率隧道洞口光环境亮度递减曲线，并制定了公路隧道照明设计规范。

20 世纪 60 年代末，隧道照明理论体系逐渐成熟，并形成了日本的成定康平学派和欧洲的 D. A. Schereuder 学派，两大主流学派就隧道洞口折减率 k 值大小取值的不同意见针锋相对，促进了隧道洞口环境光过渡针对视觉适应性的研究。

Narisada 从驾驶员的角度出发，研究接近隧道洞口处驾驶员的注视特性。他通过角膜反射式眼标记录仪采集了驾驶员在接近和驶入隧道过程中的眼动数据，分析驾驶员注视时间和注视比例在不同空间分布中变化规律。结果表明，驾驶员距隧道口的距离越小，注视时间和注视比例越大。

20 世纪 80 年代，欧洲和日本相继推出有关隧道照明的指南及规范，比如欧洲的《欧洲隧道照明指南》及日本的《隧道照明指南》等。

1990 年，国际照明委员会（CIE）在已有理论成果的基础上，出版了《公路隧道和地下通道照明指南》，提出白天隧道照明亮度适应曲线。提出采用 L_{20}（洞外环境亮度）与洞内亮度比值作为衡量黑洞感受的指标，并认为该值对于高速公路隧道不应大于 10，其他隧道不应大于 15。

Verwey W. B 将驾驶员生理反射行为纳入隧道行车安全评价指标，并提出视觉负荷概念，指出驾驶员在接近隧道时注视时间开始上升，随着进入隧道开始逐渐下降。

MSc. A. E 通过室内试验模拟了光环境亮度从 8 000 cd/m²、6 000 cd/m² 突变至 2 cd/m² 所需要的视觉适应时间，对隧道洞口段光环境过渡安全可见阈值进行了研究。结果显示，实际适应时间比 CIE 推荐的适应时间短。CIE 关于人眼视觉暗适应的研究成果较为丰富，体系较为成熟，且已被工程实践广泛应用，但其理论更适用于低光环境且相邻光照强度（简称照度）差别不大的情况，对于能否作用于隧道洞口内外照度差极大的情况仍有待商榷。

Mehri.A 使用亮度计测量隧道洞口平均亮度，使用摄像机拍摄从隧道洞口安全停车距离到入口的景象，根据 Holiday 极坐标图确定等效亮度，并对伊朗一条道路上的照明情况进行评估，确定隧道洞口照明在安全状态时的条件为安全系数 SRN≥5。

随着国内交通运输事业的迅速发展，隧道行车安全成为社会关注的热点，促进了对于驾驶员视觉适应特性的研究。我国相继颁布了《公路隧道通风照明设计规范》（JTJ 026-1—1999）（已废止）和改进后的《公路隧道照明设计细则》（JTG/T D70/2-02—2014）（现行），对推动国内隧道照明技术进步，规范设计行为具有纲领性的意义。其中，《公路隧道照明设计细则》开始考虑驾驶员视觉适应对于行车的影响，提出符合视觉特性的照明设计方法，体现了理论研究的与时俱进。

目前，国内对于驾驶员视觉特性的研究更多集中在利用眼动仪等设备采集瞳孔面积，就驾驶员瞳孔变化相关指标评价环境光对于人眼视觉负荷的影响。

杜志刚利用照度仪、三轴加速度采集仪和 EMR-8B 型眼动仪系统，通过大量行车试验，探索驾驶员进入隧道洞口处环境照度对于瞳孔变化的影响，并以此得出基于瞳孔面积变化速率的行车安全指标。张天根进一步根据瞳孔面积变化速率容许值和不同照度下的瞳孔面积，推导出光过渡照度与隧道接近段距离的关系。

潘晓东通过实车试验，利用眼动仪采集了驾驶员瞳孔面积与注视点变化数据，提出以"瞳孔面积最大瞬态速度值"（MTPA）为视觉负荷评价指标，得出了隧道洞口在不同限速下环境光过渡应改善的范围。

胡江碧通过对山区高速公路隧道进行实车试验并采集数据，提出将驾驶员瞳孔面积变化率作为行车安全舒适性的指标，构建了隧道洞口驾驶员瞳孔面积变化率、亮度折减系数及运行速度的回归模型，并以瞳孔面积变化率的 20% 作为行车安全舒适的阈值代入模型。结果表明，对于控制速度为 60 km/h 的公路隧道洞口，亮度折减系数为 0.028，比现行规范要高。

杜志刚团队针对明暗过渡中的视觉震荡现象对明暗视觉影响展开研究，提出用视觉负荷系数 k 值，即 t 时刻瞳孔面积速度与瞳孔面积临界速度比率来评价隧道洞口明暗过渡舒适性，评价标准分为 4 个等级：①视觉极不舒适（$k>1$ 且持续时间超过 0.2 s）；②视觉安全（$k>1$ 但持续时间少于 0.2 s）；③视觉稍不舒适（$\bar{k}<k<1$）；④视觉适应困难（$k<\bar{k}$）。其中，$\bar{k}$ 为隧道出入口路段驾驶员视觉平均负荷系数。

谢培利用眼动仪、照度计等设备，通过对南五台隧道洞口区段进行实车试验，采集驾驶员瞳孔面积、视觉适应时间、照度等参数，利用回归统计方法，建立了驾驶员瞳孔面积与环境照度和视觉适应时间的数学模型。

赵炜华分析了驾驶员所处环境照度和视认物照度的不同导致驾驶员视认时间的变化规律，分别在控制速度为 80 km/h 和 100 km/h 时进行障碍物识别试验，利用回归分析法，建立驾驶员视认距离随驾驶员所处环境照度变化规律的数学模型。研究表明，驾驶员的判识距离随着所处环境照度的增大而缩短。

陈鹏从城市隧道亮度突变对于驾驶员明暗视觉适应距离的影响着手研究,认为车辆在进入隧道时,外界光环境的剧烈变化是导致事故多发的重要原因。通过实车试验获取了驾驶员在经过隧道洞口时的瞳孔面积变化数据,再分别通过静态和动态试验获取了亮度突变对于障碍物视认距离的影响数据,确定了不利于行车安全的隧道范围。

胡馨月基于驾驶员动态视觉特性,运用视觉功效法设计了模型试验,采集了车速为 40 km/h、60 km/h、80 km/h 时,隧道过渡段和中间段处于变化光环境下的反应时间数据,拟合了不同速度、光照环境关于视认距离的函数关系,为现行隧道照明优化提供了理论支持。

5.1.2 减光构筑物研究现状

国外学者针对隧道洞口"黑洞效应"造成的行车安全隐患,以及为缓解隧道内部加强照明布设造成的耗电量剧增问题,提出在入口处设置类似遮阳棚的减光设施,达到适宜人眼视觉特性的环境光过渡效果。

Sermin Onaygil 团队利用从相机实景拍摄得到的隧道洞口照片和计算机生成的图像,研究了隧道周围环境、方向、交通速度、路面和洞口设计对隧道照明设计标准的影响,得出在隧道中采取结构措施可以显著降低隧道照明水平的结论,并提出了隧道洞口结构措施设置的具体方法。

L. M. Gil-Martína 通过试验验证了在隧道洞口前设置半透明聚酯张力结构的遮阳棚,对于达到公路隧道照明性能、实现运营节能降耗和满足驾驶员行车安全性是一个很好的折衷方案。这种张力结构将入口区域从隧道本身延伸出来,相当于隧道的延展部分,目的是利用自然光进行照明。对于设计速度为 80 km/h 的隧道,平均一年可节省 60%的电量。

Dionysia Drakou 进一步从安全性与经济性方面对在隧道洞口设置减光建筑物进行研究,结果表明:遮阳棚等减光设施对于提高行车安全与降低人工照明具有积极意义。并通过研究遮阳棚透光孔的不同大小(1.6 mm、2.8 mm、3.2 mm、4.2 mm、5.5 mm)对照度衰减量的影响,得出随着透光孔的逐渐增大,照度衰减量逐渐减小的反比关系结论。

国内尚未发布有关隧道洞口减光措施规范,设计者更多从自身工程经验出发,结合隧道实际情况,对减光建筑进行造型设计和结构优化。

1987年,同济大学杨公侠受上海打浦路隧管所委托,为改善浦东一侧遮光构筑物减光效果,降低洞口内外亮度差,按照改建方案进行遮阳棚微缩模型试验,以确定遮阳棚的透光率,并鉴别各种遮阳设施的性能,为工程设计提供可靠依据。模型试验历时一年,按照春夏秋冬 4 个阶段进行实测,得到 4 种遮阳设施的透光率建议值。该研究是国内学者对于遮阳棚设置的初步探索,弥补了隧道洞口减光构筑物设计方向的空白,对于接下来相关工程实践具有重要的指导意义。

此后,国内学者分别就减光构筑物长度设置进行相应了探索。李英涛、程国柱以进出隧道洞口视力恢复时间为出发点,利用德国 IVIEWX 型眼动仪,进行驾驶员穿越隧道洞口实车试验,通过观测驾驶员瞳孔直径变化,得到隧道洞内外亮度差对于视力恢复时间的影响,并结合设计速度,给出了隧道减光构筑物长度的合理取值。

为解决隧道洞口的"黑洞效应",在洞内布置加强照明灯具,从而造成电量损耗过大,为改善此问题,陆远迅根据视觉适应曲线对遮阳棚的段落划分以及透光率组合进行了初步探索,再基于设置减光构筑物的经济性得出了遮阳棚的长度取值,提出了将洞内设置新型太阳能 LED 照明和洞外构建遮阳棚相结合的方案。

翁季、潘贝贝结合国内已有的隧道洞口减光措施研究,明确了对于建立减光建筑物的必要性,总结了减光措施的几种常见类型,并分析了其优缺点以及适用范围。

于亚敏利用照度计,通过对不同地区公路隧道洞口进行视觉感受实车试验,以驾驶员视点照度为指标,初步获得了驾驶员"黑洞"感受量化分级标准,基于 Ecotect Analysis 光环境模拟软件构建遮阳棚及相连隧道模型,探索不同视点照度和设计速度下 4/6 车道对应的视点照度变化规律。

任龙军通过搭建人、车、路实车运行数据采集平台获取数据,从隧道洞口驾驶员基本眼动特性、视觉负荷特性和动态视觉特性三方面分析了设置遮阳棚的必要性。研究表明,相比没有遮阳棚的隧道洞口,驾驶员在驶入有遮阳棚的隧道口时,注视时间增长,注视比例增大,眨眼次数减少,遮阳棚的设置对视觉过渡起到了很好的缓解作用。

为验证隧道洞口遮阳棚设置对于实现环境光过渡的实际效果。郑昛利用 Dialux 软件模拟了处于不同减光方案遮光棚下的苏锡常南部高速公路太湖隧道,通过采集沿线照度数据,对比公路隧道减光标准,对遮光棚的减光效果进行评价。

吴刚基于隧道洞口减光罩微缩模型仿真隧道路口段驾驶环境,以瞳孔面积变化速度为指标,对比驾驶员在进出隧道口时有无减光罩条件下的驾驶员视觉反应情况。试验结果显示,在减光罩条件下,驾驶员进出口隧道时瞳孔面积变化速度相对减小。

黄发明利用 1∶20 遮阳棚微缩模型模拟真实光照环境,以瞳孔照度为评价指标,研究驾驶员在接近隧道洞口时的照度过渡情况,结果显示遮阳棚设置对于驾驶员视觉过渡具有积极作用。现将国内外相关研究现状总结如下。

(1)国外学者对于视觉适应性的探索起步较早,理论成果较为丰富,相关结论已运用于隧道照明设计中,并形成了一系列理论体系。国内针对隧道洞口光环境对驾驶员视觉特性的研究起步较晚,较大部分借鉴国外已有研究成果,如《公路隧道照明设计细则》中对于隧道过渡照明的设计,主要借鉴 CIE 暗视觉适应曲线理论。

(2)国内有关减光建筑物的工程实践相比国外较多,但都缺乏相应的理论体系和规范指导,更多以经验设计为主,对于遮阳棚光环境设计的研究仍处于起步阶段。

(3)国内外对于驾驶员视觉特性的研究主要集中在利用亮度计和眼动仪等设备,通过采集行车过程中光环境变化下对应瞳孔面积变化、注视时间长度和注视点转移等数据,构建视觉适应时间模型。

(4)部分研究将瞳孔面积变化作为判别明暗视觉适应的指标,在探究黑洞效应成因以及指导改善光环境过渡方面具有重要意义。但瞳孔大小属于间接指标且具有个体差异,因此还需加强对于驾驶员视认距离判别的直接研究。

(5)基于 CIE 的视觉暗适应曲线理论,国内外对于隧道内部环境光研究较多,取得了较多成果,但该理论能否用于指导隧道洞外高照度环境光过渡,还值得商榷。

(6)隧道洞口减光构筑物的设置对于实现合理环境光过渡以及降低隧道内部加强照明

具有积极意义被广泛认可，但对于遮阳棚的长度设置以及透光率的选取尚未达成一致。

5.2 隧道洞口构造设计对驾驶员行车体验影响分析

基于行车及光环境特性，从人眼的生理与神经机理特性出发，通过理论分析、模型试验，首先掌握行车时人的视觉特性与能见度水平变化特性，进而开展高速公路隧道照明节能技术研究，降低隧道内照明系统的电能消耗，同时提高隧道内行车的安全性和舒适性。

5.2.1 驾驶员的感官体验

1. 感知距离

按眼、耳感观距离不同，感知主体对公路景观要素所反映的空间距离分别称为视觉距离、听觉距离。据研究表明，当人眼与目标物之间形成的距离超过 100 m 时，传递到双眼之间的映像差异非常小。驾驶员驾驶车辆过程中，90%以上的信息依靠视觉获取，景观视觉信息对驾驶员的行为决策及心理会产生一定的影响。例如，道路使用者容易注意到高速公路沿线的绿化布设、互通式立交、服务区等景观要素，因此可对视觉敏感度较强的景观要素重点设计，增强景观视觉效果。在公路隧道洞口景观规划设计中，驾驶员的注意力集中区域则是公路隧道洞口景观规划设计的重点区域。

视觉具有相当大的知觉范围，在 0.5~1 km 的距离之内，人们根据背景、光照情况，可以看见和分辨出人与物；在 70~100 m 远处，可以确定一个人的性别、大概年龄或动作；在大约 30 m 远处，可以看清每个人，包括其面部特征、发型；在距离缩小到 20 m 以内，就可以看清人的表情。因此，在满足驾驶员视觉距离的条件下，景观尺度控制要考虑各种距离时人的视觉特征，使其能充分体验洞口景观之美。

2. 感官需求

不同种族、年龄、文化水平、道德观、修养、伦理意识的人，对环境的需求是不一样的，这种需求既包括生理需求，也包括心理需求，且随着时间和空间的改变而变化。其中，生理需求是最基本的，主要包括对空气、阳光、水体、矿物质等的需求，在景观环境中具体表现为朝向、气候、阳光、树荫等因素，因此设计人员的首要任务是确定所服务对象的层次。

舒适性作为人的较高生理需求，一般可分为行为舒适性和知觉舒适性。行为舒适性是环境行为提供的舒适程度、便利程度；知觉舒适性是指环境刺激引起的知觉舒适程度。研究表明，与景观设计关系密切的主要是视觉环境、听觉环境、嗅觉环境和触觉环境等的舒适性，其中与隧道洞口景观设计关系最密切的是视觉环境舒适性。

3. 视觉特征

人的眼睛能够感应到非常明亮和非常黑暗的亮度环境，最暗至最亮的亮度等级可以跨越 9 个数量级。人眼对亮度的敏感度可以通过确定绝对阈值亮度来衡量，绝对阈值亮度就是产生视觉所需的测试点的最小亮度。在一个黑暗的房间中设置测试点，在测试过程中，不断增加测试点的亮度，直到测试者报告测试点的存在，此刻的亮度就是绝对阈值亮度。

当视野内的亮度发生改变时，人眼的视觉敏感度首先会降低，甚至完全看不到任何东西，要经历一段时间之后才能将视觉敏感度恢复到与变化后的亮度等级相对应的级别，这一过程称为视觉适应。视觉适应通过两个机制来完成：一是调节瞳孔的大小，从而控制进入眼球内部的光的数量；二是视网膜感光细胞（包括视锥细胞和视杆细胞）和视神经的调整。视觉适应的速度和程度取决于亮度变化幅度和模式。视野内亮度变化的幅度越大，需要的适应时间越长，反之亦然。

人眼对光的敏感度在暗处逐渐提高的过程称为暗适应，所需要的时间较长，一般需要几分钟至几十分钟。暗适应分为两个阶段：第一阶段，主要与视锥细胞色素的合成量增加相一致；第二阶段，视杆细胞进行视紫红质的再合成，通过视紫红质的积累获得光感。图5.1为人眼的暗适应过程。

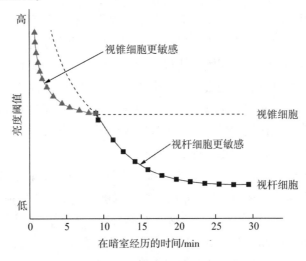

图 5.1 人眼的暗适应过程

视野范围的亮度由暗变亮的过程称为明适应，所需要的时间较短，一般在几秒至几分钟内完成，首先是视杆细胞在暗处合成了大量的视紫红质，当光线大量进入眼睛后，视紫红质迅速分解成视蛋白和视黄醛，从而产生刺眼的光感，之后对光不太敏感的视锥细胞开始恢复视觉功能，视锥细胞中的感光色素恢复很快，因而明适应的时间较短。

根据人眼视野亮度的不同，视觉状态分为以下3种。

（1）明视觉：当适应亮度大于或等于 3 cd/m^2 时，主要是视杆细胞起作用，眼睛能够觉察到对象的颜色。

（2）暗视觉：当适应亮度小于或等于 0.001 cd/m^2 时，主要是视杆细胞起作用，眼睛只能觉察到对象的亮度，而不能识别到对象的颜色。

（3）中间视觉：当适应亮度在 $0.001 \sim 3 \text{ cd/m}^2$ 之间时，视锥细胞和视杆细胞同时起作用，并伴随着两种感光细胞的作用转换。在这种适应状态下，当亮度较低时，主要是视杆细胞起作用，此时人眼对蓝色更敏感；当亮度较高时，主要是视锥细胞起作用，此时人眼对红色更敏感。

在可见光范围内，人眼对波长的光线敏感度不同，如图5.2所示，在明视觉状态下，红、绿、蓝3种感光细胞的最敏感波长分别为564 nm、533 nm、437 nm。可以看出，在明视觉状态下,人眼对波长分布在 564 nm 和 533 nm 附近的光源比较敏感,如高压钠灯,而对于光色偏蓝的光源敏感性较低,如色温较高的金卤灯。在中间视觉状态下,视杆细胞的最敏感波长为 498 nm。

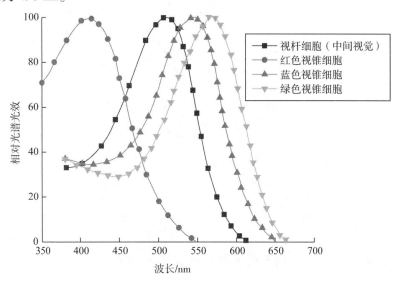

图 5.2 人眼的光线敏感度

夜间在道路上或者隧道内行车环境亮度一般低于 8 cd/m²,因此属于中间视觉状态。亮度级别对人眼的阈值对比度也有着显著的影响,当背景亮度较大时,需求的阈值对比度就较小,当物体的背景亮度较小时,需求的阈值对比度就较大,如图 5.3 所示,图中曲线均在 2×10⁻³ cd/m² 附近有突变点,表明人眼由明视觉过渡到暗视觉的转折。

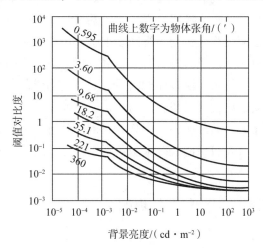

图 5.3 不同亮度等级下人眼的阈值对比度

4. 人眼视力与物体亮度的关系

视力受被观测物体的亮度大小影响较大。在一般情况下,视力随亮度的增加而提高。图 5.4 为视力与物体亮度关系曲线,横轴为亮度,纵轴为白地黑圈兰道尔环视力。可以看出,直到 3 000 cd/m²,视力都在随亮度而上升。而且,在 0.1~300 cd/m² 的亮度范围内,视力与亮度的对数成正比（直线关系），这符合韦伯-费希纳定律，即物体的亮度增加 10 倍，人眼的视力增加 1 倍。视力与物体的对数值成正比也就是说视力的增加落后于亮度的增加，亮度呈几何级数增长，而视力呈算术级数增长。

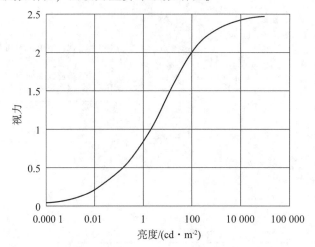

图 5.4　视力与物体亮度关系曲线

　　人从亮处进入较暗处时，最初觉察不出任何信息，随着时间的增长，视觉敏感度才逐渐增加，恢复了在暗处的视力，这称为暗适应。相反，从光线较暗处来到亮光处，最初感到一片耀眼的光亮，不能看清物体，只有稍待片刻才能恢复视觉，这称为明适应。

　　暗适应是人眼对光的敏感度在暗光处逐渐提高的过程。在进入暗室后的不同时间，连续测定人的视觉阈值，亦即测定人眼刚能感知的光刺激强度，可以看到此阈值逐渐变小亦即视觉的敏感度在暗处逐渐提高。通过已有的相关研究可知，一般是在进入暗室后的最初约 7 min 内，有一个阈值的明显下降期；进入暗室后 25～30 min 时，阈值下降到最低点，并稳定于这一状态。暗适应的产生机制与视网膜中感光色素在暗处时再合成增加，因而增加了视网膜中处于未分解状态的色素的量有关。据分析，暗适应的第一阶段主要与视锥细胞色素的合成量增加相一致；第二阶段亦即暗适应的主要构成部分，则与视杆细胞中视紫红质的合成增强有关。明适应出现较快，约需 1 min 即可完成。耀眼的光感主要是由于在暗处蓄积起来的合成状态的视紫红质在进入亮处时迅速分解，因为它对光的敏感度较视锥细胞中的感光色素高；只有在较多的视杆细胞色素迅速分解之后，对光较不敏感的视锥细胞色素才能在亮光环境中感光。

5.2.2　其他外在条件对于行车的影响

1. 光源色温影响

　　色温是照明光学中用于定义光源颜色的一个物理量。即把某个黑体加热到一个温度，其发射的光的颜色与某个光源所发射的光的颜色相同时，这个黑体加热的温度称之为该光源的颜色温度，简称色温，其单位用 K 表示。常见光源色温如图 5.5 所示。

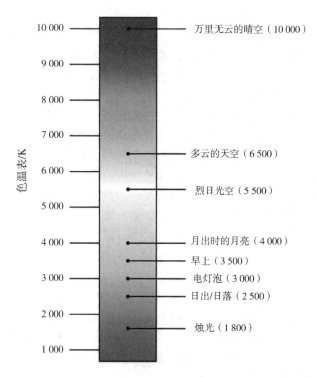

图 5.5　常见光源色温

20 世纪 90 年代后期，Sato 等学者提出了照明光源对人体非视觉生理功能作用的理念，明确指出光源对人体生理功能的影响存在着视觉效应和非视觉效应两大类型。2005 年，Yasu Kouchi 等人对此进行了更深入的研究，他们认为来自视网膜的光信号传播至大脑皮层时有两条主要的神经通路，一条为经过内膝状体联结视觉皮层，从而形成影像的视觉功能；另一条经过视觉交叉上核联结松果体，它负责传送非视觉信息。研究中还特别指出光源色温对人体中枢神经的影响，在对人体脑电图和大脑皮层高级神经活动的诱发电位（CNV）的实验中发现，高色温光源能提高注意力集中、警觉和觉醒的水平，使大脑处于活跃状态。而低色温光源则有利于褪黑激素的分泌，促使大脑进入睡眠状态。实验得出了光源色温对人体的昼夜节律、皮层的觉醒水平、自主神经张力、激素分泌和运动功能有明显影响的结论。

中间视觉夜间的隧道及道路照明亮度水平应属中间视觉范围，而世界各国的现行隧道及道路照明标准均是在明视觉条件下制定的，这与中间视觉效果差别很大。至今，国际上还未有正式的中间视觉光谱光视效率函数推荐值，为此，CIE 成立了专门的研究机构进行中间视觉研究。目前，国际上研究中间视觉的方法主要有：

（1）基于视亮度的异色视亮度匹配法；
（2）基于亮度的闪烁光度测量法；
（3）基于反应时间的视觉功效法；
（4）基于光源的暗视觉光通量与明视觉光通量之比（SP）的研究方法。

在上述方法中，视觉功效法被认为更具合理性，为此，CIE 于 2000 年建立了专门的技术委员会（TC1-58）进行中间视觉状态下视觉功效的研究工作。视觉功效法是测试在不同照明环境下（背景亮度、视标对比度、视标偏心角等），人眼对于背景中随机出现的目标的反应时间。视觉功效法可模拟实际的视觉作业环境，以直接评价不同照明条件下操作者的视觉作业能力和建立以反应时间为基础的视觉模型,从而评价人眼真实的视觉功效。研究表明,在中间视觉范围内,反应时间与亮度水平、视标对比度、视标偏心角等因素有关。但当背景亮度、视标对比度、视标偏心角一定,以与光源光谱成分直接相关的光源色温为唯一变量时,反应时间是否会随之变化还需进行研究。由于人的反应时间与大脑的兴奋程度、注意力集中情况、警觉水平和活跃程度有关,大脑的兴奋或疲惫,会影响对视看目标的反应时间,从而提高或降低视觉功效。这就说明,对不同色温的光源进行反应时间测试,是在中间视觉条件下评价光源色温影响视觉功效的有效方法。

目前,国内外的隧道及道路照明普遍采用低色温的高压钠灯,这是由于高压钠灯在明视觉条件下具有相对较高的发光效率。但各国的隧道及道路照明设计标准均未考虑在中间视觉条件下光源色温对视觉效果的影响,因此,它难以如实反映夜间光环境对人类视觉的影响,由此带来的问题将造成照明质量的评价误差。随着高速公路建设的快速发展,长度超过 3 000 m 的特长隧道不断增多。由上述研究结果可以推断,在长隧道中,如果持续采用低色温的光源照明,将容易导致驾驶员中枢神经的麻痹,降低对瞬态事件的反应速度,从而形成安全隐患。目前,一些国家和地区已将高色温的金卤灯和 LED 灯试验性地应用于隧道及道路照明中,并获得良好的效果。尤其是环保、高效与节能的 LED 灯,具有更广阔的应用前景。用反应时间法研究中间视觉条件下的光源色温对视觉功效的影响,不仅印证了国外关于"照明光源对人体非视觉生理功能作用"的理念和"光生物"方面的研究结果,更重要的是,提供了光源色温影响视觉功效的实验依据,为制定出更加科学和合理的隧道及道路照明设计标准打下了基础。

2. 景物颜色影响

颜色同光一样,是构成光环境的要素,颜色问题涉及物理学、生理学、心理学等学科,较为复杂。颜色可分为彩色和无彩色两大类,任何一种彩色的表观颜色,都可以按照 3 个独立的主观属性分类描述,这就是色调(色相)、明度和彩度(饱和度)。色调是各彩色的彼此区别的特性。可见光谱不同波长的辐射,在视觉上表现为各种色调,如红橙黄蓝绿紫。各种单色光在白色背景上呈现的颜色,就是光谱的色调。明度指颜色相对明暗的特性,彩色光的亮度越高,人眼越感觉明亮,它的明度就越高,物体颜色的明度则反映光反射比的变化,反射比较大的颜色明度高,反之则比较低。

良好的光环境离不开颜色的合理设计,颜色对人体产生的心理效果直接影响到光环境的质量。色性相近的颜色对个体视觉的影响及产生的心理效应相互关联,密切相同的性质称为色感的共同性,它是颜色对人体产生的心理感受的一般特性,如表 5.1 所示。

表 5.1 颜色对人体产生的心理感受的调和度及影响效应

心理感受	左趋势	积极色			中性色		消极色			右趋势
明暗感	明亮	白	黄	橙	绿红	灰	灰	青	紫	黑	黑暗
冷热感	温暖		橙	红	黄	灰	绿	青	紫	白	凉爽
胀缩感	膨胀		红	橙	黄	灰	绿	青	紫		收缩
距离感	近		黄	橙	红		绿	青	紫		远
重量感	轻盈	白	黄	橙	红	灰	绿	青	紫	黑	沉重
兴奋感	幸福	白	红	橙红		灰	绿	青绿	紫青	黑	沮丧

颜色给人的感觉如下。

红色：热烈，刺激，兴奋，危险，暴力。
橙色：愉悦，明朗，香甜，欲望，焦虑。
黄色：辉煌，华贵，警示，猜忌，贪婪。
黄绿：清新，稚嫩，生机，酸涩，冲动。
绿色：健康，和平，安全，腐朽，苦涩。
青色：冷静，遥远，幻想，孤僻，诡异。
蓝色：理智，宁静，深邃，忧郁，冷酷。
紫色：高贵，神秘，浪漫，虚伪，堕落。

色彩搭配当中，最重要的 3 个概念就是主色、辅助色和点缀色，这 3 种色彩组成了一幅画的所有色彩。这 3 者的差异在于它们在画面上所占的面积和地位大小不同。主色，毫无疑问就是最主要的颜色，也就是在色彩中占据面积最多的色彩，若将其标准化，需要占到全部面积的 50%~60%。主色是整幅画面的基调，决定了画面的主题，辅助色和点缀色都需要围绕着它来进行选择与搭配。只有当辅助色和点缀色与主色协调时，整幅画面才会看起来和谐而美好。辅助色，顾名思义，是辅助主色，与之进行搭配的颜色，其主要目的就是辅助和衬托主色，会占据画面面积的 30%~40%。正常情况下，辅助色比主色略浅，不然的话会给人一种头重脚轻、喧宾夺主的感觉。比如，主色是深蓝色，辅助色可能会使用绿色进行搭配。而点缀色的作用就是画龙点睛，其面积一般只占到整个画面的 15%以下。所以说，一幅完美的画面需要有恰当的主辅色的搭配，而且以亮眼的点缀色"点睛"。

隧道设计中，需要重点考虑的是配色。配色要以原有自然色调为基础，根据气候和节气而变化，同时要考虑所在环境。若在大范围深沉色环境中，适当点以明度高的色彩，则会有极强的视觉冲击力，可以起到活跃气氛的作用，但由于是强对比调节，两色的出现既要注意节奏，也要注意与其他色彩的呼应，否则会不协调。主辅色和点缀色的最佳关系比例（黄金比例）是 1∶0.618，如图 5.6 所示。

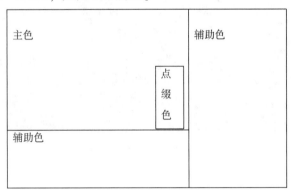

图 5.6　色彩关系比例图

5.2.3　基于日光利用的隧道照明节能技术研究

1. 研究依托工程

"零碳化"节能技术，即利用绿色植被作为隧道洞口段天然减光棚，以达到降低能耗的目的。研究依托工程为赤岭隧道减光棚，减光棚设计为网架+穿孔板+绿色藤蔓。赤岭隧道绿色减光棚仿真图及赤岭隧道绿色减光棚设计分别如图5.7、图5.8所示。

图5.7　赤岭隧道绿色减光棚仿真图

图5.8　赤岭隧道绿色减光棚设计

2. 实施方案

增加减光棚后，入口段由减光棚代替，原来的入口段变更为过渡段，如图5.9所示。如果采用生态减光棚，在通车前期由于藤蔓不能起到遮光效果，洞内外光强差异较大，因此加强照明仍然需要实施，后期通过调光系统进行关闭即可。

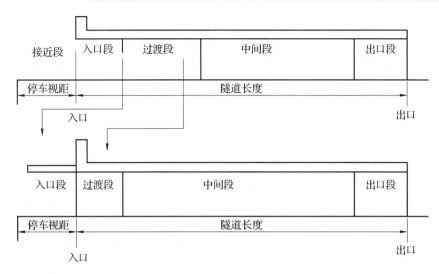

图 5.9 减光后照明阶段示意图

5.3 光环境对视觉影响的试验方法

通过对驾驶员视觉特性及隧道光环境影响分析,发现"黑洞效应"是影响隧道洞口路段驾驶员视觉适应能力从而造成行车隐患的主要原因。目前,国内外相关研究多集中在"黑洞效应"的形成以及肯定其对应交通事故的影响方面,而对于如何合理地调整环境照度变化以避免"黑洞效应"的探索较少,更多是基于人眼瞳孔变化指标去衡量视觉适应程度,如胡江碧通过采集驾驶员瞳孔面积数据构建了隧道洞口驾驶员瞳孔面积变化率、亮度折减系数及运行速度的回归模型,得出符合变化速率的驾驶员视觉舒适阈值;杜志刚利用瞳孔面积速度与瞳孔面积临界速度比率表征视觉负荷系数来评价隧道洞口明暗过渡舒适性。上述研究对于推动探索符合视觉特性的光环境过渡以缓解驾驶员行车视觉不适方面具有积极意义。但瞳孔大小属于间接指标且具有个体差异,试验结果具有一定的离散性,因此还需加强对于驾驶员视认时间判别的直接感受研究。本节通过营造室内人工照明环境,搭建模型试验平台,以反应时间为指标,探究不同环境照度变化对于驾驶员视觉功效的影响。

试验目的:通过可调光灯具模拟外界光照环境,记录不同车速及环境照度变化下人眼对于动态视标视认的反应时间,建立隧道洞口段照度变化与基于驾驶员视觉功效反应时间的对应关系,探索符合驾驶员视觉适应性的照度过渡标准,并以此作为隧道洞口遮阳棚设计的依据。

隧道洞口光环境渐变过渡的主要目的是为驾驶员提供良好的视觉条件,提高运输效率和降低交通事故率。本节研究的问题对象是隧道洞口处照度突变造成行车过程中的视觉适应影响,所以符合驾驶员动态视觉适应性规律是评价光环境是否良好过渡的标准,视觉适应性即驾驶员对于前方事物作出及时响应的能力,因此需要一种方法来直接衡量驾驶员的视觉响应效果。

就目前而言,常见的试验研究方法有:基于视亮度的异色视亮度匹配法、基于亮度的闪烁光度测量法、基于反应时间的视觉功效法。

（1）异色视亮度匹配法。该方法首先设定一个标准光亮度，测试人员调整另一个彩色光的波长和辐射强度，直至该观测者认为该彩色光与设置标准光亮度相同。在这种方法下，由于进入人眼的信号同时包括彩色和非彩色信息，因此无法适应亮度相加性理论——Abney 法则。该法则定义了所有组成光谱的亮度之和等于不同光色下光源的亮度混合值叠加，即：

$$L = K_m \int L_{e,\lambda} \cdot V(\lambda) \mathrm{d}\lambda \tag{5.1}$$

式中，L 为亮度，$\mathrm{cd} \cdot \mathrm{m}^{-2}$；$L_{e,\lambda}$ 为光谱辐亮度，$\mathrm{W} \cdot \mathrm{m}^{-2} \cdot \mathrm{sr}^{-1} \cdot \mathrm{nm}^{-1}$；$V(\lambda)$ 为光谱光视效率函数；K_m 为最大光谱光视效能，$\mathrm{lm} \cdot \mathrm{W}^{-1}$。

式（5.1）中的积分符号表示亮度是可以叠加的，但这种可加性并不适用于所有视觉活动，而可加性的失效正与异色视亮度匹配方法有关，如组合光的视亮度之和通常会大于两种单色光混合所产生的总视亮度。因此，该方法无法解决标准亮度与视亮度不匹配以及颜色拮抗通道效应问题。

（2）闪烁光度测量法。该方法通过控制参考光与标准光以一定的频率交互出现，测试者调节参考光的辐射强度，使得两种光之间交替闪烁感逐渐降低直至消失。然而，由于视杆细胞和视锥细胞临界合成频率的不同，该方法只能分别测量两种细胞的单独响应。同时，该方法依靠于亮度水平的调节和观测点在视网膜成像的位置，因此无法解决视杆细胞和视锥细胞共同作用时的视觉响应问题。

（3）视觉功效法。该方法可用于不同环境光条件下，基于反应时间指标，测试人眼对于随机出现在背景上的目标视认情况。研究表明，信号传输速度与纤维直径成正比，由于亮度信息是通过视网膜中体积较大的神经元携带，而携带颜色信息的神经元相对较小，因此当外界环境信息传递至人眼时，大脑首先接收到的是亮度信息，并将以亮度信息作为决定基础，遵循了视觉效应相加性法则。同时，在防止交通事故发生和保护人车安全方面，良好的周边视觉也起着至关重要的作用，通过视觉功效法的反应时间指标也可以衡量周边视觉性能的高低。因此，可以认为视觉功效法对于视觉目标的发现、辨别和响应时间的研究具有积极意义，基于人眼反应时间的该方法是合理的。

5.3.1 视觉功效指标

视觉功效指标除了最基本的反应时间，还包括对比度、探测率、视锐度等，这些指标不仅会受到物理条件如环境照度、对比度、视野大小的影响，还会受到测试者个体差异如年龄、生理机能、主观情绪等因素的影响。合适的指标应该能准确地衡量驾驶员的动态视觉特性，此外还应该便于测量、试验和定量计算。

据研究，人眼的视觉反应过程依次经历纵览、发现、识别、鉴别和决定 5 个阶段，如图 5.10 所示。该模型描绘了观测者完成一项视觉全过程任务需要经过的步骤，比如：观测者先是随意纵览某个方向视野发现了感兴趣的事物，然后通过聚焦视线去识别以及鉴定目标，接着将目标信息传输到大脑，做出合理的操作决定。5 个阶段全部花费的时间之和就定义为"反应时间"。Plainis 于 1999 年描述视觉反应时间为"从外界刺激开始作用到被测试者以最快速度做出反应的时间间隔"，《照明术语》则将反应时间定义为从刺激发生到被测者做出反应的时间。

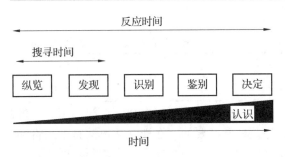

图 5.10 视觉反应过程

根据德国科学家提出的韦伯-费希纳定律，超过一定阈值的物理量刺激，人的感觉器官才能形成知觉，即当刺激量达到人体感觉量的区间起点，大脑才能做出及时的反应。通常来说，人体反应时间随着刺激量的增加而缩短，刺激越弱，人的反应时间越长。但刺激量与反应时间之间的关系并非一直成反比，当刺激增加到一定物理量后，反应时间开始稳定，即使再增加刺激强度也不会缩短反应时间。

在行车过程中，反应时间越短，驾驶员处理突发事故越及时，反应时间的长短对降低交通事故率保障行车安全具有积极意义。在正常行驶中，当前方路段出现障碍物或其他紧急情况时，驾驶员需要采取紧急制动措施，制动过程就是大脑指挥身体完成察觉—反应—操作指令，最终实现停车的流程，其过程如图 5.11 所示。

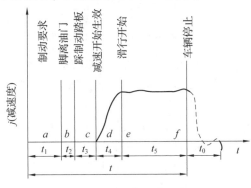

图 5.11 汽车制动过程

图中 t_1（制动要求）即反应时间，是驾驶员察觉到前方障碍物，并意识到需要采取刹车制动，到脚离开油门的时间。一般而言 t_1 很小，不会超过 1 s，但对于高速行驶的车辆来说安全影响仍然很大。若 t_1 = 700 ms，车速为 80 km/h，在制动要求这段时间内已驶出 15 m 以上。为保障安全，不仅要求驾驶员有较快的反应，还要求障碍物与驾驶员之间的距离大于整个刹车过程驶过的距离。Plainis 及其团队于 1999 年重点研究了如何将采集的反应时间相关数据转换为安全刹车距离，认为"最短制动距离"由"思维距离"和"刹车距离"两方面组成。"思维距离"主要受个人生理条件影响，包括视觉反应时间和机械响应时间内驶过的距离；"刹车距离"受汽车性能影响，指从制动开始作用到车辆完全停止的时间内驶过的距离。例如，控制速度为 60 km/h 的汽车制动全过程所驶过距离包含 9 m 的思维距离和 14 m 的刹车距离。可见思维距离阶段在制动全过程中占有较大比重。从以往事故调查分析数据来看，驾驶员反应时间过长影响其采取紧急措施的时机，致使符合安全需求的可制动距离不足，导致了交通事故的发生。

通过调查驾驶员肇事次数和反应时间数据，发现交通肇事次数随着反应时间的增长而增多，具体如表 5.2 所示。

表 5.2 事故次数与反应时间的关系

事故次数	0~1	2~3	4~7	8~9	10~12	13~17
反应时间/s	0.57	0.7	0.72	0.86	0.86	0.89

可见，驾驶员的反应时间长短对于保障交通安全起着至为关键的作用，将反应时间作为评价视觉功效的指标亦是非常必要的。在视觉功效试验中，将测试者发现视标并随即按下方向按钮的时间与视标出现的时间间隔作为反应时间数据。

对比度是表征视标亮度与其所在背景环境亮度的对比关系，即：

$$C = \frac{L_t - L_b}{L_b} \tag{5.2}$$

式中，C 为视标对比度；L_t 为视标亮度；L_b 为背景环境亮度。

对比度对于视觉功效有着重要的影响，一般而言对比度越大，视标越清晰醒目，容易识别；反之，对比度小，视标会接近背景环境亮度，在视野中的会显得昏暗，难以识别，通常将测试者刚好发现视标时的对比度定义为对比阈值。本次试验中，视标对比度为 0.2，可满足绝大部分视觉观测情况。

探测率指测试者准确识别目标的次数与识别总次数的比率，例如，在一致的试验条件下，视野中显现标准视标总次数为 10 次，测试者成功识别了 8 次，则本次试验探测率以 P 表示为：

$$P = \frac{8}{10} \times 100\% = 80\% \tag{5.3}$$

在视觉识别探测试验中，通常选取 $P = 50\%$ 作为界定阈值，也有部分学者采用 70%，但一般不会采用 100% 准确率作为阈值，因为 100% 可能包括了测试者视觉视认的潜在能力。一般可选取探测率为 75%，若在明暗视觉试验中，当正确识别目标的概率低于该值时，可认为人眼视觉无法适应光环境的变化，需要调整参数。

视锐度是指人眼辨识目标物清晰度的视觉能力，即我们常说的视力，通常用视角来衡量，以 1′ 视角的标准位作为测量基本视标。一般来说，眼睛对于物体细节的分辨能力是有一定限度的，限值主要受到眼睛折射的精度以及光感受器在视网膜上的分布这两方面因素的影响。

Shellen 依据 1′ 视角标准提出检测人眼视力的尺度：以 1′ 视角作为笔画宽度和开口距离，5′ 视角作为外边宽度。Landolt 进一步深入，将 Shellen 视角理论付诸实践，制作了兰道尔环来检测人眼视力，鉴定标准为距离目标环一定距离的测试者能正确辨别开口方向，则认为可以清楚识别相应细节。本节选取兰道尔环作为试验识别视标，兰道尔环视角原理图如图 5.12 所示。

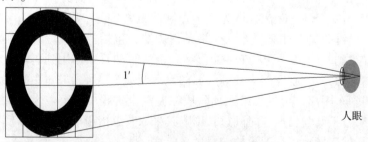

图 5.12 兰道尔环视角原理图

基于满足隧道洞口驾驶员明暗视觉适应性要求，本节结合反应时间为基本指标的视觉功效法，用探测概率检测以兰道尔环为标准视标的视觉锐度，评价驾驶员在光环境突变下的视觉适应能力。此外，由于行车过程中，驾驶员依靠动态视力检索环境事物，为了更加合理地反映驾驶员的视觉响应状态，还需要在视觉功效试验中加入一些变化因素。

5.3.2 试验平台构建

该试验仿真平台以外界光环境照度为输入，依赖于人眼的视觉感知特性及神经反应机理，以人眼对于视认目标的反应时间作为输出结果。综上，试验模型主要分为照明调光控制系统、目标物生成系统和反应时间测量系统。

1. 照明调光控制系统

为模拟隧道洞口照度剧烈变化导致"黑洞效应"的照明环境，照明灯具采用可控的无极调光照明灯具。本试验选用了两盏 300 W 的 LED 灯，LED 灯相比传统灯具具有启动速度快、灵活调光、光效强等明显优势，并可通过自主设计的调光控制系统连接面板控制照度变化。通过前期测算功率，记录相应的照度数据，保存在 Excel 表格中。经照度计检测，两盏 300 W 灯的最大功率也完全可满足模拟室内高达 10^5 lux 的环境照度。

启动调光控制系统软件，进入软件的操作界面。界面由设备参数、场景配置、按键配置 3 个部分组成。如想进行试验前的准备工作，则可通过参数配置界面（见图 5.13），选择输出功率的大小，可选择范围为 0%~100%。单击"调光输出值"按钮，系统利用串口将期望功率数据传输到单片机，改变脉冲宽度调制（PWM）信号的占空比，达到调整电压、电流、功率的效果，进而实现可变灯具的亮度调节。场景配置界面（见图 5.14）主要用于操作者设置实际控制参数，单击"统一控制"按钮，将两盏灯输入设置接入同一接口，通过不断调试测得不同输入功率下的两盏灯照度值。此外，调光控制还可选择固定值参数和可变值参数，可变值参数能够实现以一定比率的功率递增或者递减，实现灵活调节灯具亮度的效果。按键配置界面用于将系统软件设置的信息传递到控制面板，面板总共 10 个按钮，分别赋予每个按钮按键信息，调试者通过控制面板操控灯具进行照度调节。

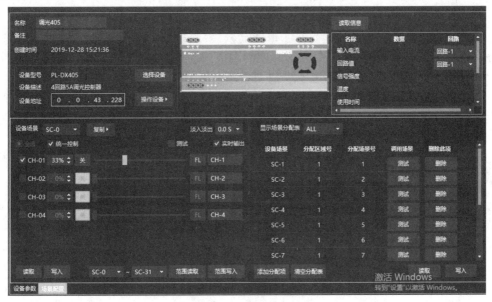

图 5.13　参数配置界面

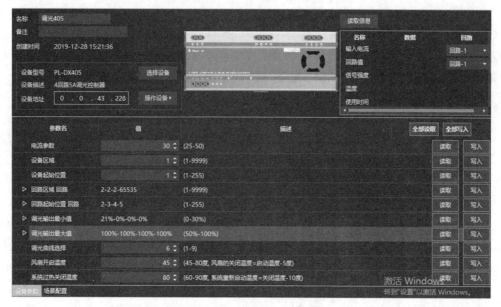

图 5.14　场景配置界面

2．目标物生成系统

为模拟隧道洞口处环境照度突变下的障碍物出现，利用视角原理制作了兰道尔环，通过计算机程序控制投影仪将兰道尔环视标投影到需要观测的背景板上，测试者通过对于视距处兰道尔环开口方向的视认，达到模拟识别障碍物的目的。试验中，基于 CIE 停车视距和小目标障碍物的关系对兰道尔环的开口大小进行换算。CIE 建议采用一个边长 0.2 m、反射系数 0.2 的正方体作为小目标障碍物可见度标准，该标准根据一定速度下的行驶车辆不至于侧翻的最小尺寸进行设置。基于实际隧道行车对应的设计速度关系，人眼对于障碍物识别换算公式如下：

$$\frac{20 \text{ cm}}{\text{停车视距(m)}} = \frac{\text{兰道尔环开口大小(cm)}}{\text{实际观测距离(m)}} \tag{5.4}$$

例如，当行车速度为 80 km/h 时，根据《公路隧道照明设计细则》规定，坡度为 0°时停车视距为 100 m，本次试验中的实际观测距离为 3 m，所以根据换算公式，此时的兰道尔环开口大小即为 0.6 cm。兰道尔环开口大小根据车速不同而发生变化。

驾驶员的行车过程是处于动态视觉工作状态中的，外界障碍物和车辆与驾驶员所处位置在相对运动。在室内模拟试验中，人的位置是固定不动的，根据相对运动原理，驾驶员驶向目标的运动可转换为目标物靠近驾驶员的移动。驾驶员行车趋近障碍物的过程即障碍物在驾驶员视觉中逐渐增大的过程。在试验中，设置兰道尔环视标以一定速度、一定规律由小变大，模拟驾驶员驶向目标障碍物的运动。

视标的大小依据驾驶速度的不同而呈现差异性。同样以驾驶速度 80 km/h 为例，通过前述停车视距和实际观测距离换算比例得到的视标开口大小为 0.6 cm，以 80 km/h 的行驶速度在 1 s 内的行驶距离为 22 m 左右，此时的小目标障碍物距离驾驶员的距离即为 78 m，在已知停车视距、实际观测距离、障碍物大小的情况下，再次根据兰道尔环换算公式可得到 1 s 后的开口大小为 0.77 cm。以此类推，可得到试验中不同时段的兰道尔环开口大小。如图 5.15 所示，视标 C 沿 Z 轴移动过程中逐渐增大，模拟一定行车速度下的目标物在人眼中的变化过程。

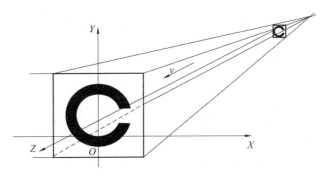

图 5.15　视标的变化规则

3. 反应时间测量系统

为模拟照度突变后人眼对于障碍物反应时间的识别，灯光调控人员在背景板后面同时按下灯光调控面板控制灯具照度变化和视标按钮控制兰道尔环出现在屏幕上，在兰道尔环出现的同时，计算机程序控制的计时器开始计时。背景板前段的测试者的右手放置在无线键盘上，当测试者准确识别到环的开口方向时按下手中对应的键盘方向键按钮，计时器停止，视标消失。程序自动记录反应时间并显示在屏幕右下角。

另外计时器为满足精度所需要求，采用毫秒（ms）为计时单位。根据对于人体生理心理的统计研究，认为人体正常极限反应时间不会低于 100 ms，因此，对于本次试验中记录的小于 100 ms 的数据，认为是无效操作，属于视标未出现或测试者尚未识别视标即误触按钮的情况。同样，如果受测者在开始按钮按下 2 s 后仍未按下停止按钮，认为该照度突变远远大于人眼视觉适应性，在实际行车中将造成极大安全隐患，此种情况很少，大概率是由于测试者忘记按键，因此也视为无效操作。

如图 5.16 所示，在试验室内部设置试验测试和系统控制两个空间，测试人员所在空间为暗室环境，室内与外界光环境隔绝，避免室外光线对试验造成干扰。在暗空间内搭建一个长 5 m、宽 2 m、高 2 m 的试验测试平台，除测试者所处隔断面外，均采用遮光幕布进行铺装，遮光有效率可达 90% 以上。采用高透光性特殊 PVC 材料作为背投幕。

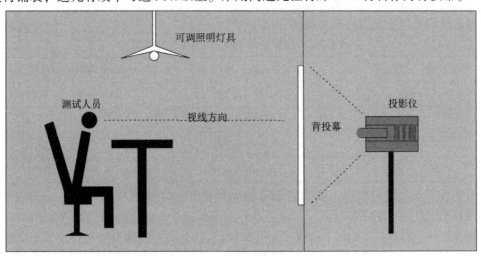

图 5.16　试验模型示意图

暗室内放置一把座椅和一个工作桌台，试验时，测试人员坐于座椅上正视屏幕，模拟驾驶过程中司机状态，前方工作台上放置键盘，与计算机连接，方便测试人员识别目标物后迅速按下方向按钮，从而记录反应时间。

测试人员上方悬吊可调照明灯具，通过调节系统控制照度变化，模拟室外隧道洞口处的光环境变化。

投影仪是一种可以将图像或视频投射到幕布上的设备，为保证投影仪所有光线正好投射到屏幕上，投影屏幕大小需与投屏比例一致。本次试验选取背投幕尺寸为 2 m×1.5 m，符合投影仪 4∶3 的比例。

投影仪背后放置灯具控制面板和计算机，为实际控制区域，LED 照明调节系统和投影系统均设置在此处由试验员进行控制，通过系统调节达到不同试验工况所需要的参数。

5.3.3　试验步骤

1. 隧道洞口照度调研

本试验是以模拟隧道洞口环境光过渡为参考，研究驾驶员动态视觉适应能力。因此，在试验前需对实际隧道洞外停车视距处及隧道洞口内部照度进行调研，选取合适的照度值。

隧道洞外停车视距处照度值：视觉适应试验最大起点照度取值。

中国各地区太阳辐射和照度受海拔高度、经纬度及自然地理特性等的影响，分布呈现较大差异。按接受太阳辐射量大小可将全国大致上分为 4 类地区：一类是青藏高原及云贵高原地形区，由于所处地形海拔极高，太阳能资源最为丰富；二类是我国西北，以内蒙古高原、黄土高原及青藏高原以北的新疆地区为代表，虽然该区海拔低于一类地区，但整体高度仍在 1 000 m 以上，太阳能资源较丰富；三类以丘陵地形为主，主要分布在东南沿海和长江中游以及华北部分地区，太阳能资源较一般；四类就是以我国东北、华北、长江中下游三大平原和四川盆地为代表的低海拔地区，太阳能资源匮乏。

中国大陆地区位于北半球，一年中接受太阳辐射最高值出现在 6~8 月，最低值出现在 11~1 月。地区环境照度会受到太阳辐射量的影响，一般来说接受太阳辐射越多，照度越大。结合全国各地年度日照总辐射分布和中国气象辐射资料年册的数据，中国部分省、市、自治区的光照情况如表 5.3 所示。

表 5.3　中国部分省、市、自治区光照情况

省、市、自治区	年辐射总量/(MJ·m^{-2})	夏季晴朗正午照度/lux
重庆（四类）	3 200~4 350	$0.65×10^5$~$0.85×10^5$
广东（三类）	4 200~5 400	$0.7×10^5$~$0.9×10^5$
甘肃（二类）	5 800~6 700	$0.75×10^5$~$0.9×10^5$
西藏（一类）	6 650~8 850	$1.3×10^5$~$1.5×10^5$

根据表 5.3 大致可发现，夏季晴朗日最大照度，一类地区在 130 000 lux 以上，二、三、四类地区在 90 000 lux 以下。由于隧道外路段可能受到山体遮挡，其真实照度往往更小一些。此外，目前一类地区人口仅占全国 5%左右，交通基础建设尚显欠缺，车流量低对于交通安全有相当的保障作用。因此，选取二、三类地区照度值上限 90 000 lux 作为视觉适应试验的起点值，一类地区视觉过渡照度值可依据该试验所得光环境过渡曲线代入取值。

隧道洞口加强照明段照度值：视觉适应试验最小终点照度取值。

根据《公路隧道照明设计细则》有关隧道洞口段亮度折减系数的规定，需要对隧道洞口处设置加强照明。洞口段亮度折减系数 k 如表 5.4 所示，当交通量在其中间时，采用线性内插值。

表 5.4　洞口段亮度折减系数 k

设计小时交通量 $N/[\text{veh}/(\text{h}\cdot\text{ln})^{-1}]$		设计速度 $v/(\text{km}\cdot\text{h}^{-1})$				
单向交通	双向交通	120	100	80	60	20~40
≥1 200	≥650	0.070	0.045	0.035	0.022	0.012
≤350	≤180	0.050	0.035	0.025	0.015	0.010

当外界环境照度较低时，认为隧道洞口没有必要采取遮阳措施，选取 50 000 lux 作为需要布置遮阳措施的照度起始值。一般来说，高速公路段行车速度在 60 km/h 以上，用 50 000 lux 乘以最大折减系数 0.015 得到隧道洞口加强照明段照度取值为 750 lux。考虑上文作为试验依据所在三类地区高交通流量的特点，需相应提高加强照明段照度值，以及 CIE 关于隧道洞口内部光环境变化已有具体公式（式 5.5）指导照度渐变，因此选取 1 000 lux 作为视觉适应试验的终点值。即：

$$L_{\text{TR}} = L_{\text{TH}}(1.9 + t)^{-1.4} \tag{5.5}$$

式中，L_{TR} 为隧道过渡段亮度，cd/m^2；L_{TH} 为隧道入口段亮度，cd/m^2；t 为机动车在过渡段行驶的时间，s。

2. 试验平台试验流程

（1）准备试验器材。除了上述室内试验平台内的设备，还需准备照度计、量尺等器材。照度计选用泰仕 1332A 专业级照度计，如图 5.17 所示，其测量范围为 0.1~200 000 lux，可实现 4 挡间自动切换，精度分别为±3%±5 位（照度值<100 000 lux），±4%±10 位（照度值>100 000 lux），满足试验要求。

图 5.17　泰仕 1332A 专业级照度计

（2）设置试验参数场景。在试验开始前，试验操作者需提前设置好相关的试验参数，为接下来的正式试验做准备。设置试验参数场景就是记录并保存不同试验场景所需控制参数，方便调用，提高试验效率。本次试验所需参数主要为灯具不同输出功率下的照度以及作为视标所处环境的背投幕照度数据。

按照调研所得隧道外照度起点值（1 000 lux）和终点值（90 000 lux）数据，以 500 lux 为一个过渡节点，考虑所需变化前照度容许最大范围，参数场景配置至 100 000 lux，共计 200 个照度数据。在不同输入参数环境下，利用照度计反复测量照度值，通过将给定值与实测值进行对比调整，最终得到相应的试验参数。根据《公路隧道照明设计细则》规定，将隧道洞口分为两段 TH_1、TH_2，长度按式（5.6）计算。由该式可知，驾驶员在通过隧道洞口一倍视距处的位置处于 TH_2 段，此处照度值为 TH_1 的一半，因此按照实际隧道行车视点位置，利用投影仪将背投幕照度值设置为 500 lux。

$$D_{TH_1} = D_{TH_2} = \frac{1}{2}\left(1.154D_s - \frac{h-1.5}{\tan 10°}\right) \quad (5.6)$$

式中，D_{TH_1} 为入口段 TH_1 长度，m；D_{TH_2} 为入口段 TH_2 长度，m；D_s 为照明停车视距，m；h 为隧道内净空高度，m。

（3）安排测试人员。为使试验数据具有代表性，选择了不同年龄、性别测试人员 5 名，其中男 3 人、女 2 人，年龄 20~40 不等，无视觉障碍，按照国家卫生部规定的 E 字型对数视力表，矫正视力均在 4.9 以上。

（4）试验测试。测试人员坐在可调灯具下正对试验装置，看向模型内部的背投幕，右手操作方向按钮；试验人员根据不同工况调用保存的参数设置，利用调光控制系统设定灯具照度，在被测者经历光适应后，试验人员同时单击控制面板调光和鼠标使视标出现在偏心角 0°位置，此时系统开始计时；当测试者准确识别到视标方向后，迅速按下方向按钮，视标消失，时间暂停，记录该工况下的视认时间数据；重复上述操作，完成所有工况试验测试。室内试验过程如图 5.18 所示。

图 5.18　室内试验过程

第六章 隧道洞口遮阳棚设计

6.1 隧道洞口光环境变化对驾驶员反应时间影响分析

本章通过光环境过渡室内模型试验，分别采集车速为 60 km/h、80 km/h、100 km/h 时，在不同隧道洞口光环境变化下的驾驶员视觉功效反应时间数据，建立隧道洞口段环境照度变化与基于驾驶员视觉功效反应时间的对应关系，探索符合驾驶员视觉适应性的照度过渡标准，并以此作为隧道洞口遮阳棚设计的依据。

6.1.1 试验参数设置

本试验采用控制变量法，通过调节灯具和视标变化分别模拟照度变化以及行车速度，固定影响视觉功效的其他因素，测量变化参数下的视认时间，研究分析其变化对于反应时间的影响，具体参数设置如表 6.1 所示。视觉功效试验中，测试者注视时间的增加会提高其在光环境照度变化下的障碍物视认能力，即随着时间延长，相同照度下测试者能发现更暗的目标，但可能无法保证安全。根据交通工程相关研究成果，驾驶员实际行车安全识别时间为 1.2 s 左右，在室内试验中由于提前得知障碍物的出现，减少了搜寻时间，以及没有外界环境的干扰，这个时间要求在 0.7 s 以内，包括 0.4 s 的知觉反应时间和 0.3 s 的制动时间，即 0.7 s 内便可视认到视标方向能被认为环境光变化的幅度不会对视觉反应造成影响。

表 6.1 试验参数及取值

参数		取值
固定参数	观测方式	双眼观测
	对比度	0.2
	偏心度/(°)	0°
	背景照度/lux	500
可变参数	变化后环境照度/lux	1 000,2 000,3 000,…
	控制车速/(km·h⁻¹)	60,80,100

本次试验模拟隧道洞外路段至洞内照度由高及低变化情况，以隧道洞口接近处的照度

1 000 lux 作为初始变化后低照度值，以 500 lux 的递增幅度不断调试，得到测试者反应时间在 0.7 s 以内相对于初始值的变化前最大高照度值。再分别以 1 000 lux 的递增幅度继续调试，得到相对于该值的变化前最大照度值，直到变化前照度值达到晴朗白天外界光环境最大照度 90 000 lux。

处理试验数据时，首先，通过数学分析的方法剔除存在较大误差的数据，即偶然因素造成反应时间过长或过短的数据，然后对 5 位测试者在不同照度变化条件下的有效反应时间数据求平均数，得到不同车速下驾驶员可适应的环境光变化值。

6.1.2 隧道洞口段光环境对驾驶员视觉功效影响分析

1. 车速为 60 km/h 时隧道洞口照度变化对驾驶员反应时间影响分析

根据模型试验反应时间采集方案，在车速为 60 km/h 时，对 5 位测试者处于不同环境光由高往低变化条件下的反应时间进行了采集，再求得各变化照度下测试者反应时间平均数数据。取光环境变化前高照度为 L_{before}，变化后低照度为 L_{after}，根据计算结果数据绘制反应时间 700 ms 内的 L_{after} 与对应 $L_{before} - L_{after}$ 的关系，如图 6.1 所示。

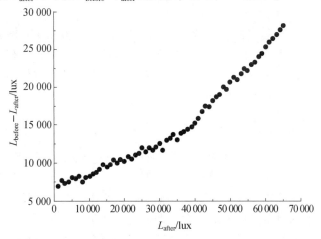

图 6.1 车速为 60 km/h 时安全反应时间内 L_{after} 与 $L_{before} - L_{after}$ 的关系

可以看出，整体而言，随着光环境变化后低照度的增大，其达到对应安全视觉适应区间的变化前高照度所需增加值也逐渐增大。对测试者反应时间 700 ms 以内准确识别视标所处的变化后照度与其对应变化前照度差值进行相关性检验，得到相关系数为 0.974，双尾显著检验 $p<0.05$，表明 L_{after} 与 $L_{before} - L_{after}$ 二者在 95% 水平上显著正相关。

利用专业数据分析软件 origin 对视觉适应变化后照度值与其变化前照度差值进行拟合回归，得到的函数模型关系式为：

$$L_{before} - L_{after} = 7\ 766.93 + 2.22 \times 10^{-5} \times L_{after}^{1.861} \tag{6.1}$$

对以上模型进行显著性检验，其调整后的相关系数 $R^2 = 0.994$，表明模型拟合效果非常不错，能够很好地反映 L_{after} 与 $L_{before} - L_{after}$ 两个变量间存在很强的正相关性，适用范围为 1 000~90 000 lux。

利用方差 F 检验法对该模型进行显著性检验，结果如表 6.2 所示，在给定置信度 $\alpha = 0.05$ 的情况下，满足 $F > F_\alpha(m, n-m-1)$，则认为回归系数显著不等于 0，也说明模型具有显著的统计学意义。

表6.2 方差 F 分析检验表

检验结果	平方和	自由度	均方	F	概率>F
回归	1.708×10^{10}	3	5.694×10^9	2.55×10^4	0
残差	1.383×10^7	62	2.231×10^5	—	—
总计	1.709×10^{10}	65	—	—	—

具体拟合函数曲线如图6.2所示。

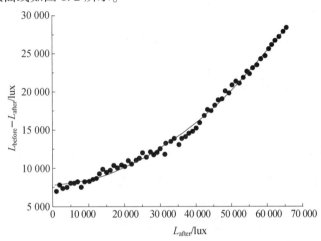

图6.2 车速为60 km/h 时 L_{after} 与 $L_{before}-L_{after}$ 拟合函数曲线

由图6.2的拟合结果可以看出，当车速为60 km/h 时，基于视觉适应的变化后低照度 L_{after} 越大，其所需变化前高照度增加值 $L_{before}-L_{after}$ 也逐渐增大，且增加速率越来越快：

（1）当变化后低照度 L_{after} 在 1 000~10 000 lux 之间时，函数曲线较为平缓，与横坐标接近平行，表示在此区间内人眼视觉适应所能承受的光照变化幅度不明显，可适应的变化前照度差范围在 7 500 lux 附近；

（2）当变化后低照度 L_{after} 在 10 000~40 000 lux 之间时，函数曲线平稳上升，表示在此区间内，随着变化后低照度的增大，人眼对于光照适应能力开始逐渐提升，可适应的变化前照度差范围为 7 500~15 000 lux；

（3）当变化后低照度 L_{after} 在 40 000~65 000 lux 之间时，函数曲线较陡，上升速率明显，即表示在此区间内，随着变化后的低照度的增大，人眼对于光环境变化可适应能力提升显著，可适应的变化前照度差范围为 15 000~28 000 lux。

结合交通工程领域安全反应时间规定以及调研所得隧道洞外晴朗白天最大照度 90 000 lux，可以认为，当车速为60 km/h 时，人眼对于环境照度变化适应能力在 L_{after} 为 10 000 lux 和 40 000 lux 时有两次明显的提升，在变化后低照度处于 65 000 lux 左右时，即可完全适应室外最大照度 90 000 lux 的视觉过渡。而当变化后低照度低于 10 000 lux 时，人眼可适应的外界环境光变化不明显。根据拟合曲线，可实现满足人眼视觉适应能力的隧道洞外照度到隧道洞口处照度的良好光环境过渡。

2. 车速为80 km/h 时隧道洞口照度变化对驾驶员反应时间影响分析

根据模型试验反应时间采集方案，在车速为80 km/h 时，采集测试者反应时间，先剔除较大误差数据，再求得各变化照度下测试者反应时间平均数。取光环境变化前高照度为

L_before,变化后低照度为 L_after,根据计算结果数据绘制反应时间 700 ms 内的 L_after 与对应 $L_\text{before} - L_\text{after}$ 的关系,如图 6.3 所示。

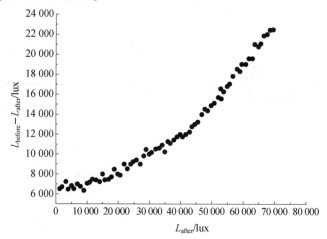

图 6.3 车速为 80 km/h 时安全反应时间内 L_after 与 $L_\text{before} - L_\text{after}$ 的关系

由图 6.3 可以看出,在车速为 80 km/h 时,随着光环境变化后低照度的增大,对应驾驶员达到视觉适应区间的变化前高照度增加值也逐渐增大。对测试者反应时间 700 ms 以内准确识别视标所处的变化后照度与其对应变化前照度差值进行相关性检验,得到相关系数为 0.968,双尾显著检验 $p<0.05$,表明 L_after 与 $L_\text{before} - L_\text{after}$ 二者在 95% 水平上显著正相关。

利用专业数据分析软件 origin 对视觉适应变化后照度值与其变化前照度差值进行拟合回归,得到函数模型关系式为:

$$L_\text{before} - L_\text{after} = 6\,758.76 + 4.36 \times 10^{-6} \times L_\text{after}^{1.974} \tag{6.2}$$

对以上模型进行显著性检验,其调整后的相关系数 $R^2 = 0.994$,表明模型拟合效果非常不错,能够很好地反映 L_after 与 $L_\text{before} - L_\text{after}$ 两个变量间存在很强的正相关性,适用范围为 1 000 ~ 90 000 lux。

利用方差 F 检验法对该模型进行显著性检验,结果如表 6.3 所示,在给定置信度 $\alpha = 0.05$ 的情况下,满足 $F > F_\alpha(m, n-m-1)$,则认为回归系数显著不等于 0,也说明模型具有显著的统计学意义。

表 6.3 方差 F 分析检验表

检验结果	平方和	自由度	均方	F	概率 > F
回归	1.221×10^{10}	3	4.072×10^9	3.171×10^4	0
残差	8.604×10^6	67	1.284×10^5	—	—
总计	1.222×10^{10}	70	—	—	—

具体拟合函数曲线如图 6.4 所示。

由图 6.4 的拟合结果可以看出,当车速为 80 km/h 时,基于视觉适应的变化后低照度 L_after 越大,其所需变化前高照度增加值 $L_\text{before} - L_\text{after}$ 也逐渐增大,且增加速率越来越快:

(1) 当变化后低照度 L_after 在 1 000 ~ 15 000 lux 之间时,函数曲线较为平缓,表示在此区间内人眼视觉适应所能承受的光照变化幅度不明显,可适应的变化前照度差范围在 7 000 lux 附近;

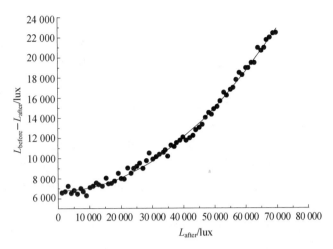

图 6.4　车速为 80 km/h 时 L_{after} 与 $L_{before}-L_{after}$ 拟合函数曲线

（2）当变化后低照度 L_{after} 在 15 000～45 000 lux 之间时，函数曲线平稳上升，表示在此区间内，随着变化后低照度的增大，人眼对于光照适应能力开始逐渐提升，可适应的变化前照度差范围为 7 000～13 000 lux；

（3）当变化后低照度 L_{after} 在 45 000～70 000 lux 之间时，函数曲线较陡，上升速率明显，即表示在此区间内，随着变化后低照度的增大，人眼对于光环境变化可适应能力提升显著，可适应的变化前照度差范围为 13 000～23 000 lux。

结合动态视觉理论，可以认为，当车速为 80 km/h 时，人眼对于环境照度变化适应能力在 L_{after} 为 15 000 lux 和 45 000 lux 时有两次明显的提升，在变化后低照度处于 70 000 lux 左右时，即可完全适应室外最大照度 90 000 lux 的视觉过渡。而当变化后低照度低于 15 000 lux 时，人眼可适应的外界环境光变化不明显。

3. 车速为 100 km/h 时隧道洞口照度变化对驾驶员反应时间影响分析

根据模型试验反应时间采集方案，在车速为 100 km/h 时，采集测试者反应时间，先剔除较大误差数据，再求得各变化照度下测试者反应时间平均数。取光环境变化前高照度为 L_{before}，变化后低照度为 L_{after}，根据计算结果数据绘制反应时间 700 ms 内的 L_{after} 与对应 $L_{before}-L_{after}$ 的关系，如图 6.5 所示。

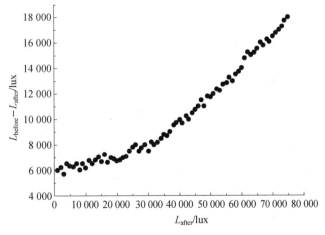

图 6.5　车速为 100 km/h 时安全反应时间内 L_{after} 与 $L_{before}-L_{after}$ 的关系

由图 6.5 可以看出,在车速为 100 km/h 时,随着光环境变化后低照度的增大,对应驾驶员达到视觉适应区间的变化前高照度增加值也逐渐增大。对受测人反应时间 700 ms 以内准确识别视标所处的变化后照度与其对应变化前照度差值进行相关性检验,得到相关系数为 0.971,双尾显著检验 $p<0.05$,表明 L_{after} 与 $L_{before}-L_{after}$ 二者在 95% 水平上显著正相关。

利用专业数据分析软件 origin 对视觉适应变化后照度值与其变化前照度差值进行拟合回归,得到函数模型关系式为:

$$L_{before} - L_{after} = 6\,080.11 + 7.88 \times 10^{-6} \times L_{after}^{1.884} \tag{6.3}$$

对以上模型进行显著性检验,其调整后的相关系数 $R^2=0.993$,表明模型拟合效果非常不错,能够很好地反映 L_{after} 与 $L_{before}-L_{after}$ 两个变量间存在很强的正相关性,适用范围为 1 000~90 000 lux。

利用方差 F 检验法对该模型进行显著性检验,结果如表 6.4 所示,在给定置信度 $\alpha=0.05$ 的情况下,满足 $F>F_{\alpha}(m, n-m-1)$,则认为回归系数显著不等于 0,也说明模型具有显著的统计学意义。

表 6.4 方差 F 分析检验表

检验结果	平方和	自由度	均方	F	概率>F
回归	9.008×10^9	3	3.003×10^9	3.883×10^4	0
残差	5.568×10^6	72	7.733×10^4	—	—
总计	9.014×10^{10}	75	—	—	—

具体拟合函数曲线如图 6.6 所示。

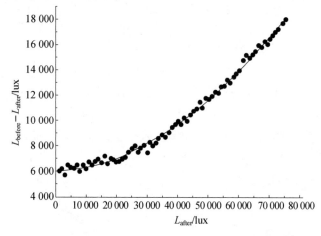

图 6.6 车速为 100 km/h 时 L_{after} 与 $L_{before}-L_{after}$ 拟合函数曲线

由图 6.6 的拟合结果可以看出,当车速为 100 km/h 时,基于视觉适应的变化后低照度 L_{after} 越大,其所需变化前高照度增加值 $L_{before}-L_{after}$ 也逐渐增大,且增加速率越来越快:

(1)当变化后低照度 L_{after} 在 1 000~30 000 lux 之间时,函数曲线平稳上升,但上升速率不明显,表示在此区间内,随着变化后低照度的增大,人眼对于光照适应能力稳步提升,可适应的变化前照度差范围为 6 000~8 000 lux;

(2)当变化后低照度 L_{after} 在 30 000~75 000 lux 之间时,函数曲线较陡,上升速率明显变快,即表示在此区间内,随着变化后低照度的增大,人眼对于光环境变化可适应能力提升显著,可适应的变化前照度差范围为 8 000~18 000 lux;

结合动态视觉理论，可以认为，当车速为 100 km/h 时，人眼对于环境照度变化适应能力在 L_{after} 仅在 30 000 lux 时有一次明显的提升，在变化后低照度处于 75 000 lux 左右时，即可完全适应室外最大照度 90 000 lux 的视觉过渡。而在变化后低照度低于 30 000 lux 时，虽然人眼对于环境照度变化适应能力也在平稳提升，但上升速率较慢。

6.1.3 不同车速对动态视觉反应时间影响关系分析

综合评价在 3 种不同车速下 5 位测试者处于不同环境光变化中对于动态视标的视认结果，将准确识别视标时间在 700 ms 内的光环境变化后照度与其对应的变化前最大照度差曲线之于同一坐标系中进行对比。L_{after} 为变化后低照度，$L_{before}-L_{after}$ 为变化前高照度与变化后低照度之差，它们之间的拟合函数曲线如图 6.7 所示。

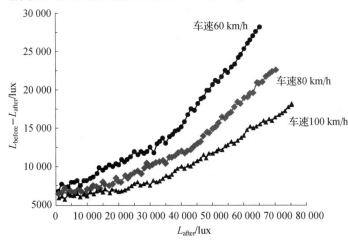

图 6.7　车速为 60、80、100 km/h 时 L_{after} 与 $L_{before}-L_{after}$ 的拟合函数曲线

由图 6.7 可以清楚地看出，在 3 种不同车速下，$L_{before}-L_{after}$ 随 L_{after} 变化关系呈现不同的趋势。当变化后低照度相对较低时，3 种速度下前后照度差变化曲线较为平缓；当变化后低照度增大时，3 种速度的函数曲线开始发散，说明在不同速度下，人眼对于照度变化适应能力有明显的差异。但总的趋势是，在不同速度下人眼对于照度变化适应幅度随着变化后照度的增加而逐渐增大，同理反推可得，在不同速度下人眼对于照度变化适应幅度随着变化前高照度的增加而逐渐增大，也就是说人眼视觉适应的光环境变化量会随着所处环境光的提高而上升。

根据线性回归分析结果可以看出，L_{after} 与 $L_{before}-L_{after}$ 呈幂函数关系，可认为在不同环境光下的隧道洞口处有：

$$L_{after} = a + b(L_{before} - L_{after})^c \tag{6.4}$$

式中，a、b、c 均为常数，因车速的不同而有差异，如表 6.5 所示。

表 6.5　不同车速下 $L_{before}-L_{after}$ 与 L_{after} 关系参数

车速/(km·h^{-1})	a	b	c	相关系数 R^2	显著水平 p	样本数 n
60	7 766.93	2.22×10^{-5}	1.861	0.994	<0.05	65
80	6 758.76	4.35×10^{-6}	1.974	0.994	<0.05	70
100	6 070.11	7.88×10^{-6}	1.884	0.993	<0.05	75

利用 origin 软件对 3 种速度下 L_after 与 $L_\text{before}-L_\text{after}$ 拟合曲线求导，进行变化率的分析，拟合函数导数曲线如图 6.8 所示。

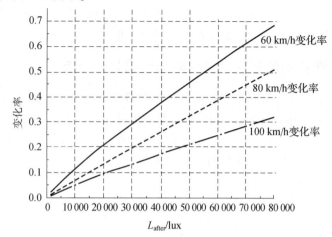

图 6.8　不同车速拟合函数导数曲线

由图可以看出：

（1）当变化后低照度较小时，人眼能适应的环境照度差变化速率较小，随着变化后低照度的增大，可适应环境照度能力提升更快；

（2）人眼对于照度变化适应能力受到行车速度的影响，车速越大，相同照度下可适应的光环境变化幅度越小，且随着变化后低照度的增大，车速越大对于人眼光环境变化适应影响越明显。

根据驾驶员视觉适应特性及交通工程相关研究成果，确定以 700 ms 视标视认时间作为判断驾驶员视觉过渡平稳的依据。通过控制前期试验场景参数配置的可调照明灯具实现照度变化，分别在车速为 60 km/h、80 km/h、100 km/h 下进行动态视标视认。将不同行车速度下，驾驶员在安全反应时间内可识别的最大照度差数据进行采集，拟合出适合人眼视觉适应性的照度变化函数关系。通过对 3 种车速下的数据分析对比可发现，控制速度越快，驾驶员对于照度变化幅度适应能力越低，当外界光环境照度提高时，驾驶员可适应的照度变化幅度逐渐提高。

6.2　隧道洞口遮阳棚光环境模型设计

6.2.1　隧道洞口减光措施比选

针对隧道洞口处的"黑洞效应"影响，现行国内外隧道照明设计主要是通过设置隧道洞口加强照明实现环境光过渡，以此满足驾驶员的视觉适应性。对于隧道洞外减光措施的实践和理论研究较少，通过对目前国内外相关文献和工程实例的调研，常见的隧道洞口减光措施主要分为 3 类：利用植被减光、选用削竹式洞门、设置构造物减光。

植被减光主要是通过隧道洞外一定范围内植被柔和的反光作用遮挡自然光线的照射，从而达到降低隧道洞口区域环境照度的目的（见图 6.9）。植被减光因其经济适用、绿色美观的特点，一直被作为隧道工程建设中最为常用的减光措施。此外，隧道洞外植被的铺装还起到了保持水土,防风固坡的积极效果。一般而言,植被减光多选用表面为多层次毛状结构的植物,其由很多垂直面组成,枝叶相互交错编织成网,相比于入射方向上很大的照度,反射方向上则显得很小,在法线方向更是降到最低。值得注意的是,阔叶树林反射性能较针叶树林普遍较差,因此在洞口附近栽植云杉、松树等高大乔木对于隧道减光效果更为理想。同时,高大乔木在自然光照射中可投下厚重阴影,有助于降低隧道洞口接近段的路面亮度。但是,隧道洞口附近地质多为石质,且具有一定坡度,部分隧道洞口上方还建设有防护工程,高大树木栽植难度大且存活率低。所以,低矮灌木和绿色草皮更多被作为实际工程中的首选,但其对于光线遮挡作用微弱,很难真正起到减光效果。相对于隧道洞口减光构筑物的设置,利用植被减光不仅无法起到快速、有效的减光作用,而且很难人为调控其减光能力,只可作为中远期的辅助措施。

图 6.9 隧道洞口植被减光

削竹式洞门(见图 6.10)作为突出式洞门结构的一种,因形似削断的竹子而得名,是目前国内应用最为普遍的一种兼顾生态美学与减光效果的隧道洞门形式。驾驶员在接近隧道过程中,得益于削竹式洞门洞口侧面渐高的隧道壁对于自然光的遮挡,洞门范围内的照度在视线中会呈现逐渐降低的状态,从而缓解"黑洞效应"。陶鹏鹏利用隧道微缩模型模拟真实隧道,并采用视觉负荷指标对各类削竹式洞门进行分析比选。研究结果表明,反削竹洞门减光效果好于正削竹洞门,30°反削竹的设施遮光效果最佳。但削竹式洞门方案存在一个弊端,由于洞门长度有限,通常均短于 10 m。在高速公路上,隧道路段行车控制速度一般为 60~80 km/h,驾驶员通过洞门路段最多仅需几百毫秒,过短的视觉过渡适应时间对于缓解"黑洞效应"极为有限。

构造物减光是指通过在隧道洞口设置构造物遮拦太阳光,以降低隧道洞外剧烈照度,缓解驾驶员在出入隧道时由环境光突变带来的不利影响。减光构筑物除了减光作用带来的节能和安全效果,还有美化洞门、加强标识的作用。代表性的主要有 3 种形式:混凝土梁遮光棚、通透式棚洞、钢拱架式遮阳棚。

图 6.10 削竹式洞门

混凝土梁遮光棚（见图 6.11）是一种顶部敞开的棚状结构物，主要由混凝土门架组成，利用沿着行车方向间距不断改变的混凝土梁作为遮挡，调整遮光棚的透光率，达到改善光环境过渡的效果，以减轻"黑洞效应"。遮光棚具有结构简单，棚内通风效果佳的优点，同时外界植被落叶或雨雪天气不会对结构造成荷载影响。但也存在一定的结构缺点：①断面多为方形构造，与隧道断面匹配度低，驾驶员在接近棚洞与隧道洞口交界处时，易产生视觉冲击现象；②在光照强烈的晴朗白天，遮光棚混凝土柱下的阴影与镂空处的光线对比强烈，会形成明暗交替的"光条"，频繁的明暗交替频率会导致驾驶员视觉不适，可能引起更大的行车隐患。

图 6.11 混凝土梁遮光棚

通透式棚洞（见图 6.12）减光机理和遮光棚大致相同，该结构充分利用地形和隧道洞身进行有机结合，通常是借助山体旁棚式隧道部分的侧壁，将其修筑成镂空的遮光棚构造，降低侧向入射光的强度，达到从洞外亮环境到洞内暗环境的较好过渡效果。通透式棚洞结构可以最大限度减轻工程建设对于周围自然环境的破坏，同时兼具很好的通风和采光效果，是将隧道结构和减光措施有机结合的积极探索，充分地贯彻了生态和谐的理念。然而，此类构造受地形和隧道结构限制较大，多应用于傍山偏压隧道，无法广泛使用。

图 6.12　通透式棚洞

钢拱架式遮阳棚（见图 6.13）是顶部封闭的构筑物，采用遮光材料与钢结构骨架相结合的形式，结构简单，施工难度低。与遮光棚不同的是，其不允许阳光直接投射在路面上。遮阳棚的优点是可以人为控制选用顶部不同透光率的遮光材料，降低太阳光的入射量，通过透光率的组合，可将驾驶员驶入隧道经历的一次严重的"黑洞效应"影响分解成两次甚至多次可满足视觉适应的明暗照度渐变，从而实现棚内路面段良好的环境光过渡。此外，由于遮阳棚通透框架的结构，驾驶员在其内视野开阔，没有压迫感，行车舒适。其封闭的结构可以遮挡雨雪，减小恶劣环境对于驾驶员的干扰，还可以延长路基路面寿命。但该结构棚顶完全封闭，导致落叶、扬尘堆积，长此以往，影响其减光能力，需要定期进行维护和清理，设计时，还需对整体结构进行抗风、雨、雪验算。

图 6.13　钢拱架式遮阳棚

综合对比以上几种隧道洞口光环境改善措施的优缺点，结合部分实际隧道减光构筑物调研数据对隧道洞口减光构筑物的效果分析，本节选取多透光率组合形式的遮阳棚作为隧道洞口实现渐变环境光过渡的工程措施。

6.2.2 光环境仿真软件选择

1. 光分析软件的比选

目前，常见的光环境仿真软件多达 40 种以上，国内外应用较多的主要包括 Dialux、Radiance、AGI 32、Daysim、Solar Export、Ecotect Analysis 等。随着仿真软件的不断革新，功能亦不断完善，各类软件的定位和理念逐渐在基于光环境建模基础上呈现差异化，其根据使用群体、应用阶段、分析对象的不同打造各自软件特色，例如，有的适用于结构设计、有的适用于外观构造、有的适用于科学研究、有的适用于实际工程、有的适用于项目深化设计、有的适用于前期概念设计等。对于光环境结果的导出，设计师倾向于选择具有真实感的渲染效果图，工程师则更倾向具有相关参数的分析计算报表。为了选择计算精度较高的光环境辅助软件作为隧道洞口遮阳棚光环境模拟试验平台，需要对不同软件进行差异分析。

Dialux 是德国 DIAL 公司推出的专业照明模拟软件，基于光能传递算法和 Photon 算法内核分为 Dialux 数字标准版和 Dialux Evo 进化版。该软件支持室外、室内、道路等不同空间在人工灯具、自然光等不同光源下的光环境计算和三维效果模拟，并可通过表格、伪色图、等值线等对结果进行输出展示。不过，Dialux 建模能力较差，对于 CAD 三维模型只支持"sat"文件导入，且操作复杂。此外，该软件更倾向于灯具照明建设，支持几乎所有大厂灯具在线导入，却没有完善的日光分析系统。

Radiance 软件是 20 世纪 90 年代初劳伦斯伯克利国家实验室（LBNL）开发的一款基于显示模拟效果的建筑采光和照明模拟软件包，包括 50 多个工具程序，被广泛地应用于建筑采光模拟和分析中。它采用了蒙特卡洛算法优化的反向光线追踪引擎，能够精确模拟自然和人工照明环境，其产生的图像接近真实渲染效果。该软件虽然功能强大，但操作较为复杂，需要设置大量相关参数，更适合专业设计人士使用。

AGI 32 是美国 Lighting Analysis 公司开发的专业照明模拟软件，支持室内人工照明和室外自然光照计算。该软件基于光能传递算法分为直接和完整计算模式，直接计算模式仅考虑光照直射效果，适用于简单人工照明；完整计算模式同时将直射光与反射光纳入计算范围，对于空间光强分布展现更为直观。同时，AGI 32 不仅可以利用自带建模工具进行复杂建模，也可通过外来程序导入模型。不过，该软件界面繁杂，没有详细分区，且在输出效果表达上需要对所有计算面进行细分，细分程度直接影响渲染效果。

Daysim 是一款经过验证的、基于 Radiance 内核的光环境分析软件，可对建筑室内和周围的日光量进行模拟，还可利用整年的太阳辐射数据，通过在软件中设置不同模式达到计算整年的照明能耗的效果。软件结果输出范围包括基于气候的采光指标、年度眩光以及电照明能源使用。不过，此软件不能直接建模，需要通过其他软件如 AutoCAD、3ds Max 等导入模型完成模型构建。

Ecotect Analysis 又叫生态建筑大师，是一款功能全面的可持续设计及分析工具，其包括 6 类分析功能，分别是光环境、热工、声学响应、太阳辐射、可视度和经济性及环境影响。它的操作界面友好，可以直接导入 3DS、DXF 格式的文件，与设计师常用的辅助设计软件 Sketch Up、ArchiCAD、3ds Max、AutoCAD 也有很好的兼容性，且自带强大的建模功能，可快速方便建模，通过输入参数完成各类模型技术分析，过程简单快捷，结果直观。

在光环境仿真分析方面，Ecotect Analysis 基于建筑研究组织的分项研究法计算采光系数，可以针对各种自然采光、人工照明提供精确的模拟结果（包括采光系数、照度、亮度等），也可对建筑照明节能提供一定的分析。光环境分析模型中的任何一点光源都由自然光和人工照明共同构成，光源产生在分析面上需经过 3 组成分：直射成分、室内物体反射成分、室外环境反射成分。此外，软件还可在材质管理器中调整光学物理参数，包括可见光透射率、色彩与反射率、玻璃折射率、发射率、粗糙度、高光度等，保证了仿真结果的计算精度。

本节针对隧道洞口遮阳棚进行光环境模拟分析，得到自然光透过遮阳棚形成的过渡光环境。由于棚内存在光干涉现象，需要考虑直射光和间接反射光的相互影响，基于对不同仿真软件的分析，拟选用 Ecotect Analysis 光环境分析软件对遮阳棚进行模拟仿真设计。通过获取遮阳棚内沿着驾驶员视线方向的照度值，分析其规律，以构建符合驾驶员视觉适应性的遮阳棚模型。

2. Ecotect Analysis 软件的可靠性验证

以环境照度为研究对象，利用 Ecotect Analysis 光环境软件对包茂高速毛坝二号隧道进行仿真模拟，以及相同条件下通过实测所得照度值进行对比。

测试时间为 2019 年 10 月 25 日，选取自然光照最为强烈的正午时段 13：00—14：00，天气为晴天。隧道限速 80 km/h，洞内为灯具照明，入口处设置遮阳棚构筑物减光，长度为 80 m。以隧道洞外 100 m、隧道洞内 50 m 作为光环境测试范围，沿途每 10 m 布置一个测点，使用照度计测量布置点的照度。在 Ecotect Analysis 中构建等比例隧道模型，根据实测得到的照度数据，调整模型中隧道洞外停车视距处的照度与实测值相同，进行模拟，得到仿真结果与实测结果照度变化曲线如图 6.14 所示。

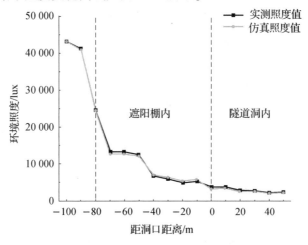

图 6.14 毛坝二号隧道入口遮阳棚仿真结果与实测结果照度变化曲线

为了验证仿真软件的可靠度，需要将实测数据与仿真所得数据进行差异的显著性检验。由于实测值与仿真值每组数据只有 16 个，属于统计学上的小样本数据（$n<30$），适用于 t 检验法，在 $\alpha=0.05$ 显著性水平下对实测结果和仿真结果进行差异性分析。t 检验步骤如下。

（1）建立假设，确定检验水准 α：

$H_0: \mu = \mu_0$（两组数据无显著差异）

$H_1: \mu \neq \mu_0$（两组数据差异明显）

$\alpha = 0.05$

（2）计算检验统计量：

$$t = \frac{\bar{d} - \mu_0}{s_d / \sqrt{n}} \tag{6.5}$$

式中，$\bar{d}$ 为配对样本差值之平均数；s_d 为配对样本差值之标准偏差。

代入数据得，$t = 1.79$。

（3）查相应界值表，确定 p 值。

经查表，$t_{0.05,16} = 2.12$，$|t| < t_{0.05,16}$，故接受原假设，认为在 $\alpha = 0.05$ 水平下，仿真值与实测值无显著差异，认为运用 Ecotect Analysis 对隧道遮阳棚设计进行光环境仿真分析切实可行。

6.2.3 隧道洞口遮阳棚光环境设计方法

1. 设计参数

1）隧道洞口驾驶员光过渡适应曲线

根据上文室内模型试验研究结论，拟选择不同车速下隧道洞口光过渡适应曲线，作为隧道洞口遮阳棚渐变光环境设计依据，来配置符合标准的遮阳材料透光参数。

2）控制速度

根据隧道路段限速要求选择相应的控制速度，本节以双向 6 车道在控制速度为 60 km/h、80 km/h、100 km/h 时每相邻 0.2 s 的环境照度变化值作为分析目标。0.2 s 为医学领域规定的最小视觉刺激时间，认为刺激时间低于 0.1 s 无法引起人眼视觉感知，模型试验的视觉功效法也是基于视觉刺激反应而建立的。

3）遮阳棚始末段环境照度参数

（1）始段照度设计参数（隧道洞外照度）：公路隧道洞口"黑洞效应"的产生原因主要是洞内外的剧烈照度变化，隧道外环境照度越大导致"黑洞"越明显，因此隧道洞外照度是影响隧道洞口遮阳棚长度配置的重要因素，目前常用的确定隧道洞外照度方法有以下两种。

①实测法：该法即在遮阳棚设计之前，利用照度计进行隧道洞口外环境照度实地量测，因此测量者需要确定进行外界照度测量的合理位置及时间。借鉴规范对洞外亮度 L_{20} 的相关规定以及驾驶员视线高度和角度方位，选取离隧道洞口一个停车视距处，距地面 1.5 m 高且正对洞口 20° 方向平放照度计进行照度测量。在测量时间选择上宜考虑与交通出行的高峰期相对应，选取环境照度值较大的晴朗正午时段进行采集，同时为了避免不利天气下出现"棚黑洞亮"的极端情况，应兼顾阴天时段，遴选合适的照度值作为隧道洞外环境照度 E_{out}。

②查表法：实测法对于洞外照度值的确定主要适用于隧道已建成的情况，而在隧道设计阶段，多数情况下无法实测得到隧道洞外照度，需要根据相关规范提取出的参考值进行

洞外照度确定。根据《公路隧道照明设计细则》建议，可按规范要求查取洞外亮度 L_{20} 值，即查表法，隧道洞外亮度如表6.6所示。

表6.6 隧道洞外亮度 单位：cd·m^{-2}

天空面积百分比	洞口朝向或洞外环境	设计速度 $v/(\mathrm{km}\cdot\mathrm{h}^{-1})$				
		20~40	60	80	100	120
30%~50%	南洞口	—	—	4 000	4 500	5 000
	北洞口	—	—	5 500	6 000	6 500
25%	南洞口	3 000	3 500	4 000	4 500	5 000
	北洞口	3 500	4 000	4 500	5 000	5 500
10%	亮环境	2 000	2 500	30 000	3 500	4 000
	暗环境	3 000	3 500	4 000	4 500	5 000
0	亮环境	1 500	2 000	2 500	3 000	3 500
	暗环境	2 000	2 500	3 000	3 500	4 000

表6.6中，天空面积百分比为天空面积在20°视场中所占百分比，当天空面积百分比数值处于所给数据之间时，采取内插取值。隧道南北洞口划分以车辆驶入洞口方向分别为北行和南行界定，当隧道为南北走向时，东西洞口亮度取值采用南北洞口中间值。暗环境和亮环境则分别表征洞外景物包括洞门建筑反射率低和高的环境。可根据项目实际情况，查询得到隧道外亮度值。

亮度是指一个表面的明亮程度，更多被定义用来反映人眼对光强的主观感受，而照度是指物体被照亮的程度，用于描述光照的强弱，与亮度不同的是该值是由物理定义的更为客观的量，所以本文选取照度作为试验指标。当我们根据查表法知道洞外亮度值时，可以根据一个物体表面的反射系数，推导出相应的照度，公式如下：

$$E_{\mathrm{out}} = \frac{L_{\mathrm{out}}}{R} \tag{6.6}$$

$$E_{\mathrm{in}} = \frac{L_{\mathrm{in}}}{R} \tag{6.7}$$

式中，E_{out} 为隧道洞外照度，lux；E_{in} 为隧道洞内照度，lux；L_{out} 为隧道洞外亮度，cd/m^2；L_{in} 为隧道洞内亮度，cd/m^2；R 为物体反射系数。

隧道路面材质主要为黑色沥青和水泥混凝土两种，《公路隧道照明设计细则》中规定：宜通过实地测量确定平均照度与平均亮度换算比例获得物体反射系数，当无实测条件时，水泥混凝土路面反射系数可取1/10，黑色沥青路面反射系数可取1/15。

（2）末段照度设计参数（遮阳棚末段照度）：在进行隧道洞口处遮阳棚设置时，不仅要保证洞外照度与遮阳棚始段的良好过渡以及遮阳棚内部照度变化符合人眼动态视觉适应性，还需要满足遮阳棚末段的隧道洞口照度与隧道洞口段加强照明处的合理衔接。根据《公路隧道照明设计细则》中的规定，宜在隧道入口处划分 TH$_1$、TH$_2$ 两个加强照明段，其中 TH$_2$ 段的照度值为 TH$_1$ 段的一半，其与之对应的亮度公式分别为：

$$L_{\mathrm{TH}_1} = kL_{20} \tag{6.8}$$

$$L_{TH_2} = 0.5 L_{TH_1} \tag{6.9}$$

式中，L_{TH_1} 为入口段 TH_1 的亮度，cd/m^2；L_{TH_2} 为入口段 TH_2 的亮度，cd/m^2；k 为入口段亮度折减系数，可按表5.4取值；L_{20} 为洞外亮度，cd/m^2。

以室内试验测试所得不同车速下，符合驾驶员视觉适应的照度拟合公式为基准，结合《公路隧道照明设计细则》规定的加强照明段 TH_1 的照度以及加强照明开始的位置，初步推算得到遮阳棚末段照度值 E_{in}。以 60 km/h 为例，隧道加强照明布置处为内部 10 m，以 0.2 s 为一个步长距离，需过渡3次。流程如图6.15所示。

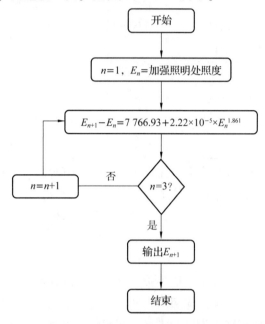

图6.15 遮阳棚末段照度计算流程

基于理论公式结果，环境照度在遮阳棚末段至隧道洞口加强照明处的过渡需满足拟合视觉适应曲线。但根据仿真模拟结果显示，在该段距离处由于遮阳棚末段对于外界光线的大幅折减以及隧道顶部的封闭性，光线照度变化较小。如果仍以理论结果计算隧道末段照度，会造成末段至加强照明处光过渡远大于实际情况，亦会导致在计算遮阳棚长度时的缩减。因此，考虑该处的实际光过渡情况，在遮阳棚设计时会依照仿真结果下遮阳棚末段与已知的隧道加强照明处的照度比例差值，计算遮阳棚末段照度。

4）遮阳棚长度计算

（1）理论最小长度。遮阳棚长度的确定取决于驾驶员能适应的洞外环境照度与遮阳棚末段照度值合理过渡，构建遮阳棚实现遮阳棚始段至末段照度均匀连续下降，结合设计速度，其降低幅度需满足不大于模型试验关于隧道洞口环境光过渡拟合曲线相应取值。根据 0.2 s 为医学领域规定的最小视觉刺激时间，设置在不同速度下 0.2 s 行驶距离为一个步长，其相邻位置照度差值位于拟合曲线之下，假设遮阳棚始段照度 E_{out} 需经过 n 次变化到达末段照度 E_{in}，流程如图6.16所示。

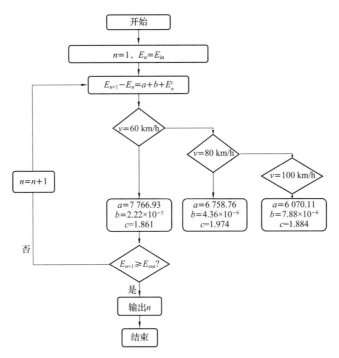

图 6.16 环境光变化次数 n 计算流程

由此得理论最小长度：

$$l = n \cdot 0.2 \cdot \frac{v}{3.6} \tag{6.10}$$

式中，v 为设计速度，km/h；l 为遮阳棚理论长度，m。

（2）经验初定长度。依据理论公式所得遮阳棚长度是一种理想极限情况，按照视觉刺激时间寻求满足视觉适应性的光线过渡，即棚内照度每 0.2 s 都在符合试验所得照度拟合曲线条件下发生突变，理论上遮阳材料透光率也需根据不同车速下每 0.2 s 驶过的距离改变一次。但这在工程实际中很难得到满足，且过多的颜色各异的遮阳板材料组合易导致棚内呈现色彩斑斓状，对驾驶员视觉形成冲击，反而不利于行车。

因此，本节在进行隧道洞口遮阳棚设计时，尽可能少的选取遮阳板透光材料种类组合。拟根据经验基于理论公式所得最小长度，遵循平均分段的原则，按照分段数量，每段增加最小视觉刺激时间 0.2 s 内驶过的距离，作为环境光突变下的视觉缓和距离，从而得到经验长度 l。以车速 80 km/h 下的三段式遮阳棚为例，每段在理论最小长度下需分别增加 0.2 s 内驶过的距离 4.44 m。

2. 遮阳材料透光率组合及长度确定

1）遮阳棚始末段材料透光率确定

在进行隧道洞口遮阳棚渐变光环境设计时，遮阳材料透光率的大小选取以及分段数的组合决定了棚内照度的变化幅度。遮阳板的透光率的选取同时受到外界环境光与隧道洞口加强照明的影响，在隧道外界环境照度及根据《公路隧道照明设计细则》确定的隧道洞口人工加强照明已知的情况下，基于满足拟合的视觉适应公式要求，可以确定遮阳棚始末段相应的材料透光率。

遮阳棚始段是指驶向隧道洞口行车方向处最先接触的部分，也是与外界环境相交融的位置，其相应地受到外界环境光影响较大。遮阳棚末段是指遮阳棚构件与隧道洞口衔接的部分，其不仅受到遮阳棚末段遮阳板材料的减光影响，同时需满足到隧道洞内入口处加强照明段的良好过渡。当外界照度较大时，棚内末段遮阳材料宜选取透光率较小的，保障与隧道内部照度的衔接；当外界照度较小时，棚内末段遮阳材料宜选取透光率较大的，防止出现不利天气下棚内照度低于加强照明段的情况。

2）外界环境照度选取

利用 Ecotect 光环境仿真软件构建一定长度的隧道-遮阳棚模型，综合考虑我国的照度分布情况，依次选取 50 000 lux、60 000 lux、70 000 lux、80 000 lux 和 90 000 lux 作为外界环境照度值进行模拟分析。当外界环境照度较低时，没有必要在隧道洞口构建遮阳棚。虽然驾驶员视觉适应可能无法满足拟合的室内最优光过渡曲线，但其反应时间仍处于实际行车安全过渡范围内，对于驾驶隐患较小。且在外界环境照度较低时设置遮阳棚，构件整体长度较短，间隔较小，可选材料透光率较多，然而减光作用不明显，反而增加了模拟工作量。因此，选取上述 5 个代表性的外界环境照度值进行模拟分析。

3）遮阳材料透光率选取

为确定遮阳棚始末段遮阳材料在不同光照条件下的透光率取值，依次构建材料透光率为 0.1~0.9 的 9 种不同参数，进行全长范围内的遮阳棚构件仿真模拟。基于拟合照度公式，根据外界环境照度和隧道洞口加强照度的取值，确定遮阳棚始末段透光率选取范围。

光环境分析以小汽车为例，考虑前挡玻璃对外界环境照度的折减，按照公安部相关规定，其折减率不得低于 70%。此外，根据大量调查得知，为减少行车过程中的眩光干扰，一般小汽车主会在前挡玻璃贴膜。研究表明，贴膜后的汽车将会对外界环境照度进行再次折减，其透光率会降低 15%~20%。在无实测条件下，综合考虑选取 60% 作为小汽车前挡玻璃透光率。

以小汽车为例，依次在 5 种代表性外界环境照度下对 9 种不同透光率的遮阳棚进行仿真分析，结果如表 6.7~表 6.12 所示，从而确定遮阳材料始末段透光率取值。

表 6.7 50 000 lux 照度对应的遮阳棚内变化

材料透光率	0.1	0.2	0.3	0.4	0.5	0.6	0.7	0.8	0.9
始段照度/lux	—	—	—	—	17 181	21 327	24 477	26 034	27 462
末段照度/lux	2 559	3 513	5 685	7 299	9 936	—	—	—	—

由表 6.7 可知，在外界环境照度为 50 000 lux，选用遮阳棚材料透光率为 0.1、0.2 时，末段照度值仅为 2 559 lux 和 3 513 lux，虽然远低于相对隧道加强照明处的变化前拟合照度值，但考虑到早晚及阴天等不利天气条件下，外界环境照度会进一步降低，可能导致遮阳棚末段照度低于隧道洞口加强照明的情况，给驾驶员造成视觉冲击，产生行车隐患。而当末段遮阳棚材料透光率大于 0.5 时，末段照度值超过 10 000 lux，相关研究表明，隧道洞口光过渡结束处的驾驶员感受到的照度值应低于 10 000 lux。因此，选用 0.3~0.5 作为外界环境照度为 50 000 lux 时的末段透光率。

在外界环境照度为 50 000 lux 时，选用遮阳棚材料透光率为 0.5 时，将其始段照度值代入不同车速拟合公式：60 km/h 可以适应的外界环境照度为 26 637.52 lux，80 km/h 可以适应的外界环境照度为 24 937.51 lux，100 km/h 可以适应的外界环境照度为 24 001.63 lux，皆无法满足折减后的外界环境照度 30 000 lux。当选用遮阳棚透光率为 0.6~0.9 时，将其始段照度值代入不同车速拟合公式，如表6.8所示。

表6.8 环境照度50 000 lux时不同透光率材料下的理论外界环境照度

材料透光率	始段照度/lux	60 km/h 理论外界环境照度/lux	80 km/h 理论外界环境照度/lux	100 km/h 理论外界环境照度/lux	折减后实际照度/lux
0.6	21 327	31 620.27	29 616.12	28 524.90	30 000
0.7	24 477	35 508.54	33 244.37	32 009.11	30 000
0.8	26 034	37 462.56	35 061.39	33 746.23	30 000
0.9	27 462	39 273.14	36 741.59	35 348.03	30 000

由表6.8可知，当环境照度为50 000 lux时，考虑尽可能减少材料透光组合，选用材料透光率0.6作为始端设计参数即可满足车速为60 km/h的外界环境照度过渡情况，选用材料透光率为0.7作为始端设计参数即可满足车速为80 km/h和100 km/h的外界环境照度过渡情况。

表6.9 60 000 lux照度对应的遮阳棚内变化

材料透光率	0.1	0.2	0.3	0.4	0.5	0.6	0.7	0.8	0.9
始段照度/lux	—	—	—	—	20 617	25 592	29 372	31 240	32 954
末段照度/lux	3 070	4 215	6 822	8 758	11 923	—	—	—	—

表6.10 70 000 lux照度对应的遮阳棚内变化

材料透光率	0.1	0.2	0.3	0.4	0.5	0.6	0.7	0.8	0.9
始段照度/lux	—	—	—	—	24 053	29 857	24 267	36 447	38 446
末段照度/lux	3 582	4 918	7 959	10 218	13 910	—	—	—	—

表6.11 80 000 lux照度对应的遮阳棚内变化

材料透光率	0.1	0.2	0.3	0.4	0.5	0.6	0.7	0.8	0.9
始段照度/lux	—	—	—	—	27 489	34 123	39 163	41 654	43 939
末段照度/lux	4 094	5 620	9 096	11 678	15 879	—	—	—	—

表6.12 90 000 lux照度对应的遮阳棚内变化

材料透光率	0.1	0.2	0.3	0.4	0.5	0.6	0.7	0.8	0.9
始段照度/lux	—	—	—	—	30 925	38 388	44 058	46 861	49 431
末段照度/lux	4 606	6 323	10 233	13 138	17 884	—	—	—	—

根据外界环境照度为50 000 lux时的遮阳棚材料始末段透光率选型情况，同理可得在外界环境照度为60 000~90 000 lux时处于不同设计速度中的遮阳棚材料始末段透光率选型情况。不同环境照度下遮阳棚始末端材料透光率取值如表6.13~表6.17所示。

表6.13 50 000 lux照度对应的遮阳棚始末段透光率取值

车速/(km·h^{-1})	60	80	100
始段透光率	0.3~0.5	0.3~0.5	0.3~0.5
末段透光率	0.6	0.7	0.7

表6.14　60 000 lux照度对应的遮阳棚始末段透光率取值

车速/(km·h^{-1})	60	80	100
始段透光率	0.2~0.4	0.2~0.4	0.2~0.4
末段透光率	0.6	0.7	0.7

表6.15　70 000 lux照度对应的遮阳棚始末段透光率取值

车速/(km·h^{-1})	60	80	100
始段透光率	0.2~0.3	0.2~0.3	0.2~0.3
末段透光率	0.6	0.7	0.7

表6.16　80 000 lux照度对应的遮阳棚始末段透光率取值

车速/(km·h^{-1})	60	80	100
始段透光率	0.1~0.3	0.1~0.3	0.1~0.3
末段透光率	0.7	0.7	0.7

表6.17　90 000 lux照度对应的遮阳棚始末段透光率取值

车速/(km·h^{-1})	60	80	100
始段透光率	0.1~0.2	0.1~0.2	0.1~0.2
末段透光率	0.7	0.7	0.7

4）遮阳棚始末段照度取值及初始长度确定

分别选取选定的5个代表性照度值50 000 lux、60 000 lux、70 000 lux、80 000 lux和90 000 lux，作为外界环境照度参数。根据《公路隧道照明设计细则》规定的隧道在不同车速下的亮度折减系数：60 km/h 取0.02、80 km/h 取0.03、100 km/h 取0.04，得到不同外界环境照度对应的隧道洞内加强照明值。此外，仿真模拟结果显示，遮阳棚末端至隧道加强照明处由于距离过长且墙壁的遮光性无法实现环境光的均匀渐变降低效果，因此选用仿真结果下遮阳棚末端与已知的隧道加强照明处的照度比例差值计算棚末段照度。在末段透光率为0.1~0.3时，棚末段与加强照明段的差值分别为外界环境照度的5.5%、8.7%和12.4%。考虑最大限度地增加遮阳棚构件的长度，选取满足末段遮阳棚透光率取值范围的最小值进行计算。由于遮阳棚长度增加只会缓和视觉过渡，且外界环境照度较低时，遮阳棚末段照度取值很小，而外界环境照度较高时，遮阳棚末段透光率取值变小，总体而言对于遮阳棚末端至隧道加强段的照度影响较小。根据表6.13~表6.17不同外界环境照度下遮阳棚末端材料透光率取值范围，拟选取隧道加强照明段至遮阳棚末端在50 000 lux下的照度差值为外界环境照度的12.4%，在60 000 lux、70 000 lux下的照度差值为外界环境照度的8.7%，在80 000 lux、90 000 lux下的照度差值为外界环境照度的5.5%。以此对不同外界环境照度在不同车速下的遮阳棚末段照度取值进行计算，如表6.18~6.20所示（均取前挡玻璃折减后照度值）。

表6.18　车速为60 km/h时对应的遮阳棚末段照度取值　　　　单位：lux

环境照度	50 000	60 000	70 000	80 000	90 000
加强照明值	600	720	840	960	1 080
棚末段照度	4 320	3 888	4 536	3 600	4 050

表 6.19　车速为 80 km/h 时对应的遮阳棚末段照度取值　　　　　　　单位：lux

环境照度	50 000	60 000	70 000	80 000	90 000
加强照明值	900	1 080	1 260	1 440	1 620
棚末段照度	4 620	4 248	4 956	4 080	4 590

表 6.20　车速为 100 km/h 时对应的遮阳棚末段照度取值　　　　　　单位：lux

环境照度	50 000	60 000	70 000	80 000	90 000
加强照明值	1 200	1 440	1 680	1 920	2 160
棚末段照度	4 920	4 608	5 376	4 560	5 130

需要说明的是，该末段照度取值并非由拟合照度标准公式推导得出，而是基于隧道洞口至加强照明布设处范围内无法实现均匀渐变光过渡的实际情况，考虑适当地增加遮阳棚长度，将《公路隧道照明设计细则》规定的加强照明值作为加强照明处的环境照度，根据表 6.18~表 6.20 确定的末段透光率依照仿真数据分析选取的计算数值。

将表 6.18~表 6.20 不同车速在不同外界环境照度下的遮阳棚末段照度值代入照度拟合公式，以驾驶员每 0.2 s 内所驶过的距离为一个步长，计算得到遮阳棚末段照度变化过渡到外界环境照度所需次数 n，再根据遮阳棚长度计算公式（6.10）推导出遮阳构件初始长度，以此在 Ecotect Analysis 软件中构建遮阳棚模型，模型初始长度如表 6.21~表 6.23 所示。

表 6.21　车速为 60 km/h 时对应的遮阳棚模型初始长度

环境照度/lux	50 000	60 000	70 000	80 000	90 000
变化次数 n	3	4	4	5	5
初始长度/m	10	13.33	13.33	16.67	16.67

表 6.22　车速为 80 km/h 时对应的遮阳棚模型初始长度

环境照度/lux	50 000	60 000	70 000	80 000	90 000
变化次数 n	4	4	5	6	6
初始长度/m	17.78	17.78	22.22	26.67	26.67

表 6.23　车速为 100 km/h 时对应的遮阳棚模型初始长度

环境照度/lux	50 000	60 000	70 000	80 000	90 000
变化次数 n	4	5	6	6	7
初始长度/m	22.22	27.78	33.33	33.33	38.89

3. 遮阳棚内部多方案参数组合与光环境仿真分析

在遮阳棚初始长度和始末段材料透光率取值范围确定的情况下，对不同外界环境照度、控制速度下的隧道洞口遮阳棚内部进行光环境仿真分析，确定分段数和透光率参数组合形式。根据仿真结果，取得不同车速下每 0.2 s 驶过距离的照度变化值，将其与拟合的视觉适应照度过渡公式进行对比，分析判断遮阳棚全长范围内的分段数与透光率参数是否符合驾驶员动态视觉适应特性。由于照度剧烈突变一般发生在不同透光率组合交界处附近，所以仅需考察透光率组合衔接处的照度值是否满足视觉适应特性。

根据控制速度为60 km/h、80 km/h、100 km/h时每0.2 s驶过的距离分别为3.33 m、4.44 m、5.55 m,所以本节仿真网格设置步长为1.11 m,由于遮阳棚始段透光率已根据拟合公式推算得到,因此内部仿真区域为遮阳棚全长及相邻隧道洞口内10 m,该处为隧道加强照明布设点。

1) 控制速度为60 km/h

(1) 外界环境照度为50 000 lux。由设计参数可知,遮阳棚末段透光率为0.3~0.5,始段透光率为0.6,当选用两段式遮阳棚时,包括隧道内部,共有两个透光率参数组合交界位置,分别为遮阳棚始端-遮阳棚末端和遮阳棚末端-隧道洞内。按照经验初定,在初始模型长度的基础上每段分别增加3.33 m,得到最终遮阳棚模型长度为16.66 m,取整数17 m,每段8.5 m。分段参数组合方案有①0.3~0.6、②0.4~0.6、③0.5~0.6共3种。

对3种两段式参数组合方案下的遮阳棚进行光环境仿真,照度变化曲线如图6.17所示。

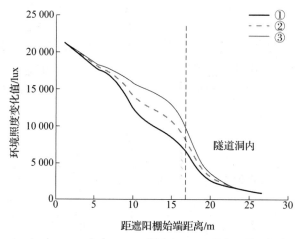

图6.17 50 000 lux下不同参数组合方案照度变化曲线

针对图6.17的仿真结果,分析不同参数组合方案的过渡段照度差值,对比拟合照度过渡公式得到的照度差值,计算结果如表6.24所示。

表6.24 50 000 lux下不同参数组合方案过渡段照度差

方案	始段-末段照度差/lux	拟合照度差/lux	末段-洞内照度差/lux	拟合照度差/lux
①	4 733.1	8 674.72	4 516.08	7 775.62
②	3 448.62	8 921.51	5 944.41	7 887.01
③	2 160.72	9 110.78	7 370.01	7 925.21

由表6.24可知,参数组合方案①、②、③均可满足驾驶员拟合照度适应标准,视觉过渡良好。当方案为③时,末段-隧道洞内取得最大透光率差值0.5。由此可得在环境照度为50 000 lux且控制速度为60 km/h时,遮阳棚设计全长范围内透光率差值需≤0.5。

(2) 外界环境照度为60 000 lux。遮阳棚末段透光率为0.2~0.4,始段透光率为0.6,当选用两段式遮阳棚时,每段增加3.33 m,得到最终遮阳棚模型长度为20 m,每段10 m。分段参数组合方案有①0.2~0.6、②0.3~0.6、③0.4~0.6共3种。

对3种两段式参数组合方案下的遮阳棚进行光环境仿真,照度变化曲线如图6.18所示。

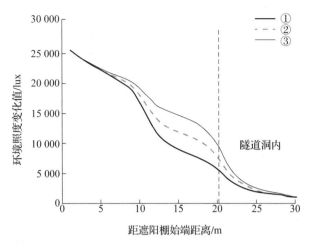

图 6.18　60 000 lux 下不同参数组合方案照度变化曲线

照度差值对比如表 6.25 所示。

表 6.25　60 000 lux 下不同参数组合方案过渡段照度差

方案	始段-末段照度差/lux	拟合照度差/lux	末段-洞内照度差/lux	拟合照度差/lux
①	7 446.39	8 573.94	3 514.49	7 842.87
②	5 738.08	8 907.98	5 216.15	7 878.51
③	4 029.74	9 294.79	6 918.23	7 920.40

由表 6.25 可知，参数组合方案①、②、③均可满足驾驶员拟合照度适应标准，视觉过渡良好。满足标准的 3 个方案相邻透光率差值均≤0.4。由此可得在环境照度为 60 000 lux 且控制速度为 60 km/h 时，遮阳棚设计全长范围内透光率差值需≤0.4。

（3）外界环境照度为 70 000 lux。遮阳棚末段透光率为 0.2~0.3，始段透光率为 0.6，当选用两段式遮阳棚时，每段增加 3.33 m，得到最终遮阳棚模型长度为 20 m，每段 10 m。分段参数组合方案有①0.2~0.6、②0.3~0.6 共 2 种。

对 2 种两段式参数组合方案下的遮阳棚进行光环境仿真，照度变化曲线如图 6.19 所示。

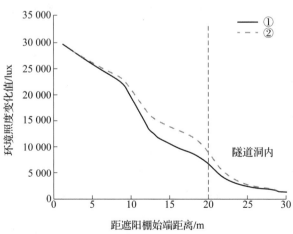

图 6.19　70 000 lux 下不同参数组合方案照度变化曲线

照度差值对比如表 6.26 所示。

表 6.26　70 000 lux 下不同参数组合方案过渡段照度差

方案	始段-末段照度差/lux	拟合照度差/lux	末段-洞内照度差/lux	拟合照度差/lux
①	8 687.45	8 842.07	4 100.23	7 868.10
②	6 694.42	9 287.11	6 085.51	7 915.59

由表 6.26 可知，参数组合方案①、②均可满足驾驶员拟合照度适应标准，视觉过渡良好。满足标准的 2 个方案末段-隧道洞内透光率最大差值≤0.3，始段-末段透光率最大差值≤0.4。

(4) 外界环境照度为 80 000 lux。遮阳棚末段透光率为 0.1~0.3，始段透光率为 0.7，当选用两段式遮阳棚时，每段增加 3.33 m，得到最终遮阳棚模型长度为 23.33 m，取整为 24 m，每段 12 m。分段参数组合方案有①0.1~0.7、②0.2~0.7、③0.3~0.7 共 3 种。

对 3 种两段式参数组合方案下的遮阳棚进行光环境仿真，照度变化曲线如图 6.20 所示。

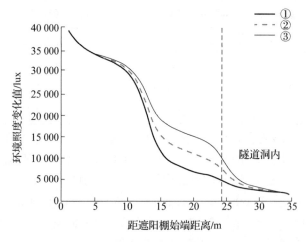

图 6.20　80 000 lux 下不同参数组合方案照度变化曲线

照度差值对比如表 6.27 所示。

表 6.27　80 000 lux 下不同参数组合方案过渡段照度差

方案	始段-末段照度差/lux	拟合照度差/lux	末段-洞内照度差/lux	拟合照度差/lux
①	14 411.47	8 749.78	2 299.40	7 837.82
②	12 096.34	9 285.64	4 573.58	7 886.71
③	9 802.99	9 905.96	6 822.24	7 942.18

由表 6.27 可知，仅有参数组合方案③满足驾驶员拟合照度适应标准，视觉过渡良好。而当参数组合方案为①、②时，始段-末段照度差不满足标准。又因不满足标准的方案①、②始段-末段透光率差值分别为 0.5、0.6，满足标准的方案③差值为 0.4，可得在环境照度为 8 000 lux 且控制速度为 60 km/h 时，始段-末段透光率最大差值需≤0.4。

(5) 外界环境照度为 90 000 lux。遮阳棚末段透光率为 0.1~0.2，始段透光率为 0.7，当选用两段式遮阳棚时，只有 0.1~0.7 和 0.2~0.7 共 2 种组合方案。通过 80 000 lux 照度的模拟可知，始段-末段透光率差值需≤0.4，否则当外界环境照度增大到为 90 000 lux

时，更加无法完成相应的视觉过渡。因此考虑增加分段数为三段式遮阳棚，每段增加 3.33 m，得到最终遮阳棚模型长度为 26.67 m，取整为 27 m，每段 9 m。分段参数组合方案有①0.1~0.3~0.7、②0.1~0.4~0.7、③0.1~0.5~0.7、④0.1~0.6~0.7、⑤0.2~0.3~0.7、⑥0.2~0.4~0.7、⑦0.2~0.5~0.7、⑧0.2~0.6~0.7 共 8 种。

对 8 种三段式参数组合方案下的遮阳棚进行光环境仿真，照度变化曲线如图 6.21 所示。

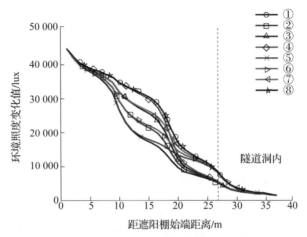

图 6.21 90 000 lux 下不同参数组合方案照度变化曲线

照度差值对比如表 6.28 所示。

表 6.28 90 000 lux 下不同参数组合方案过渡段照度差

方案	始段-中间段照度差/lux	拟合照度差/lux	中间段-末段照度差/lux	拟合照度差/lux	末段-洞内照度差/lux	拟合照度差/lux
①	11 010.22	10 626.49	6 001.67	8 355.17	2 841.58	7 851.78
②	8 481.18	11 487.22	8 518.39	8 528.76	2 970.30	7 854.85
③	5 954.64	12 305.41	11 037.06	8 656.73	3 099.02	7 857.97
④	3 431.05	13 517.85	13 607.73	8 828.87	3 227.69	7 861.15
⑤	10 900.55	10 670.35	3 431.16	8 823.67	5 302.39	7 913.19
⑥	8 371.40	11 536.72	5 947.89	9 009.40	5 431.11	7 917.13
⑦	5 844.96	12 244.65	8 466.56	9 208.93	5 559.83	7 921.12
⑧	3 321.32	13 578.39	10 987.22	9 422.17	5 688.50	7 925.16

由表 6.28 可知，参数组合方案②、⑥、⑦满足驾驶员拟合照度适应标准，视觉过渡良好。当参数组合方案为③、④、⑧时，中间段-末段照度差不满足标准，其相邻透光率差值≥0.4；当参数组合方案为①、⑤时，始段-中间段照度差不满足标准，其相邻透光率差值为 0.4。由此可得，在环境照度为 90 000 lux 且控制速度为 60 km/h 时，全长范围内相邻透光率组合最大差值需<0.4。

2) 控制速度为 80 km/h

(1) 外界环境照度为 50 000 lux。遮阳棚末段透光率为 0.3~0.5，始段透光率为 0.7，当选用两段式遮阳棚时，每段增加 4.44 m，得到最终遮阳棚模型长度为 26.67 m，取整为

27 m，每段 13.5 m。分段参数组合方案有①0.3~0.7、②0.4~0.7、③0.5~0.7 共 3 种。

对 3 种两段式参数组合方案下的遮阳棚进行光环境仿真，照度变化曲线如图 6.22 所示。

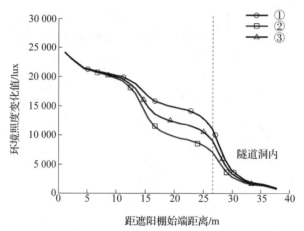

图 6.22　50 000 lux 下不同参数组合方案照度变化曲线

照度差值对比如表 6.29 所示。

表 6.29　50 000 lux 下不同参数组合方案过渡段照度差

方案	始段-末段照度差/lux	拟合照度差/lux	末段-洞内照度差/lux	拟合照度差/lux
①	6 939.81	7 224.54	5 117.22	6 791.64
②	5 296.11	7 413.29	6 820.02	6 804.79
③	3 646.17	7 634.26	8 526.39	6 820.21

由表 6.29 可知，仅有参数组合方案①满足驾驶员拟合照度适应标准，视觉过渡良好。当方案为②、③时，末段-隧道洞内照度差不满足标准，其相邻透光率差值≥0.4，而满足标准的方案①透光率差值为 0.3。由此可得，在环境照度为 50 000 lux 且控制速度为 80 km/h 时，相邻透光率组合最大差值在末段-隧道洞内需≤0.3。

（2）外界环境照度为 60 000 lux。遮阳棚末段透光率为 0.2~0.4，始段透光率为 0.7，当选用两段式遮阳棚时，每段增加 4.44 m，得到最终遮阳棚模型长度为 26.67 m，取整为 27 m，每段 13.5 m。通过 50 000 lux 照度的模拟可知，末段-隧道洞内透光率差值需≤0.3。因此，本次模拟只选用①0.2~0.7 和②0.3~0.7 这 2 种方案。

对 2 种两段式参数组合方案下的遮阳棚进行光环境仿真，照度差值对比如表 6.30 所示。

表 6.30　60 000 lux 下不同参数组合方案过渡段照度差

方案	始段-末段照度差/lux	拟合照度差/lux	末段-洞内照度差/lux	拟合照度差/lux
①	10 293.0	7 201.75	4 100.84	6 790.24
②	8 327.77	7 426.31	6 140.66	6 805.88

由表 6.30 可知，两段式参数组合方案①、②均无法满足驾驶员拟合照度适应标准，不满足标准的区域发生在始段-末段过渡处，其相邻透光率参数差值≥0.4。因此，考虑增加分段数为三段式遮阳棚，每段增加 4.44 m，得到最终遮阳棚模型长度为 31.11 m，取整

为 33 m，每段 11 m。分段参数组合方案有①0.2~0.4~0.7、②0.2~0.5~0.7、③0.3~0.4~0.7、④0.3~0.5~0.7、⑤0.3~0.6~0.7 共 5 种，照度变化曲线如图 6.23 所示。

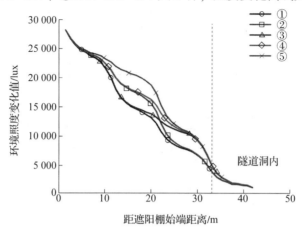

图 6.23　60 000 lux 下不同参数组合方案照度变化曲线

照度差值对比如表 6.31 所示。

表 6.31　60 000 lux 下不同参数组合方案过渡段照度差

方案	始段-中间段照度差/lux	拟合照度差/lux	中间段-末段照度差/lux	拟合照度差/lux	末段-洞内照度差/lux	拟合照度差/lux
①	7 153.52	7 758.05	4 480.16	7 046.90	4 040.62	6 789.91
②	4 988.71	8 066.63	6 487.98	7 081.97	4 086.81	6 790.87
③	7 107.26	7 767.76	2 503.83	7 237.48	6 035.94	6 805.58
④	4 942.47	9 077.71	4 511.66	7 282.24	6 082.12	6 806.55
⑤	2 775.20	8 428.85	6 518.05	7 329.14	6 128.24	6 807.74

由表 6.31 可知，当选用三段式遮阳棚时，各方案均满足驾驶员拟合照度适应标准，视觉过渡良好，且全长范围内相邻透光率差值皆小于等于 0.3。由此可得，在环境照度为 60 000 lux 且控制速度为 80 km/h 时，相邻材料透光率组合最大差值需≤0.3。

（3）外界环境照度为 70 000 lux。遮阳棚末段透光率为 0.2~0.3，始段透光率为 0.7，通过 60 000 lux 照度的模拟可知，始段-末段透光率差值需≤0.3，因此增加分段数为三段式遮阳棚，每段增加 4.44 m，得到最终遮阳棚模型长度为 35.56 m，取整为 36 m，每段 12 m。分段参数组合方案有①0.2~0.4~0.7、②0.2~0.5~0.7、③0.3~0.4~0.7、④0.3~0.5~0.7、⑤0.3~0.6~0.7 共 5 种。照度变化曲线如图 6.24 所示。

照度差值对比如表 6.32 所示。

表 6.32　70 000 lux 下不同参数组合方案过渡段照度差

方案	始段-中间段照度差/lux	拟合照度差/lux	中间段-末段照度差/lux	拟合照度差/lux	末段-洞内照度差/lux	拟合照度差/lux
①	7 552.10	8 440.28	5 075.26	7 135.26	5 006.79	6 795.88
②	5 166.04	8 485.10	7 374.82	7 177.81	5 054.13	6 796.76
③	7 504.09	8 051.42	2 831.10	7 397.47	7 364.98	6 815.36

续表

方案	始段-中间段照度差/lux	拟合照度差/lux	中间段-末段照度差/lux	拟合照度差/lux	末段-洞内照度差/lux	拟合照度差/lux
④	5 117.95	8 497.99	5 130.05	7 452.36	7 412.32	6 816.44
⑤	2 733.49	9 009.82	7 427.99	7 509.88	7 459.70	6 817.54

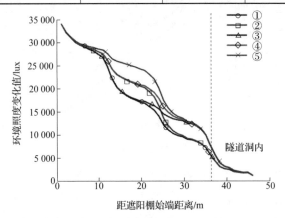

图 6.24　70 000 lux 下不同参数组合方案照度变化曲线

由表 6.32 可知，仅方案①满足驾驶员拟合照度适应标准，视觉过渡良好。当方案为②时，中间段-末段照度过渡差值大于标准，其相邻透光率差值为 0.3；当方案为③、④、⑤时，末段-隧道洞内照度过渡差值大于标准，其相邻透光率为 0.3。由此可得，在环境照度为 70 000 lux 且控制速度为 80 km/h 时，相邻材料透光率组合最大差值仅在始段-中间段方可≥0.3，其他段需<0.3。

（4）外界环境照度为 80 000 lux。遮阳棚末段透光率为 0.1~0.3，始段透光率为 0.7，采用三段式遮阳棚，每段增加 4.44 m，得到最终遮阳棚模型长度为 40 m，按照平均分段原则，设置三段均为 13.3 m。通过 70 000 lux 照度的模拟，可知相邻材料透光率参数组合仅在始段-中间段方可≥0.3，因此在外界照度增加为 80 000 lux 时，可选方案为①0.1~0.3~0.7、②0.2~0.4~0.7 共 2 种。照度变化曲线如图 6.25 所示。

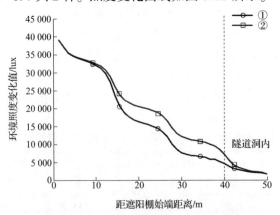

图 6.25　80 000 lux 下不同参数组合方案照度变化曲线

照度差值对比如表 6.33 所示。

表 6.33　80 000 lux 下不同参数组合方案过渡段照度差

方案	始段-中间段照度差/lux	拟合照度差/lux	中间段-末段照度差/lux	拟合照度差/lux	末段-洞内照度差/lux	拟合照度差/lux
①	11 184.72	7 934.61	6 893.37	6 955.64	2 623.42	6 792.88
②	8 403.28	8 440.02	6 750.38	7 261.33	5 333.45	6 818.75

由表 6.33 可知，当选用方案①时，始段-中间段照度过渡无法满足标准，其相邻材料透光率差值为 0.4，而满足标准的方案②在该过渡段透光率差值为 0.3。由此可得，在环境照度为 80 000 lux 且控制速度为 80 km/h 时，相邻材料透光率组合最大差值仅在始段-中间段需≤0.3，其他段需≤0.2。

（5）外界环境照度为 90 000 lux。遮阳棚末段透光率为 0.1~0.2，始段透光率为 0.7，采用三段式遮阳棚，每段增加 4.44 m，得到最终遮阳棚模型长度为 40 m，按照平均分段原则，设置三段均为 13.5 m。通过 80 000 lux 照度的模拟结果，环境照度 90 000 lux 时可选方案仅有①0.2~0.4~0.7。照度差值对比如表 6.34 所示。

表 6.34　90 000 lux 下不同参数组合方案过渡段照度差

方案	始段-中间段照度差/lux	拟合照度差/lux	中间段-末段照度差/lux	拟合照度差/lux	末段-洞内照度差/lux	拟合照度差/lux
①	9 483.75	8 880.10	7 594.18	7 392.88	6 000.13	6 834.45

由表 6.34 可知，当选用三段式遮阳棚时无法满足视觉特性的拟合照度标准过渡，因此选用四段式遮阳棚作分段标准，最终长度为 44.44 m，取整为 45 m，每段 11.25 m。可选方案有①0.1~0.3~0.5~0.7、②0.2~0.3~0.5~0.7、③0.2~0.4~0.5~0.7、④0.2~0.4~0.6~0.7 共 4 种。照度变化曲线如图 6.26 所示。

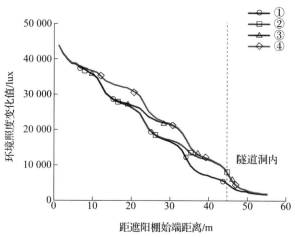

图 6.26　90 000 lux 下不同参数组合方案照度变化曲线

照度差值对比如表 6.35 所示。

表 6.35　90 000 lux 下不同参数组合方案过渡段照度差

方案	始段-中间段 1 照度差/lux	拟合照度差/lux	中间段 1-中间段 2 照度差/lux	拟合照度差/lux	中间段 2-末段照度差/lux	拟合照度差/lux	末段-洞内照度差/lux	拟合照度差/lux
①	6 323.50	9 472.14	6 492.15	7 900.91	6 260.76	6 987.05	2 834.32	6 788.51
②	6 324.42	9 474.79	6 366.97	7 922.94	3 419.76	7 284.86	5 693.23	6 804.94
③	6 194.71	9 507.59	3 558.11	8 505.05	6 257.03	7 339.86	5 758.77	6 805.92
④	3 421.92	10 373.12	6 429.18	8 600.85	6 320.05	7 344.01	5 762.082	6 806.13

由表 6.35 可知，当选用四段式遮阳棚时，上述方案均满足驾驶员拟合照度适应标准，视觉过渡良好，且相邻材料透光率组合最大差值为 0.2，由此可得，在环境照度为 90 000 lux 且控制速度为 80 km/h 时，相邻材料透光率组合最大差值需≤0.2。

3) 控制速度为 100 km/h

(1) 外界环境照度为 50 000 lux。遮阳棚末段透光率为 0.3~0.5，始段透光率为 0.7，当选用两段式遮阳棚时，对遮阳棚不同参数组合进行仿真模拟，结果均不满足视觉过渡标准，末段-隧道洞内相邻透光率差值需≤0.3。选用三段式遮阳棚，每段增加 5.55 m，得到最终遮阳棚模型长度为 38.89 m，取整为 39 m，每段 13 m。方案有①0.3~0.4~0.7、②0.3~0.5~0.7、③0.3~0.6~0.7 共 3 种。

对 3 种三段式参数组合方案下的遮阳棚进行光环境仿真，照度变化曲线如图 6.27 所示。

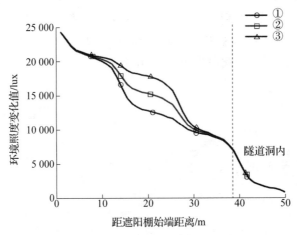

图 6.27　50 000 lux 下不同参数组合方案照度变化曲线

照度差值对比如表 6.36 所示。

表 6.36　50 000 lux 下不同参数组合方案过渡段照度差

方案	始段-中间段照度差/lux	拟合照度差/lux	中间段-末段照度差/lux	拟合照度差/lux	末段-洞内照度差/lux	拟合照度差/lux
①	5 820.75	6 578.62	2 115.27	6 334.68	5 597.31	6 096.86
②	4 000.12	6 743.70	4 009.17	6 355.01	5 640.16	6 097.26
③	2 171.07	6 931.16	5 907.62	6 376.03	5 683.86	6 097.65

由表 6.36 可知,参数组合方案①、②、③均可满足驾驶员拟合照度适应标准,视觉过渡良好,且相邻透光率组合最大差值皆为 0.3。由此可得在环境照度为 50 000 lux 且控制速度为 100 km/h 时,遮阳棚设计全长范围内透光率差值需≤0.3。

(2) 外界环境照度为 60 000 lux。遮阳棚末段透光率为 0.2~0.4,始段透光率为 0.7,选用三段式遮阳棚,每段增加 5.55 m,得到最终遮阳棚模型长度为 44.44 m,取整为 45 m,每段 15 m。方案有①0.2~0.4~0.7、②0.2~0.5~0.7、③0.3~0.4~0.7、④0.3~0.5~0.7、⑤0.3~0.6~0.7 共 5 种。对 5 种三段式参数组合方案下的遮阳棚进行光环境仿真,照度差值对比如表 6.37 所示。

表 6.37 60 000 lux 下不同参数组合方案过渡段照度差

方案	始段-中间段照度差/lux	拟合照度差/lux	中间段-末段照度差/lux	拟合照度差/lux	末段-洞内照度差/lux	拟合照度差/lux
①	7 053.62	6 769.08	4 719.92	6 286.78	4 497.56	6 090.55
②	4 740.04	7 012.84	6 960.01	6 306.36	4 526.57	6 090.84
③	7 023.67	6 772.96	2 505.02	6 438.68	6 785.20	6 097.88
④	4 710.09	7 017.30	4 745.12	6 463.73	6 814.21	6 098.22
⑤	2 392.99	7 295.87	6 997.32	6 489.55	6 843.22	6 098.55

由表 6.37 可知,当选用三段式遮阳棚时均无法满足视觉特性的拟合照度标准过渡,不满足标准的区域分别发生在方案①的始段-中间段,方案②的中间段-末段,方案③、④、⑤的末段-隧道洞内段,其透光率差值皆为 0.3。由此可得,该条件下相邻材料透光率差值需<0.3。选用四段式遮阳棚作分段标准,最终长度为 50 m,每段 12.5 m。可选方案有①0.2~0.3~0.5~0.7、②0.2~0.4~0.5~0.7、③0.2~0.4~0.6~0.7 共 3 种。照度变化曲线如图 6.28 所示。

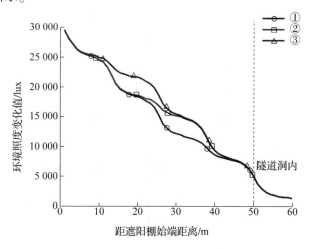

图 6.28 60 000 lux 下不同参数组合方案照度变化曲线

照度差值对比如表 6.38 所示。

表 6.38　60 000 lux 下不同参数组合方案过渡段照度差

方案	始段-中间段 1 照度差/lux	拟合照度差/lux	中间段 1-中间段 2 照度差/lux	拟合照度差/lux	中间段 2-末段照度差/lux	拟合照度差/lux	末段-洞内照度差/lux	拟合照度差/lux
①	4 950.28	6 992.13	4 805.74	6 478.50	2 654.46	6 261.95	4 545.28	6 088.32
②	4 910.61	6 999.19	2 565.03	6 673.31	4 914.75	6 282.55	4 594.61	6 088.69
③	2 640.2	7 275.68	4 781.73	6 706.06	4 974.22	6 283.33	4 594.61	6 088.77

由表 6.38 可知,当选用四段式遮阳棚时,各方案均满足驾驶员拟合照度适应标准,相邻材料透光率组合最大差值为 0.2。由此可得,在环境照度为 60 000 lux 且控制速度为 100 km/h 时,遮阳棚设计全长范围内透光率差值需≤0.2。

(3) 外界环境照度为 70 000 lux。遮阳棚末段透光率为 0.2~0.3,始段透光率为 0.7,选用四段式遮阳棚,每段增加 5.55 m,得到最终遮阳棚模型长度为 55.55 m,取整为 56 m,每段 14 m。方案有①0.2~0.3~0.5~0.7、②0.2~0.4~0.5~0.7、③0.2~0.4~0.6~0.7 共 3 种。

对 3 种三段式参数组合方案下的遮阳棚进行光环境仿真,照度变化曲线如图 6.29 所示。

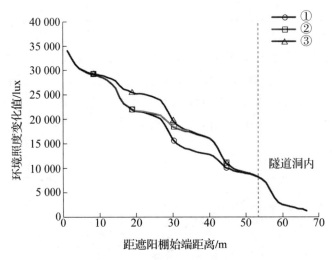

图 6.29　70 000 lux 下不同参数组合方案照度变化曲线

照度差值对比如表 6.39 所示。

表 6.39　70 000 lux 下不同参数组合方案过渡段照度差

方案	始段-中间段 1 照度差/lux	拟合照度差/lux	中间段 1-中间段 2 照度差/lux	拟合照度差/lux	中间段 2-末段照度差/lux	拟合照度差/lux	末段-洞内照度差/lux	拟合照度差/lux
①	5 357.35	7 351.10	5 610.23	6 625.88	2 933.26	6 342.53	5 251.01	6 099.78
②	5 316.51	7 357.60	2 966.29	6 890.8	5 595.78	6 375.29	5 303.14	6 100.21
③	2 650.11	7 723.91	5 623.63	6 934.68	5 623.08	6 377.07	5 305.25	6 100.27

由表 6.39 可知,方案①、②、③均满足驾驶员拟合照度适应标准,相邻材料透光率

组合最大差值为0.2。由此可得，在环境照度为70 000 lux且处于控制速度为100 km/h时。遮阳棚设计全长范围内透光率差值需≤0.2。

(4) 外界环境照度为80 000 lux。遮阳棚末段透光率为0.1~0.3，始段透光率为0.7，选用四段式遮阳棚，每段增加5.55 m，得到最终遮阳棚模型长度为55.55 m，取整为56 m，每段14 m。通过相同速度下70 000 lux的模拟可知，遮阳棚全长范围内透光率差值需≤0.2，因此对于外界环境照度更大的80 000 lux排除末段透光率0.3的方案。可选方案有①0.1~0.3~0.5~0.7、②0.2~0.3~0.5~0.7、③0.2~0.4~0.5~0.7、④0.2~0.4~0.6~0.7共4种。

对4种三段式参数组合方案下的遮阳棚进行光环境仿真，照度变化曲线如图6.30所示。

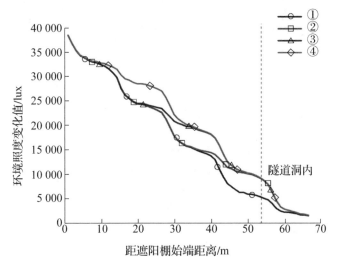

图6.30 80 000 lux下不同参数组合方案照度变化曲线

照度差值对比如表6.40所示。

表6.40 80 000 lux下不同参数组合方案过渡段照度差

方案	始段-中间段1照度差/lux	拟合照度差/lux	中间段1-中间段2照度差/lux	拟合照度差/lux	中间段2-末段照度差/lux	拟合照度差/lux	末段-洞内照度差/lux	拟合照度差/lux
①	6 124.94	7 716.55	6 456.44	6 778.55	6 295.23	6 337.27	2 965.68	6 092.54
②	6 122.68	7 717.53	6 411.69	6 784.86	3 352.34	6 420.46	6 101.16	6 018.27
③	6 076.08	6 176.04	3 390.04	6 105.38	6 395.18	6 186.72	6 160.73	6 075.50
④	3 028.74	6 098.64	6 127.01	6 287.82	6 426.38	6 387.79	6 163.14	6 075.58

由表6.40可知，当选用方案②、③、④时，末段-洞内照度过渡无法满足标准，其相邻材料透光率差值为0.2，而满足标准的方案①在该过渡段透光率差值为0.1。由此可得，在环境照度为80 000 lux且控制速度为80 km/h时，相邻材料透光率组合最大差值仅在末段-隧道洞内需<0.2，其他段需≤0.2。

(5) 外界环境照度为90 000 lux。遮阳棚末段透光率为0.1~0.2，始段透光率为0.7，选用四段式遮阳棚，每段增加5.55 m，得到最终遮阳棚模型长度为61.11 m，取整为62 m，每段15.5 m。鉴于在80 000 lux时末段透光率选用0.2不满足标准，因此方案仅有

①0.1~0.3~0.5~0.7。

对该四段式参数组合方案下的遮阳棚进行光环境仿真，照度差值对比如表6.41所示。

表6.41 90 000 lux下不同参数组合方案过渡段照度差

方案	始段-中间段1照度差/lux	拟合照度差/lux	中间段1-中间段2照度差/lux	拟合照度差/lux	中间段2-末段照度差/lux	拟合照度差/lux	末段-洞内照度差/lux	拟合照度差/lux
①	6 832.02	8 135.49	6 860.13	6 931.98	7 618.36	6 286.03	3 162.21	6 094.28

由表6.41可知，当选用上述四段式遮阳棚方案时，无法满足驾驶员拟合照度适应标准。但方案①的始段-中间段1和中间段1-中间段2可满足适应标准，其相邻材料透光率最大差值为0.2，也即在该条件下，只有遮阳棚最初两个相邻过渡段材料透光率组合可以为0.2，末尾两个相邻过渡段材料透光率组合需<0.2。考虑选用五段式遮阳棚组合时，易导致棚内呈现色彩斑斓状，对驾驶员视觉形成冲击，反而不利于行车。所以采用四段式遮阳棚时，将末段遮阳棚材料选为1.5，进行方案②0.15~0.3~0.5~0.7的模拟。照度变化曲线如图6.31所示。

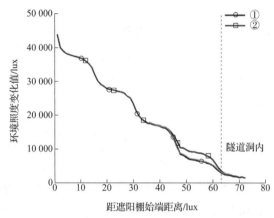

图6.31 90 000 lux下不同参数组合方案照度变化

方案②照度差值对比如表6.42所示。

表6.42 90 000 lux下不同参数组合方案过渡段照度差

方案	始段-中间段1照度差/lux	拟合照度差/lux	中间段1-中间段2照度差/lux	拟合照度差/lux	中间段2-末段照度差/lux	拟合照度差/lux	末段-洞内照度差/lux	拟合照度差/lux
②	6 828.84	8 136.04	6 830.94	6 935.54	6 018.22	6 380.25	4 843.21	6 100.52

由表6.42可知，当选用该方案时，可很好地满足最优照度适应标准，由此可得，在环境照度为90 000 lux且控制速度为100 km/h时，遮阳棚始段-中间段1和中间段1-中间段2相邻材料透光率组合需≤0.2，中间段2-末段和末段-隧道洞内相邻材料透光率组合需≤0.15。

4) 遮阳材料参数组合推荐值

外界环境照度、控制速度不同时，隧道洞口遮阳棚设计的分段数、长度以及相邻材料透光参数组合形式也不同，通过对不同参数组合的遮阳棚模型进行光环境仿真分析，得到5种代表性照度水平在3种不同车速下的隧道洞口遮阳棚设计参数组合推荐值，如表

6.43~表6.45所示。

表6.43　60 km/h下遮阳棚设计参数组合

环境照度/lux	透光参数组合	总长度及分段/m
50 000	①0.3~0.6、②0.4~0.6、③0.5~0.6	8.5×2
60 000	①0.2~0.6、②0.3~0.6、③0.4~0.6	10×2
70 000	①0.2~0.6、②0.3~0.6	10×2
80 000	①0.3~0.7	12×2
90 000	①0.1~0.3~0.7、②0.2~0.4~0.7、③0.2~0.5~0.7	9×3

表6.44　80 km/h下遮阳棚设计参数组合

环境照度/lux	透光参数组合	总长度及分段/m
50 000	①0.3~0.7	13.5×2
60 000	①0.2~0.4~0.7、②0.2~0.5~0.7、③0.3~0.4~0.7、④0.3~0.5~0.7、⑤0.3~0.6~0.7	11×3
70 000	①0.2~0.4~0.7	12×3
80 000	①0.2~0.4~0.7	13.5×3
90 000	①0.1~0.3~0.5~0.7、②0.2~0.3~0.5~0.7、③0.2~0.4~0.5~0.7、④0.2~0.4~0.6~0.7	11.25×4

表6.45　100 km/h下遮阳棚设计参数组合

环境照度/lux	透光参数组合	总长度及分段/m
50 000	①0.3~0.4~0.7、②0.3~0.5~0.7、③0.3~0.6~0.7	13×3
60 000	①0.2~0.3~0.5~0.7、②0.2~0.4~0.5~0.7、③0.2~0.4~0.6~0.7	12.5×4
70 000	①0.2~0.3~0.5~0.7、②0.2~0.4~0.5~0.7、③0.2~0.4~0.6~0.7	14×4
80 000	①0.1~0.3~0.5~0.7	14×4
90 000	①0.15~0.3~0.5~0.7	15.5×4

4. 隧道洞口遮阳棚光环境设计流程

首先根据设计速度确定隧道洞口停车视距位置点，利用照度计进行实测，作为隧道洞口的外界环境照度，或采用查表法以及相关工程实例确定外界环境照度参数 E_{out}。并参照表6.43~表6.45中的相关遮阳棚设计参数推荐组合方式进行光环境设计，参照方法如下。

(1) 环境照度参照值（E_{out}单位为lux）：

①当 $E_{out} < 55\,000$ 时，参照 $E_{out} = 50\,000$ 时的推荐值；
②当 $55\,000 \leq E_{out} < 6\,500$ 时，参照 $E_{out} = 60\,000$ 时的推荐值；
③当 $65\,000 \leq E_{out} < 7\,500$ 时，参照 $E_{out} = 70\,000$ 时的推荐值；
④当 $75\,000 \leq E_{out} < 8\,500$ 时，参照 $E_{out} = 80\,000$ 时的推荐值；
⑤当 $E_{out} \geq 85\,000$ 时，参照 $E_{out} = 90\,000$ 时的推荐值。

(2) 设计速度参照值（v单位为km/h）：

①当 $v<70$ 时，参照 $v=60$ 时的推荐值；
②当 $70 \leqslant v<90$ 时，参照 $v=80$ 时的推荐值；
③当 $v \geqslant 90$ 时，参照 $v=100$ 时的推荐值。

6.3 基于 Ecotect Analysis 的隧道洞口光环境仿真模型构建方法

6.3.1 遮阳棚模型构建

1. 遮阳棚断面尺寸确定

由于公路路基与隧道断面形式不同，在衔接处容易出现断面突变，给驾驶员造成视觉冲击。为保障遮阳棚末端与隧道洞口衔接良好，遮阳棚剖面需与隧道断面形状大体一致，且应设置遮阳棚中心线与隧道中心线对齐，保证遮阳棚钢拱架与隧道轮廓线不发生错位。

以现有双向 6 车道隧道为例，利用 AutoCAD 中的绘图工具创建等比例的隧道断面骨架三维模型（单位为 m）：主洞净宽 14.75（行车道：3.75×3、侧向宽度 0.25+0.5+1.0、检修道 0.75+1），净高 8，建筑限界净高 5。隧道断面尺寸模型如图 6.32 所示。

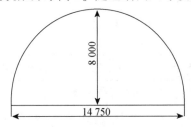

图 6.32 隧道断面尺寸模型

遮阳棚是修建在隧道洞口外公路路基上的建筑物，但由于隧道内未设置硬路肩而路基段有设置，隧道侧向宽度与路基两侧路肩宽度存在差异，衔接处有突变情况，因此需处理好隧道洞口与遮阳棚断面尺寸的衔接关系。从安全驾驶角度考虑，遮阳棚应有足够的净空，在满足最小道路限界的前提下还需大于隧道建筑限界。在此基础上，设置遮阳棚横截面将隧道洞口完全包裹，同时考虑施工时遮阳棚连接部件伸入钢拱架内部，根据路基硬路肩过渡部分数据，可将隧道断面半径增大作为遮阳棚尺寸设计依据。

本节在多次模拟的基础上，对比遮阳棚断面尺寸与隧道断面尺寸一致和基于现实路基过渡需增加遮阳棚宽度包裹隧道断面两种情况，发现结果差异很小。因此考虑方便建模与仿真分析，本节统一选取遮阳棚断面尺寸与隧道断面尺寸一致作为接下来研究隧道洞口光环境过渡分析的建模模型基础。

2. 物理模型构建

将 CAD 构建的图 6.32 模型保存为"*.dxf"格式文件，打开 Ecotect Analysis 仿真软件，将保存好的模型导入，作为遮阳棚断面骨架三维模型。导入 Ecotect Analysis 的模型由打断的线段组成，单击"物体编组"按钮将断面骨架整合，在编辑菜单栏下通过"创建副本"将三维钢拱骨架模型逐一复制、偏移（考虑经济、美观与稳定性，将偏移步长设置为 3~5 m）构建形成三维棚状钢拱架模型，如图 6.33 所示。

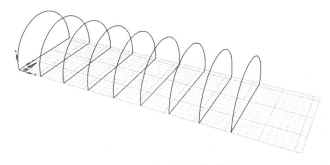

图 6.33　遮阳棚钢拱架模型

此时的遮阳棚模型是由线条构成的，无法对其赋予材质，需利用仿真软件"建模"命令在遮阳棚三维模型骨架间构建面体，再在面体基础上通过"添加窗户"命令覆盖一定透光率的遮阳棚。由于隧道模型不透光，因此仅需构建面即可。最后，在隧道和遮阳棚覆盖范围内添加沥青路面，初步构建完成三维遮阳棚模型，如图 6.34 所示。此外，考虑棚内通风需求，遮阳棚底部预留 1.2 m 的镂空。

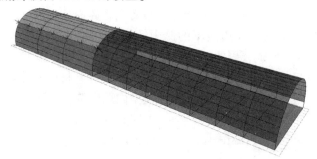

图 6.34　三维遮阳棚模型

3. 灯具模型布置

目前，国内外对于改善"黑洞效应"所采取的常见做法是加强隧道洞口段照明，灯具布设对于隧道照明仿真结果准确性有着重要影响。根据《公路隧道照明设计细则》中规定，考虑隧道洞口衔接处尚有自然光影响，宜自隧道洞口顶部以内 10 m 处开始布设加强照明灯具。为使仿真结果真实准确，选用两侧对称布灯形式，将隧道照明灯具安装在隧道两侧拱腰位置处，安装高度设为 5 m，如图 6.35 所示。同时，为防止外界光线进入隧道影响仿真结果，将隧道模型末段远离遮阳棚处设为封闭。

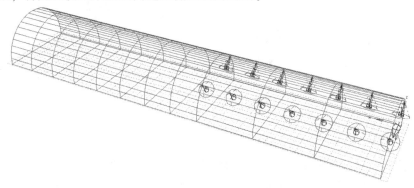

图 6.35　灯具模型布置

6.3.2 仿真参数设置

隧道及遮阳棚模型构建完毕后需要对仿真参数进行设置，以便进行进一步的采光模拟分析。光环境仿真中的参数设置主要包含地理参数和光学物理参数。

1. 地理参数

为达到真实模拟的效果，需根据项目所在地理参数进行仿真模型地理位置确定，以符合当地实际照度情况。获取项目所在地理位置可以通过两种方式查寻：一种是利用 Location Tool（地点工具）功能，通过输入项目所在地名称，获取当地准确经纬度位置；另一种是利用 Interactive Word Map（交互式世界地图）功能，通过鼠标定位到世界地图任意点位置，获取项目经纬度信息。

2. 光学物理参数

光环境仿真模拟前需要赋予模型材质，通过在模型中的"材质库"界面调整构件光学物理参数设置，参数主要包括：太阳吸收率、可见光透过率、发射率以及高光度等。材质管理器界面如图 6.36 所示。根据实际情况依次设置沥青路面反射率 0.15，隧道内两侧 2 m 高范围内墙面反射率 0.7 及不同透光率的遮阳棚属性。考虑遮阳棚内通风需求，棚底部 1.2 m 高范围内采用镂空形式，因此不需赋予任何材质。此外，按照《公路隧道照明设计细则》中对于隧道洞口加强照明的规定，在软件中设置灯具材质属性：功率、输出光强与配光曲线、光通量，通过灯具参数设置使隧道模型内照度符合实际照度情况。

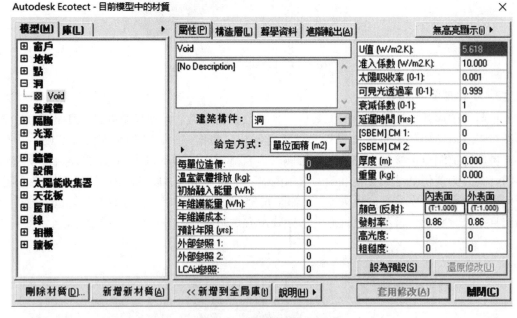

图 6.36 材质管理器界面

6.3.3 仿真运行分析

在模型构建和材质赋予完成后，开始对遮阳棚模型进行光环境仿真分析。为保证仿真分析的准确性，首先需要调整隧道和遮阳棚表面法线方向，使所有法线朝外设置，如图 6.37 所示。其次选取仿真分析界面，一般而言，对于小汽车，驾驶员视线高度为 1.1~1.3 m，面包车略高一些，为 1.4~1.6 m，中巴车为 1.6~2 m，取平均高度 1.5 m 作为本次光环境仿真分析界面。打开"网格管理器"，适配网格到物理模型，其中网格在 X、Y 向的单元属性决定了网格的疏密程度，模拟时需选取合适的网格数量，使得计算精度达到光环境分析要求的同时耗时尽量短，可视具体情况而定。最后依次设置相应外界环境照度参数，依次对各条件下的构筑物进行光环境仿真模拟运算。

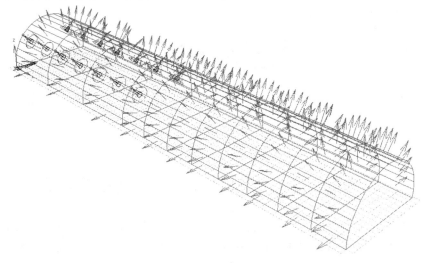

图 6.37　调整法线方向

通过对光环境仿真软件的功能适用性进行比选，选取 Ecotect Analysis 作为隧道洞口遮阳棚光环境设计软件，结合隧道实测结果与软件仿真数据进行可靠性验证，发现与实际工程贴合度较高，并给出了运用该软件构建隧道遮阳棚模型的基本方法。

通过确定遮阳棚始末段照度并结合不同速度下给出的照度过渡标准，分析得出了初始遮阳棚设计长度。按照平均分段原则，在每段上增加一个最小刺激时间行驶距离作为最终遮阳棚构件长度。之后运用 Ecotect Analysis 软件对该长度下不同材料透光率参数组合形式的遮阳棚进行照度仿真模拟，最终选取满足驾驶员视觉适应性照度过渡标准的参数组合方案作为遮阳棚设计推荐值。

第七章 隧道洞口景观优化设计

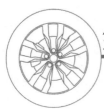

7.1 惠清高速公路隧道洞口与区域景观和地域文化的融合

地域文化是一个地区的灵魂，是这一地区生存与发展的根基。它承载着悠久的历史，融入景观设计之中，能够唤起人们的美好回忆，使人们获得文化的认同感与精神归属感。区域环境强烈地影响着设计风格，独立的设计看起来可能是可持续的，也可能是不可持续的。如果它与当地环境不匹配，那么通常会花费大量的金钱和时间来保持它的健康和良好状态。为了避免这种情况，可以通过用当地景观的特色奠定设计的基础。

7.1.1 区域气候特征与地理地质分析研究

1. 惠清高速公路沿线气候

惠清高速公路所在的广东省属于东亚季风区，从北向南分别为中亚热带、南亚热带和热带季风气候，是中国光、热和水资源最丰富的地区之一。从北向南，年平均日照时数由不足 1 500 h 增加到 2 300 h 以上，年太阳总辐射量为 4 200~5 400 MJ/m² 之间。全省平均日照时数为 1 745.8 h、年平均气温为 22.3 ℃。1 月平均气温为 10~19 ℃，7 月平均气温为 28~29 ℃。

广东降水充沛，年平均降水量在 1 300~2 500 mm 之间，全省平均为 1 777 mm。降雨的空间分布基本上也呈南高北低的趋势。受地形的影响，在有利于水汽抬升形成降水的山地迎风坡恩平、海丰和清远 3 个多雨区，年平均降水量均大于 2 200 mm；在背风坡的罗定盆地、兴梅盆地和沿海的雷州半岛、潮汕平原少雨区，年平均降水量小于 1 400 mm。降水在年内分配不均，4~9 月的汛期降水占全年的 80% 以上；年际变化也较大，多雨年降水量为少雨年的 2 倍以上。

广东省的洪涝和干旱灾害经常发生，台风的影响也较为频繁。春季的低温阴雨、秋季的寒露风和秋末至春初的寒潮和霜冻，也是多发的灾害性天气。

2. 惠清高速公路沿线地形地质

受地壳运动、岩性、褶皱和断裂构造以及外力作用的综合影响，广东省地貌类型复杂多样，有山地、丘陵、台地和平原，其面积分别占全省土地总面积的 33.7%、24.9%、

14.2%和21.7%，河流和湖泊等只占全省土地总面积的5.5%。地势总体北高南低，北部多为山地和高丘陵，最高峰石坑崆海拔1 902 m，位于阳山、乳源与湖南省的交界处；南部则多为平原和台地。全省山脉大多与地质构造的走向一致，以东北—西南走向居多，如斜贯粤西、粤中和粤东北的罗平山脉和粤东的莲花山脉；粤北的山脉则多为向南拱出的弧形山脉，此外粤东和粤西有少量西北—东南走向的山脉；山脉之间有大小谷地和盆地分布。平原以珠江三角洲平原面积最大，潮汕平原次之，此外还有高要、清远、杨村和惠阳等冲积平原。台地以雷州半岛—电白—阳江一带和海丰—潮阳一带分布较多。构成各类地貌的基岩岩石以花岗岩最为普遍，砂岩和变质岩也较多，粤西北还有较大片的石灰岩分布，此外局部还有景色奇特的红色岩系地貌，如著名的丹霞山和金鸡岭等；丹霞山和粤西的湖光岩先后被评为世界地质公园；沿海数量众多的优质沙滩以及雷州半岛西南岸的珊瑚礁，也是十分重要的地貌旅游资源。沿海沿河地区多为第四纪沉积层，是构成耕地资源的物质基础。

本章项目所在地属山岭重丘区，亚热带季风气候，潮湿多雨，清远境内有石灰岩溶地貌，常见地下溶洞、塌陷、暗河分布。惠州市处于莲花山脉西南麓，东江从惠州市中部穿过。惠州市大部分地区属中低山丘陵地貌，群山环抱，连绵起伏，地势特征为西北和东北部较高，向中部东江倾斜，中部为山间平原地貌，呈狭长状。惠州具有山势陡峻、沟谷幽深的地貌特征。海拔千米以上的山峰有3座，主要山峰有罗浮山、天堂山、象头山、担竿山、白马山等，最高峰是罗浮山，海拔1 281 m。惠州北、东、西部及东南沿海一带为中低山，西南部为低山丘陵，中部、南部大部分为平原，滨海海岸曲折，岬角与平原共存。清远市地质大部分是华夏活化陆台的湘粤褶皱带，只有市区南部和阳山南部地区处于华夏活化陆台的粤西地块，主要由石灰岩、红色砂砾岩、石英砂岩、花岗岩四大系列岩构成。市境地势西北高东南低。连州东部、阳山东北部的山岭构成全省地势最高峻的山地，海拔高度在1 000 m以上，最高峰为阳山县与乳源交界的石坑崆，海拔为1 902 m。东南部的英德、清新、清城境内的北江河谷地势最低，大多在海拔20 m以下。

7.1.2　洞口环境的绿色植被选择

亚热带季风气候的植物是亚热带常绿阔叶林，如图7.1所示。壳斗科、樟科、山茶科、木兰科和金缕梅科等是常绿阔叶林中的主要树种。典型的常绿阔叶林中的树木通常具有樟科植物的特征，叶片革质全缘、表面光亮，叶面常迎向阳光照射的方向，因此，常绿阔叶林又有照叶林之称。

常绿阔叶林具有以下特点。

（1）外貌：终年常绿，一般呈暗绿色，林相整齐，林冠呈微波状起伏。群落高度一

图7.1　亚热带常绿阔叶林

般为15~20 m，很少超过30 m，总郁闭度为0.7~0.9。

（2）结构：常绿阔叶林的群落结构比热带雨林简单，乔木层可以分为2~3个亚层，第一亚层林冠多相连续，以壳斗科和樟科的种类占优势；第二亚层树冠多不连续，常见有樟科、山茶科和木兰科的种类，林内常混有落叶阔叶树。灌木层多为常绿种类，在我国常有杜鹃属、乌饭树属、山矾属等。草本层按高度可以分为2~3个亚层，一般以蕨类植物

为主，其次是莎草科和禾本科的种类。藤本植物比热带雨林少，基本攀缘于林下，而达不到林冠的上层。附生植物的种类较热带雨林大为减少，主要是兰科植物和苔藓地衣。

（3）生态习性：叶片椭圆形，革质，具光泽，没有茸毛，叶面向着太阳光，能反射光线。林内最上层的乔木树种枝端的冬芽有芽鳞保护，而林下植物则没有芽鳞保护。此外，在常绿阔叶林中，没有热带雨林中常见的板根、老茎生花和叶附生现象。

7.1.3　区域景观与洞口形式设计的融合

高速隧道洞口在设计时要注意与不同环境背景（山体、岩石、城市）的结合。与山体结合时，要注意与山形的协调，如端墙式洞口采用单侧拱型、直线削角等都是呼应了山的形状和位置。在岩石背景下，尽量采用简单的体型，在材料的使用上与岩石粗糙的纹理应协调，或采取强烈的对比。以城市为背景要体现都市的特点，带有现代建筑风格的洞口形式比较适用。洞口的景观设计有简单有复杂，有常规有个性，不同的环境选择不同的设计手法是十分重要的。

惠清高速公路隧道主要工点属于构造剥蚀中低山地貌区。山体整体走向近似为东北—西南走向，洞身段山坡面整体倾向约60°，顺坡形成多条沟谷，切割深度3~5 m不等，宽窄不一。隧址区新构造运动强度较弱，晚更新世以来的活动断裂不发育，构造稳定性相对较好。根据调绘成果，隧址区地层岩性为第四系坡残积粉质黏土、燕山早期花岗岩及其风化层。坡残积土层、全-强风化岩岩质极软，遇水易软化崩解，中风化层岩质较硬，微风化层岩质坚硬。浅部岩石风化裂隙发育，岩体完整性较差，深部节理裂隙一般发育或较发育，整体来看，隧道洞门形式中，墙式洞门属于安全性能最高的一种。可把洞门当作一个能够承受背后山体土压力、稳定边仰坡、保护线路免于落石等危害的防护承载结构，图7.2、图7.3为本项目的乌树头隧道和枫树坳隧道端墙式洞口形式。同时，由于本项目处于亚热带季风区，附近景观营造多以亚热带常绿阔叶林为主，绿色景观蕴于洞口景观之后，达到景与隧道的结合，不影响原有的自然风貌。

图7.2　乌树头隧道

图7.3　枫树坳隧道

7.1.4　地域文化与风俗人情的特色调研

1. 岭南文化探索

惠清高速公路隧道位于岭南境内，岭南文化是悠久灿烂的中华文化的有机组成部分。

基于独特的地理环境和历史条件，岭南文化以农业文化和海洋文化为源头，在其发展过程中不断吸取和融汇中原文化和海外文化，逐渐形成自身独有的特点。岭南文化务实、开放、兼容、创新。宋代以后，由于中华文化中心区的逐渐南移，岭南经济逐渐发展，文化也获得了一次重要的发展机会，并逐渐展现出其鲜明的特色。

千百年来，人们充分利用南国的自然资源，结合岭南的生活特点，形成了风格独特的景观艺术风格，在中国建筑之林甚至景观之林中占有重要的地位。岭南建筑主要分为广府建筑、潮汕地区建筑（见图7.4）及客家建筑，以其简练、朴素、通透、淡雅的风貌展现在南国大地上。

图7.4　潮汕民居

由于气候温和，人们活动空间向外推移，从而使露台、敞廊、敞厅等开放性空间得到了充分的安排，人们从封闭的室内环境走向了自然，形成岭南装饰空间自由、流畅、开敞的特点。在建筑形式上，岭南园林比较鲜明的特色有三：一是体型轻盈、通透、朴实，体量较小；二是装修精美、华丽，大量运用木雕、砖雕、陶瓷、灰塑等民间工艺，门窗格扇、花罩漏窗等都精雕细刻，再镶上套色玻璃做成纹样图案；三是布局形式和局部构件受西方建筑文化的影响，如在中式传统建筑中采用罗马式的拱形门窗和巴洛克的柱头，用条石砌筑规整形式水池，厅堂外设铸铁花架等，都反映出中西兼容的岭南文化特点。

岭南园林文化有因自然而上升的文化，有因人工而积淀的文化，前者可归结为海岸文化和热带文化，后者可归结为远儒文化和世俗文化、开放文化和兼容文化、贬谪文化和务实文化。

由自然上升为文化，这一点体现在岭南建筑的方方面面，如建筑的高活动面和高柱础与水涝和湿气的关系，缓屋面和台风的关系，宽檐廊与多雨的关系，高墙冷巷与高温的关系，龙形、鱼形、水草、龟、蛇、芭蕉主题与装饰的关系。

2. 惠清文化研究

惠清文化具有以下特点。

(1) 景观风格多样化。惠州清远地处岭南腹地，地理位置独特，居粤东西南北之中间要冲，水路陆路交通甚为发达，悠久的历史和长期居于东江流域政治、文化、经济中心的特殊地位，特别是居民来源的多样性，使本土文化、广府文化、潮汕文化、客家文化等各种文化在这里碰撞和交汇。惠清两地建筑在这特有的自然、人文环境影响下反复提炼融合，形成特有的"杂交"风格。

(2) 建筑造型庄严瑰丽。惠清两地的民居建筑一般沿中轴线前后布设，依次是池塘、禾坪、大门、天井，直至中堂、大堂一气呵成。祠堂大多为上、下两厅结构，每个厅面积都很大，厅的边侧有厢房，两厅之间有天井，也有的祠堂为三厅结构。建筑造型与建筑装饰上常带有西洋色彩。

(3) 景观内本土文化氛围浓厚。在惠清的各个景观景点，都有大量的本土标签，其寓意很多时候反映的都是惠清本土的人和事，或者是对后人的期望。文化题材丰富广泛，不少都是惠清两地本土的诗词、民间传说、山河景色等。

惠清景观建筑蕴含了惠清独特的地域文化，是两地独特文化展现的一个窗口，如图7.5、图7.6所示。

图7.5　惠州黄氏祠堂

图7.6　清远寺庙建筑

7.1.5　地域文化对于洞口形式设计的融合

梁思成先生说："建筑是历史的载体，它寄托着人类对自身历史的追忆和感情。"近年的很多设计作品都在不同程度上缺少独立思维，甚至曲解了传统文化和民族文化，或带有明显的主观色彩。作为设计师，要深刻地认识到：唯有真正源于民族文化本土根基的设计，才是真正得体的设计，也才有可能成为伟大的设计。司马迁曾经在《史记》中提到"十里不同风，百里不同俗"，风俗文化在地域上的差异可见一斑。地域文化的差异在某些地区往往能够使隧道洞口景观形式产生巨大差别，很可能成为所在地区地域文化的一个符号。

7.2 惠清高速公路隧道洞口工程结构物景观分析评价

景观，一般意义上是指一定区域呈现的景象，即视觉效果。这种视觉效果反映了土地及土地上的空间和物质所构成的综合体，是复杂的自然过程和人类活动在大地上的烙印。隧道洞口工程景观狭义上来说只是洞口的设计和简单装饰，广义上而言则包括一定距离内与之相辅相成的一切工程设施。从美学的角度，可通过各种方法对其进行综合评价，以达到所需要的美学标准。

7.2.1 洞口景观的主要作用

1. 地标作用

我国具有丰富的名胜古迹和名山大川，而公路则是通往这些地区的重要通道之一。作为线性景观的公路，隧道洞口景观宛如直线上的点，要使长线上出现景观的变化和增加辨识度，就可以通过具有特色的洞口景观来展现。隧道常常以附近的山川、河流、地名等进行命名，驾驶员们也习惯于将隧道洞口这种构造物当作路段上的标志，因此合理的洞口景观设计可以起到该路段的地标作用。图 7.7 为昆石高速上的清水沟一号隧道，其洞口顶端的装饰造型酷似石林景观，使驾驶员可以在路途中感受到石林景观的独特。将洞口景观与壮观的石林相结合，不仅增加了隧道洞口的景观观赏性，成为该路段上靓丽的风景线，而且在该路段上起到了很好的地标作用，让驾驶员或游客记忆深刻。

图 7.7　清水沟一号隧道

2. 文化展示作用

公路不仅具有交通功能，而且是地方文化展示的舞台。公路两侧和中央绿化带的景观可以向驾驶员展现当地极具特色的地方文化，而隧道洞口景观类似景观中的立面设计，位于半空的洞口景观更是文化传递的重要载体。隧道洞口相当于隧道工程的门面，是隧道工程唯一外露的部分，因此对当地文化展示和传递的作用只能落在洞口景观设计上。由图 7.8 和图 7.9 可以看出，好的洞口景观不仅是一座安全优美的隧道口，更是一个能传递文化内涵的艺术品。

图 7.8　钦州至崇左高速公路具有东盟文化特色的隧道口

图 7.9　米仓山隧道巴中侧

3. 疲劳消除作用

隧道洞口景观设计通过对洞口进行色彩、材质、空间布局和植物造景等处理，增加隧道洞口的可识别性。在连续的行车过程中，驾驶员容易产生枯燥感与疲劳感，恰到好处的隧道洞口景观能从色彩或造型上给驾驶员为之一振的视觉冲击，在心理上消除烦躁的情绪，缓解驾车视觉疲劳，增加驾车的轻松度。同时，驾驶员驶入隧道时因对洞口景观的欣赏而降低行车速度，可保证隧道内驾驶的安全性。

7.2.2　隧道洞口景观的表现形式

1. 隧道洞口景观主要表现形式

公路隧道洞口景观可以通过诸如线形、装饰、绿化和抽象等多种表现形式来展示，表7.1 展示了洞口景观设计的主要表现方式和特点。

表 7.1　洞口景观设计的主要表现方式和特点

表现方式	实现手段与特点
线形	包括直线式、曲线式和端墙式，施工工艺较简单，在我国公路隧道洞口运用频繁
装饰	包括浮雕式、雕塑式、建筑式和造型式，利用洞口空间进行装饰设计
绿化	包括端墙绿化、洞前绿化等，根据当地自然条件选用适宜的植物物种
抽象	包括将民族文化、地域文化、历史文化和特殊景观元素通过想象，概括抽象为具有特色的景观元素

加勒特说："点、线、面、体是用视觉表达质体——空间的基本要素。生活中我们所见到的或感知的每一种形状都可以简化为这些要素中的一种或几种的结合。"从现代景观的几何构成特征来说，景观主要包括景点、路线、区域三部分。从美学的角度出发，景观设计主体——"空间"可以简化为点、线、面元素来理解，即点、线、面基本要素的组合。在景观设计实践活动中，点、线、面是形象的基本形式，是构成视觉空间的基本元素，是表现视觉形象的基本设计语言。点、线、面的美学特征直接反映了景观的艺术形式，景观设计实践活动可以归结为点、线、面元素及艺术形式法则在景观设计实践活动中的运用，即平面构成在景观设计实践中的运用。平面构成是研究点、线、面美学的艺术实践活动，是点、线、面在艺术设计中运用的理论基础，它从形式的要素及其组织方法两个方面来研究造型的规律。

1）点要素（洞口结构形式）

生活中的点，在人们的意识中大致是一些符号或者抽象元素。在几何学中，点只有位置，并无形状、大小、方向等特征。而在设计学中，点的形态是具体的，是有形状、大小、色彩甚至是肌理的，只不过是在一定范围内体积相对较小的物体。

在洞口景观中，点要素是指隧道洞门范围内的景观要素，主要由洞门造型和装饰组成。需要说明的是，洞口结构对于变化着的人的视点而言，其作为"点"只是对于远观而言的，当人们在接近洞口的过程中，它是由点到面变化的，因此洞门结构既是"点"的要素，也是"面"的要素，在设计时要同时考虑到这两个方面。此处为了划分方便，将其暂时纳入"点"的要素。

当前我国隧道洞门结构在形式上大多可分为墙式和突出式两大类，这两类又可细分为直线端墙式（见图 7.10）、拱形端墙式（见图 7.11）、翼墙式、柱式、环框式、削竹式（见图 7.12、图 7.13）、喇叭口式等形式。

图 7.10　南岭隧道

图 7.11　明月山隧道

图 7.12　某削竹式隧道

图 7.13　石门山隧道

其中，直线端墙式给人一种刚硬雄厚的力量感，而曲线端墙式更多呈现出一种柔美缓和的韵律感，喇叭口式造型有效地扩大了入口的宽敞明亮感，削竹式入口处由明变暗层次更为渐进，总之不同点所形成的不同洞门结构各有其特点，需要结合工程实际进行设计。

2）线要素（全线风格统一）

线在景观设计中按构成状态不同分实线与虚线，实线为实体存在的线状物，有长度、宽度及深度；虚线为点的方向性运动所形成的不连续线状物，如汀步。在很多设计中，虚线比实线来得更加灵活、透气。按照长度不同可分为长线与短线，长线给人无限拉伸的感觉，短线则有更加利落、跳动的感觉。按照表现样式不同可分为直线与曲线，直线比较硬朗，曲线相比较会显得柔美、自由。

在洞口景观设计中，主要考虑相关要素。相关要素即赋予人文气息的文化景观及路域整体风格。隧道洞口景观中，不仅包含了物态景观，还包含了精神文化景观。从狭义上看，相关要素只体现在装饰型硬质景观上；而从广义上看，相关要素则体现在隧道甚至公路景观所有要素的精神层。

洞名：一般来说，洞名通常题于洞门上方，起到显眼的作用，提醒和引导驾驶员，同时也彰显出本隧道最基本的认知称呼，方便记忆。字体大小根据隧道洞口大小、速度及驾驶员视觉特点来设置。也有一些隧道由于洞口上方空间不足，或由于对景观效果造成不协调影响，会在一侧设置醒目牌匾，起到彰显的效果。隧道洞名如图 7.14、图 7.15 所示。

图 7.14　湾里岔隧道

图 7.15　刺桐关三号隧道

照明：从隧道洞口进入洞内，光线明暗变化显著，需要辅助以照明设施，起到调节光线突变的效果。照明灯光不宜过强，以免对驾驶员视线造成眩目干扰。灯杆应轻巧，同时必须具备一定的高度，具体位置应根据洞口入口处的倾斜度对应设置。现在一般采用 LED 新材料照明灯，如图 7.16、图 7.17 所示。

图 7.16　隧道洞口双排灯

图 7.17　隧道洞口单排灯

行车道：中央分隔带可防止眩光、美化环境、分隔交通、诱导视线、保障安全。隧道洞口如果有富余的中央分隔带，可适当进行处理。以整体基调为基础，保证安全，考虑层次及主次，做到车行景移、张弛有序，利用中央分隔带的作用提醒洞口即将到来。隧道行车道如图 7.18、图 7.19 所示。

图 7.18　市区隧道洞口行车道

图 7.19　山区隧道洞口行车道

3）面要素（整体景观效果）

面在景观设计中处处可见，如常见的广场，外轮廓线各式各样，有直线形也有曲线形，在很多时候都会结合地形和植被设计成不规则图形，不同铺装方式表现的用途和感觉也是不同的。景观设计中的面要素也有所谓的虚面，即由很多点或很多线密集排列所形成的面，该类型的面要素会更加透气、通透。

在洞口景观设计中，其主要为间接要素。间接要素指洞口环境中除洞门结构以外的周边环境部分。间接要素包括实用型硬质景观、装饰型硬质景观以及软质景观。实用型硬质景观包括边仰坡防护、洞口铭牌、公路及附属设施、隧道附属设施等；装饰型硬质景观包括小品建筑、雕塑和雕刻、壁画、园艺小品（假山置石、景墙、花架、花盆）等；软质景观包括动植物。

边坡仰坡：隧道洞口段，边坡或仰坡以倾斜或垂直面迎接行人，体量较大，对环境、视觉、心理的影响强烈，在运用力学原理选择其结构形式、构筑材料的同时，应充分考虑景观影响，与周围环境协调、统一。作为典型的"面"元素，设计的主要手法是"破"，将大化小，减低"面"的单调、呆板及压迫感。为此，设计中应遵循以下原则。

（1）化高为低：土质较好、高差不大的台地按斜坡台地处理，空隙地绿化，以绿化过渡。

（2）化整为零：将高差较大的台地分成多阶挡墙，中间设平台绿化，通过绿化手段软化墙面的硬质效果。

（3）化直为曲：曲线比直线更能吸引人的视线，给人以舒美的感觉，在一些特殊场合，为解决地坪高差，可将挡墙设计为曲线或折线，增强动感。

环境绿化：任何隧道洞口并不只是一个结构物工程孤零零的存在，需要结合当地的环境设计，或者直接将当地植被景色等特色结合在工程中。也就是更多地需要因地取材，比如惠清隧道洞口景观要素如图 7.20 所示。在高速公路段设计中，就将亚热带常绿阔叶林绿色植被覆盖在洞口之上，达到绿化效果，在此就不赘述了。

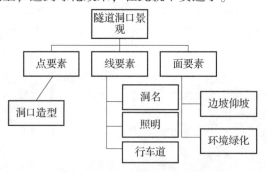

图 7.20　惠清隧道洞口景观要素

2. 洞口结构构造的合理装饰

我国公路隧道洞门的设计，常常只考虑力学因素，而较少考虑景观、美学上的要求。因此，大多线路上的隧道洞门均采用比较呆板的端墙式或翼墙式，其设计理念还停留在挡土墙的阶段，对环境的保护和美化很少涉及。通过总结国内外已经建成的公路隧道洞门景观，可知隧道洞门的装饰通常有如下几种装饰手法。

（1）建筑式装饰手法。柱式洞门通常采用仿建筑的艺术装饰，较为雄伟美观，利用简化的建筑构建装饰，体现建筑的神韵，避免过于单调，如二郎山隧道。目前，有些隧道洞门为缓解驾驶员进出洞口时视觉的不适，在洞门处架设采用玻璃、钢材等材料的棚顶，形成的建筑感强烈，极具现代气息，是洞门景观的一种新趋势。

（2）浅浮雕式装饰手法（见图 7.21）。浅浮雕式装饰手法多用于端墙式洞门，进行隧道洞门外墙面的装饰。设计师通过结合公路隧道周围的人文环境和自然环境，创作系列主题浮雕，适用于已经修建成型的隧道洞门或者因地质需要必须采用端墙的隧道洞门。该手法的优点是设计师不用参与到隧道结构工程的设计和施工中，不会影响工程结构安全，设计施工便捷，装饰内容、题材丰富；缺点是设计师的创作表现在既定环境有限制，对环境的把握需慎重。

图 7.21　诗经隧道

（3）雕塑式装饰手法（见图 7.22）。将雕塑运用到隧道洞门的装饰中，通常装饰于洞门的上部和侧部，加强视觉效果，突出洞门的意义，主要用于强调隧道的重要性。这种装饰手法在所有手法中是最为华丽、壮观的，其装饰成本较高，施工难度也较大。雕塑装饰的视觉冲击力不能太强，否则也会分散驾驶员的注意力。目前此方法在国内外运用得较少。

图 7.22　秦岭一号隧道雕塑

3. 隧道侧墙装饰的研究

侧墙装饰方案的研究涉及色彩环境的传递以及图案形式的表达。这一系列系统的设计不仅能体现交通建筑的景观效应，还能营造舒适的行车环境。

（1）色彩基调。封闭隧道内的色彩环境是驾驶员进入隧道后的第一感受，在视觉上影响驾驶员的心理。应选择明亮的颜色作为侧墙的基本色调，以保证行车环境的亮度。同时，通常需要避免如白色、灰色等大面积单调乏味的色彩选用。实验表明，大面积的纯白色在光照下易显得突兀刺眼，直接应用于隧道内饰会干扰视觉。因此，选用有色且明度较高的颜色作为主要环境色彩，能使得驾驶员保持愉悦舒适的心情。

（2）图案运用。采用间隔设置图案的装饰方案，要注意图案间距大小对于驾驶员速度感受的影响。间距太小容易产生眩晕，而间距太大会引起不自觉的加速，应根据设计车速对图案的间距进行合理计算，以达到最舒适的效果。研究表明，以间距为 1 020 m 设置一组图案是最为合理的方案；这样驾驶员既能够较为清晰地观察到装饰图案，也不会产生因图案频繁闪现而导致的视觉干扰。

此外，装饰图案形状的选择也需遵循一定的规律；不同的图案对于驾驶员的心理会产生不同的效应。试验表明，长方形的侧墙图案醒目度较低，能很好地缓解驾驶员的紧张心理，圆形和三角形的图案较易引起驾驶员的注意，使用不当容易造成注意力的分散；尤其锐角图案的出现对驾驶员视觉刺激更强烈，使人烦躁压抑。

通过测试不同图形的隧道侧墙对驾驶员加速欲望的影响，发现正三角形和倒三角形图案对驾驶员的影响不同，正三角形侧墙图案易使驾驶员加速行驶，而倒三角形易使驾驶员为躲避刺激面减速行驶。所以，在隧道侧墙设计中局部采用倒三角形图案可以提醒驾驶员减速，提高隧道运行安全性。

7.2.3 隧道洞口景观评价方法和过程

1. 评价方法

高速公路路线方案的评价很多，过去常用的方法有经验分析法、经济计算法等。现代综合评价方法大都结合了数理统计学原理，主要有专家评分法、数据包络分析法、模糊综合评价法、层次分析法及灰色理论分析法。本节主要介绍现代综合评判方法，结合项目选定合理的评价方法。

1）专家评分法

专家评分法是建设项目中最常用的一种方案评价方法，是定量化定性的对象。对选定的备选方案，制定出相应的评价标准，邀请一定数量的专家依据评价标准，按自己的经验进行打分，给出分值。

其特点是简便、直观，在一定程度上将定性与定量相结合。不足之处是评判结果太依赖于专家的主观判断，受专家的阅历深浅影响比较大，影响了评价结果的客观性。

2）数据包络分析法

数据包络分析法是著名运筹学家 A. Chames 和 W. W. Copper 等学者提出的一种效率评价方法，该方案以"相对效率"为理论支撑，目的是解决多决策单元问题。

数据包络分析法依据输入输出的指标值对方案进行权重自动计算，避免了像其他评价方法在计算权重出现的主观因素影响较大的问题，该方法主观因素影响小，同时也便于计算，但是存在着不同的决策单元之间缺少对比的问题。

3）模糊综合评价法

美国自动控制专家查德（L. A. Zadeh）教授在 1965 年提出模糊集合理论的概念，目的是用以表达事物存在的不确定性，模糊综合评价法基于模糊集合理论而形成。

模糊综合评价法按照隶属度的原则，将定性事物定量化评价，各级评价指标对目标对象进行总体评价。该方法系统性强，适合解决难以基于绿色公路建设理念的高速公路路线设计方案评价体系研究量化、非确定性的问题。

4）层次分析法

层次分析法是 20 世纪 70 年代美国运筹学家 T. L. Saaty 提出的。层次分析法的分析过程是将评价对象按一定的层次结构划分为目标层、准则层及子准则层，然后通过一定的算法对各层次进行排序，根据排序结果对总目标进行综合评价。其特点是数学化决策过程，深入分析目标层的本质，力求使用最少的定量信息，为复杂的决策问题提供解决方法，对难以直接准确计量的目标层尤为合适。

5）灰色理论分析法

我国学者邓聚龙教授以灰色理论为基础，提出了灰色理论分析法。该方法弱化对象自身的属性，用各对象自身相互比较得到的相对系数达到对比的目的。灰色理论分析法的特点是采用了数学原理，计算量大，并不对评价指标的相对重要性进行分析，分析结果还需进一步论证。

高速方案评价方法是为了给决策者提供一个既客观又能量化反映的结论，根据上述对现代综合评价方法的总结，并结合建立的评价体系，本节采用模糊综合评价法与层次分析法结合的方法，建立评价模型。利用层次分析法确定各评价指标的权重，利用模糊综合评价法确定隶属度，最后进行综合评价。

2. 评价过程

层次分析法具有以下鲜明的优点。

（1）系统性的分析方法。层次分析法把研究对象作为一个系统，按照分解、比较判断、综合的思维方式进行决策，成为继机理分析、统计分析之后发展起来的系统分析的重要工具。

（2）简洁实用的决策方法。层次分析法既不单纯追求高深数学，又不片面地注重行为、逻辑、推理，而是把定性方法与定量方法有机地结合起来。

（3）所需定量数据信息较少。层次分析法主要是从评价者对评价问题的本质、要素的理解出发，比一般的定量方法更讲究定性的分析和判断。所以本节以层次分析法为例，具体讲述评价过程，也为本项目所依托的惠清高速公路隧道评价奠定理论基础。

评价体系和方法工程设计实践，一般遵循着"方案—评价—优化"及从总体到局部逐渐深入的设计过程，针对不同的评价目的，应将不同的评价方法贯穿到设计的整个过程，因此，建立一个完整的评价体系是完全必要的。不同的设计阶段应选用不同的评价方法和水准。为深入研究隧道洞口的景观问题，应将评价与设计密切结合，视工程重要性采用二阶段或三阶段的评价方法，即以不同阶段的评价对应不同阶段的设计。第一阶段评价是设计者基于自身经验的自我评价，第二阶段评价是设计单位确定设计方案的专家评价。在一般工程中，均可采用自我评价和专家评价的二阶段评价方法。对重要性高的工程，还应进行第三阶段评价，第三阶段评价是基于公众的心理学评价。各层次评价差别与应用范围如表 7.2 所示。

表 7.2 各层次评价差别与应用范围

评价方法	第一阶段评价	第二阶段评价	第三阶段评价
评价类别	经验评价	专家评价	心理学评价
应用范围	设计方案的选择	确定设计方案	分析设计因素、准确确定设计方案
评价流程	受设计者个体影响较大	相同	相同
评价样本	以往工程实例的照片等	本设计草案	设计方案、效果图、模拟资料
评价目的	总结设计经验,提炼设计要点	评价及确定设计方案	确定景观组分的回归公式,建立预测模型、优化设计方案、理论研究、设计后反馈
评价对象	少数专家学者	专家学者	公众样本(必要数量)
数学方法	无	平均值法、标准差等	因子分析、轮廓分析、数量化理论等

1) 第一阶段评价:基于设计者的经验评价

方案的选择是设计者个体的行为,因此第一阶段的评价,即设计者应基于隧道洞口景观数据库的研究,进行自我评价,属于经验评价的范畴。这种评价是一种隐含的评价,洞口景观的设计经验是设计者的养分,数据库中大量的工程实例和以往对设计因素、景观因素的总结是设计者选择设计方案的基础,也是自我评价的参照物。其评价的可靠性与设计者本身的素质、经验以及对数据库研究的理解有密切关系。

2) 第二阶段评价:基于专家的方案评价

洞口的设计对于设计者而言是一个判断和选择的问题。西南交通大学、长安大学等高校的研究团队均曾对隧道洞口的设计工程实例进行过搜集整理,并建立了初步的相关数据库。在整理的数据库中有大量的工程实例和以往专家对其功能和美观的评价,这可作为对设计方案的评价参照。设计方案是由一个设计团体进行讨论决定的,设计是一个由专业的参与者推进的过程,故具体的方案评价也需要组织一定数量的专家学者参与讨论和投票,从各个领域和角度去评价,该阶段主要采用层次分析法和模糊综合评价法进行评价。第二阶段的评价应该对设计方案的优劣进行一定的量化评价。一般可将评价分为3个水准,即:

水准一:设计方案良好;

水准二:设计方案可以被接受;

水准三:设计方案不理想。

第二阶段评价应从形式美原则入手,选择线条、体形、色彩、肌理、环境、背景、个性7个因素,分5级指标,由专家进行打分,并以简单的统计方法,如平均值或考虑变异的标准差得出最终的分值,判断设计方案的水准。

7个因素分别为:

(1) 线条:洞口形式的选择是否恰当(1~5分);

(2) 体形:洞口设计的几何参数的选择是否恰当(1~5分);

(3) 色彩：洞口色彩的运用是否与环境和设计思想协调一致（1~5 分）；
(4) 肌理：洞口材料的选择及装饰手法、明暗度等的运用是否恰当（1~5 分）；
(5) 环境：边仰坡的形式和绿化恢复等的方案是否与环境和洞身协调（1~5 分）；
(6) 背景：与环境的协调程度是否理想（1~5 分）；
(7) 个性：设计方案的鲜明性是否强烈，并使设计方案具有"优美"特质的个性（1~5 分）。

专家评分表如表 7.3 所示。

表 7.3 专家评分表

专家编号			专家姓名			
评价因素	分值					
	1	2	3		4	5
线条						
体形						
色彩						
肌理						
环境						
背景						
个性						

除了直接取各因素平均值得分和差异度判断，也可采用数量化的统计方式，将之前列举的 7 个因素进行回归预测，使用以下模型：

$$Y_i = \sum_{j=1}^{n} \sum_{i=1}^{m} \delta(j, k) b(i, k) + \varepsilon_i$$

式中，Y_i 为第 i 个专家的打分；n 为专家的数目；m 为因素个数；$\delta(j, k)$ 为第 j 个专家对第 k 个项目的评分值；$b(i, k)$ 为各因素的权重；ε_i 为误差项。

根据专家得分，可判断设计方案所处的水准，各分值与方案之间的对应关系如下：

水准一：分数>28；
水准二：分数在 17~28 之间；
水准三：分数<17。

3) 第三阶段评价：基于公众的心理学评价

这一阶段的评价是基于公众的心理学评价，主要目的有两个：一是优化确定设计方案（针对设计而言）；二是分析美学组成因素之间的组分关系，求出回归数学模型，确定最不利因素（主成分分析）。根据评价结果，可调整相应的美学因素，定向优化方案，再预测景观质量，公众参与率非常高，但同时工作量较大。该阶段的评价方法可以通过不断改变方案中的景观因子，建立不同的样本，通过效果图、模拟体验等方式由公众（专家、设计者亦可参与）进行打分，该阶段并不要求公众对具体的因子打分，只需直接对方案样本根据第一印象打分即可。最后根据统计结果，使用平均值法并考虑到标准差的大小决定出最终分值，判断该设计的水准。

对不同类型洞口评价的深度，应重点考虑隧道洞口的重要程度，因此引入隧道洞口美学设计的重要性系数 λ：

$$\lambda = \sum_{i=1}^{n} \lambda_i \quad (i = 1, 2, \cdots, 8)$$

λ_i 取值如表 7.4 所示。

表 7.4 λ_i 取值

因素		λ_i
环境重要性	风景区	1
	城市地带	1
	自然保护区及文化保护区	1
公路等级	观光线路	1
隧道重要性	投资规模大	1
	有影响的长隧道	1
	与构筑物结合	1
	双洞以上	1

λ 与各阶段评价的对应关系如表 7.5 所示。

表 7.5 λ 与各阶段评价的对应关系

λ	应进行的评价阶段
0	第一阶段评价
1~5	第二阶段评价
≥5	补充影响度评价

值得注意的是，当隧道洞口的重要性系数 λ 不为 0 时，即隧道洞口具有一定重要性的时候，相关设计人员是有必要花费一定的时间和精力对隧道洞口景观进行深入评价的，即采用心理学的方式进行不同属性群体的公众评价。

7.3 隧道洞口景观设计

7.3.1 隧道洞口景观设计理念

1. 自然景观

自然景观，指可见景物中，未曾受人类影响的部分。"自然"的定义实际上不易划定，因此容易的处理方法是把"人为"当作相对的名词。自从人类出现以来，未受人类影响的景观，在适合人类生存的地域附近已经很少存在。因此，严格说来"自然景观"很难寻获，更不易鉴定。以城市周边的森林公园而言，一般人可能称它为自然景观，但是实际上却是人类造林的成果。因此有"半自然景观"或"近自然景观"等名词的出现，这是指一切不具明显人类利用特征如建筑物、花园、农耕地等的景观。因此，野外观赏地形、森林等，都属于一般人称的自然景观。观赏的自然地形或生物，是否在历史上曾受过人类的影响，并不予考虑。

2. 人文景观

人文景观包括两大方面，一是指人们为了满足自身的精神需求，在自然景观基础上附加人类活动的形态痕迹，集合自然物质和人类文化共同形成的景观，如风景名胜景观、园林公园景观等；二是指依靠人类智慧和创造力，综合运用文化和技术等方面知识，形成具有文化审美内涵和全新形态面貌的景观，如城市景观、建筑景观、公共艺术景观等。

由人的意志、智慧和力量共同形成的景观属人文景观的范畴，其内容和形式反映出人类文明进步的足迹，体现出人类的创造力和驾驭自然及与自然和谐相处的能力。

人文景观设计涉及范围广泛，大到对自然环境中各物质要素进行的人为规划设计、保护利用和再创造，对人类社会文化物质载体的创造等；小到对构成景观元素内容的创造性设计和建造。人文景观设计建立在自然科学和人文科学的基础上，具有多学科性和应用性的特点，其任务是保护和利用、引导和控制自然景观资源，协调人与自然的和谐关系，引导人的视觉感受和文化取向，创造高品质的物质和精神环境。

3. 工程结构物景观

工程结构在房屋、桥梁、铁路、公路、水利、港口、地下等工程的建筑物、构筑物和设施中，以建筑材料制成的各种承重构件相互连接成一定形式的组合体。除满足工程所要求的功能和性能外，还必须在使用期内安全、适用、耐久地承受外加的或内部形成的各种荷载。隧道洞口的工程结构物景观设计包括隧道洞门的造型、外部结构设计、色彩的设计，周边建筑小品及隧道口砌筑设施的设计，各景观单元的尺度、比例和整体景观序列的韵律设计以及导引、铭牌的设计等。隧道工程结构物景观设计要求：洞口边仰坡保持稳定，调整出口亮度，与周边植物、周边建筑等其他环境相协调。

隧道工程结构物景观设计中最主要的是对洞门的设计，公路隧道洞门既是受力结构，又具有造景功能，洞口景观设计时通过将隧道洞门的安全作用和景观作用结合起来，实现洞口结构"稳"与"美"的统一。

7.3.2 隧道洞口景观设计原则及思路

1. 设计原则

1）安全性原则

研究表明，人从始至终都对自身的安全有着极高的敏感性，会时刻关注着自己所在的生存环境的安全度，这个重要指标影响着人的行为习惯。随着社会的变化发展，保护人的生命安全已经是人类社会行为的必要因素，安全问题永远都不能轻视，因此在景观设计中，安全性（结构安全、交通运营安全）是首要任务。安全性原则具体包括以下几点。

（1）洞口结构：隧道洞口结构安全是洞口一切其他景观元素存在的基础与前提。

（2）洞内外亮度：隧道洞口段的洞内外亮度变化会对驾驶员心理产生一定的影响。因此，在对隧道洞口的洞内外亮度变化进行处理时，应注意设置明暗过渡段，缓和驾驶员的不安心理，保证行车安全。

（3）绿化方面：中央分隔带夜间的防眩光种植，植被类型和色彩搭配须适宜，尽量与环境背景相协调，切忌在中央分隔带、边仰坡等对驾驶员影响较大处种植大量色彩鲜艳的花草，以免过度分散驾驶员的注意力。

（4）导引及事故预防：在隧道洞口应设置导引系统，提前告知驾驶员前方出现隧道，提高洞口的显著性，并在洞内外给以缓冲过渡，给驾驶员心理适中的空间。为减少事故的损失，在较易出现危险的路段，除设立显著标志外，还应设置护栏和成群的灌木。

2）生态设计原则

自20世纪60年代开始，设计师们提出了"设计尊重自然"的设计理念，催生了更为广泛意义上的生态设计，任何与生态过程相协调，对环境的破坏影响较小的设计形式都称为生态设计。这种设计理念强调尊重物种多样性，保护植物和动物的生存环境，减少对资源的开发和利用，能够有助于改善人类居住环境。生态设计是种与自然相作用和相协调的设计方式，设计时对材料的选择、对有害物的节制使用等，均是对自然过程的有效适应。

随着社会对环境景观的日益重视，工程与景观有机地结合是当前工程设计的重要发展趋势。隧道洞口景观设计不仅要求设计者们把洞口设计与隧道洞口美学结合起来，还要求充分考虑生态设计，尽可能地保护当地的自然生态环境，确保工程建设与自然和谐相处。同时，应积极致力于自然植被的恢复，使隧道洞口与洞口两侧原有景色相结合，创造出具有时代感、体现生态设计的洞口景观。

3）整体协调性原则

整体协调性原则要求隧道洞口景观与公路全线景观相统一，与当地自然风貌、人文风俗相协调，在保持全线景观整体性和节奏感的同时进行个体设计。隧道洞口景观设计整体协调性原则具体可以概括为以下3个方面。

（1）洞口景观应该与全线公路景观相协调。洞口景观不能将路线景观分成多个区段，而应该成为全线景观的部分，将全线所有景观作为一个整体考虑。

（2）洞口景观应该与已有的自然景观相协调。洞口形式的选取应与沿线已有环境，如周围村庄、建筑、风景区、农田、山脉、河流、峡谷、湖泊、森林、草地、沙漠等相协调。

（3）洞口景观应该与当地文化相结合。当地文化可以通过隧道洞口景观充分表达出来，让过往旅客深刻体会到当地独特的历史及人文文化内涵。隧道洞口景观设计还应遵循传统美学及当代流行美学，以更好地满足大众需求。

4）地域性原则

公路隧道坐落在不同的地理位置时，拥有着不同的地域背景、气候、环境以及地域文化、民间传统和审美偏好等地域元素，在进行洞口景观设计时，这些元素均应被考虑到。地域性原则的本质是使隧道洞口景观与地方特色，如地域文化、地方自然环境、当地民间传统、个人审美偏好等相结合。

类似于景观设计中的立面设计，隧道洞口能够呈现立体、直观的景观信息，是文化传递的重要载体。通过在洞口边仰坡、路线两侧及中央绿化带等部位进行景观设计，向驾驶员展现当地独具特色的地方文化，达到在景观设计中保护和体现地域及民族文化的目的。由此，隧道洞口景观在空间上成为道路沿线不同地域文化的展现空间，在景观设计中，依据每座隧道洞口自身特点，进行合理布局，一山一石、一草一木旨在烘托人文景观特色，实现"生境、画境和意境"三者有机结合，争取做到"一隧一景"。

5）经济性原则

经济性原则不仅意味着节省投资，而且应该尽最大的努力，以最小的代价获得更好的视觉效果。与浮华的设计相比，结构简单、用材最少、文化内涵丰富的洞口景观设计才应该是第一选择。隧道洞口景观的建设应兼顾实用性和经济性，确保功能并与周围环境相协调；景观设计应充分考虑建设者的经济承受能力，以环境恢复为主要目的，创造自然生态的环境，尽量降低造价和后期绿化管护费。隧道洞口多位于野外自然环境，建筑材料应因地制宜。景观设计并不意味着追求大面积的景观效果，花费很大人力、物力的豪华洞口结构设计并不一定是成功的景观设计。

虽有这些指导性原则，但景观设计没有也不可能有绝对的或标准的答案，这是由景观设计的"个性化"决定的。不同设计者本身对美的理解和发挥以及设计的侧重角度不同，因此，不同的设计者设计出来的作品也不尽相同。

2. 设计思路

1）先整体

整体是指一个由有内在关系的部分所组成的体系对象。各个组成部分一定有某种内在关系，或功能互补，或利益共同，或协调行动等。简单地说，就是一个有组织的事物。一般情况下，"整体"有一定的组成原则、组织规则、组织机构、运转规则和运行秩序等。

同一景观设计路段中整体上综合考虑包括道路、隧道桥梁及其附属设施等在内的全线景观。就隧道洞口设计而言，首先要根据目标隧道的景观设计重要性等级，确定全段洞口总体设计风格，定出洞口景观设计基调及总方案。这是景观设计中的方案设计，表达了设计者对景观设计的理解，是设计的指导思想。

总体设计也是概念设计。首先进行洞口影像采集、地表测绘、隧道洞口调查，其中隧道洞口调查具体包括地质调查、气候气象水文调查、植被调查、地形地貌调查、环境调查（生态资源、人文资源、自然资源、民风民俗、名胜古迹等）。通过这些调查，再考虑目标隧道景观和设计重要性等级，结合自然景观设计、人文景观设计、工程结构物景观设计确定全段总体设计风格，定出洞口景观设计基调及总方案。

2）后局部

局部指相对于这种整体来说的个别对象。由相互联系着的各个局部构成的整体分解之后就否定了整体的性质。局部是整体的一环，它依赖于整体，不能脱离整体而存在。整体中的每个局部的变化，都可能引起由量到质的变化。整体与局部的划分是相对的。一事物可以作为整体去包容局部，又可以作为局部从属于更高层次的整体。

按照前面的总体设计要求，确定洞门的具体类型、装饰手法和洞口绿化方法，以及洞口铭牌、隧道附属设施、隧道周边绿化及造景的具体设计等。洞门的形式要根据地形、地质及周边环境等条件进行选择，在地质条件良好的情况下，可选择直接贴壁的环形洞门。环保型洞门的选型除了要考虑洞口与自然环境的协调性，还应考虑洞口与人文景观的协调性，即洞口景观能否体现出当地风土人情等。洞门形式的设计是洞门作为构筑物的主要设计内容，是设计的血脉和骨架。

3）再重点

唯物辩证法认为，在事物或过程的多种矛盾中，各种矛盾的地位和作用是不平衡的。在事物发展的任何阶段上，有且只有一种矛盾居于支配的地位，起着规定或影响其他矛盾的作用。这种矛盾就是主要矛盾，其他矛盾则是非主要矛盾。设计的重点即主要矛盾，需要格外关注。

对任何工程设计而言，安全永远摆在第一位，不可以让美观喧宾夺主，严格把握安全尺度准则。对于隧道洞口来说，更多是对于驾驶员视觉影响造成的行车不便，因此应根据相应的光照角度、地形地质等进行隧道洞门设计。此外对于一些最终装饰，应考虑洞口范围内的整体协调性、色彩协调性等要素，对周边结构物的形体参数、绿化参数等细节进行处理，对色彩进行最终的设计。

7.3.3 隧道洞口景观设计方法与流程

隧道洞口作为在公路和铁路中频繁出现的构筑物，与自然环境紧密相连，除功能作用外，对周边的总体环境有一种符号和象征的意义，景观设计应成为洞口设计的重要内容之一。《公路环境保护设计规范》中，对此有了明确的规定并提出了景观设计的基本要求。

（1）在新建高速公路、一级公路和有特殊要求的公路工程中，根据工程及沿线区域环境特征或行政区划等，宜将公路划分为若干景观设计路段。

（2）在各景观设计路段中，宜选择大型构造物和沿线有特色的景物作为设计景点。

（3）公路景观设计尽可能做到点、线、面兼顾，整体统一，使公路与沿线景观相协调。

（4）公路上的各种人工构筑物的造型与色彩应考虑景观效果和驾驶员的视觉效果，尽可能减少或消除各种构筑物对自然景观的不利影响。

（5）有条件时，应充分利用各种人工构筑物和绿化来补偿、改善公路沿线景观，并结合不同路段的区域环境特征形成其特有的风格。

（6）公路上的桥梁、互通式立交桥、隧道和服务区、管理设施等作为一个景点，设计时应使构造物本身各部位比例协调。

这些要求说明，景观设计也已成为工程设计必不可少的组成部分。尽管目前进行的理论研究还比较少，但实践中已有很多尝试。景观概念已逐渐被有意识地导入设计中，这是洞口结构设计技术的重要发展。

目前隧道洞口景观设计方法还处于研究阶段，没有也不可能有统一的模式，这是由景观设计的"个性化"所决定的。但建立一种实用的设计方法还是有可能的。本节试图根据景观设计的基本原则和前面几章的研究成果，建立一个可以借鉴的洞口景观设计的实用方法，供洞口结构设计者参考。

从洞口结构的功能看，由于传统观念上的洞口结构的承载功能被削弱了，更加强调的是其防护、安全和景观的功能，因此"突出式"洞口结构已经成为主流形式而代替了传统的"路堑式"洞口结构形式。突出式洞口为景观设计提供了极大的设计空间和自由度，这是路堑式洞口所不可比拟的。

因此，隧道洞口结构的设计应该以无洞门的洞口形式为重点对象进行研究，本节建立的实用设计方法也是以此为对象的。这里在设计方法的前面之所以加上"实用"两字，是因为方法主要是建立在经验的基础上，适当地引进实验方法进行评价，而把景观学的原理作为辅助手段加以处理的。

一个实用的设计方法，首先应该满足工程设计的要求。严格地说，洞口结构的形式是由地形、地质及线路条件决定的。因此，洞口结构力学上的稳定性是最重要的，其次才是满足景观上的要求，在洞口结构设计中必须摆正这种主次关系。洞口设计应该包括两个部分，一个是洞口结构的力学设计，一个是洞口的景观设计。前者仅仅是针对结构本身进行的，而后者不仅仅是结构本身，还包括洞口周边环境和构筑物等在内，牵涉范围比较广。

前面已经提到，实用设计方法是建立在经验的基础上，适当地引进景观评价方法进行评价，而把景观学的原理作为辅助手段的一种方法。这种方法也就是我们在惠清高速公路隧道绿色洞口景观设计中采用的方法。隧道洞口景观设计，一般按以下步骤进行。

（1）进行隧道洞口实地调查，这是所有实践的基础，主要调查工程概况、地形地质、气象水文、植被覆盖等。

（2）隧道洞口位置的选择影响后续隧道走向及工程建设的难易程度，同时需满足建成后的驾驶员视觉变幻需求，因此必须结合上述工程资料积极调研，避开围岩不稳地层及带有危石的陡臂，最后通过工程经验和技术支撑来确定。

（3）洞口形式的定性选择，主要包括墙式洞口和突出式洞口，前者为承重结构，后者为非承重结构。两种洞口的设计各有特色，应分开处理。

（4）确定洞口景观的绿化设计方案，对应的洞口边仰坡及洞口地形则确定下来，此时应选取适宜的绿化方法，可以汲取园林景观的部分绿化原理加以运用。

（5）进行洞口工程施工设计，不仅仅需要满足景观绿化的要求，更多的是需要满足结构稳定性要求，安全永远是工程的第一要义。

（6）评价方法需要引进多个指标对景观设计进行评价，以综合层次分析评价法为主，以此判断是否符合设计要求，并对后续的工程设计提供工程经验。

（7）根据前面评价的结果，对于整体以外细部的洞口景观进行优化设计，尽可能地做到人文景观、自然美景的完美统一。下面简要介绍实用方法中的一些问题。

1. 隧道洞口实地调查

隧道洞口的地形地质、边仰坡、水文植被等都对接下来的洞口选择和边缘绿化有直接的影响，务必进行专业勘测。因为既要考虑到洞口对周边既有构造物的影响，也要考虑到同一工程中其他构造物对隧道洞口的影响，并根据这些影响制定合理的设计方案，将施工影响降到最低。

2. 确定隧道洞口位置

隧道洞口位置的确定方法如下：
(1) 隧道洞口要选定在围岩稳定的地层中；
(2) 隧道洞口避免设置在带有危石的陡壁下；
(3) 隧道洞口避免设置在活动的断层破碎带上；
(4) 隧道洞口避免设置在向背斜的轴部，并与主应力方向相平行。

3. 隧道洞口形式的选择

隧道洞口形式应根据调研所得工程概况、地形地质、气象水文、植被覆盖进行选择，并结合相关工程实践，需要做到尽量融合周边环境，同时不破坏已有边仰坡。隧道洞口形式的分类如图 7.23 所示。

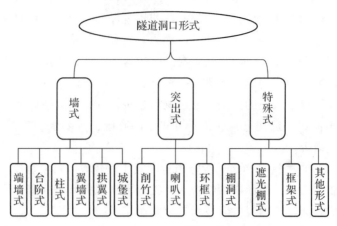

图 7.23 隧道洞口形式的分类

4. 洞口景观绿化设计

洞口景观绿化设计主要引用景观学中的"多重绿化"原理，营造出色彩搭配及景观组合的层次感。一般来说分为三重绿化：第一重为低矮的地被植物，如草皮、低矮花卉；第二重为灌木类植物；第三重为高大的乔木类植物。而对于绿化设计，则要做到人文、地域、工程结构物的相互融合，一切景观都不应该孤立存在。对于设计顺序，应该遵循先总体，后局部，最后重点突破的层次感。

5. 洞口工程施工设计

施工设计是将上述绿化设计融合在内之后进行的一个施工步骤，其主要把握力学安全性能，即对任何工程构筑物而言，绿色美学都是点缀，安全永远是第一要素，一切都需要在安全性能的前提下方可进行设计。在此需要对洞口结构各部尺寸进行确定，并对周边结构物的稳定性进行力学验算，分析基础土质的稳定性后，方能施工。

6. 评价方法的选择

评价方法采用综合层次分析评价法，主要分为三阶段评价：首先是设计者对于隧道绿化设计进行自我评价，根据以前的大量工程实例和现有的美学设计基础对于景观设计进行一个大概的审阅；其次是专家学者的评价，需要对其细部进行专业评价，并且给出相应的指导建议；最后是公众对于洞口的评价，把初步选定的几个比较方案，让各行各业，如司机、乘务人员、大学生、专业人员、领导层人员等，对各组的景观样本，按照评价指标进行评价。

7. 景观和结构的细部优化设计

上述所有工作结束后，还需要对洞口工程景观进行细部的装饰设计，以达到景观补足要求，这才是一个整体综合的景观设计流程。在细部设计中应该融合所有有关要素的设计，如边仰坡的设计、洞口铭牌的设计、出入口灯光的设计、洞门装饰色调的设计等因素。

8. 洞口景观设计流程

综合上述，洞口景观设计流程如图 7.24 所示。

近年来，我国的公路隧道发展速度突飞猛进，在国内的公路建设，特别是在高速公路的建设中，设计和建成了一定数量结构新颖、造型美观、与周围景观相协调的新型洞门结构及洞口景观设计。从景观设计的观点看，以往的高速公路隧道洞门的设计是把人类工学的视点置于提高道路利用者的行车安全性上，是一种以回避危险为目的的设计概念。而目前的景观设计强调以道路利用者的心理学印象和提高道路利用者的舒适性为目标,把隧道洞口放在道路景观的重要因素的位置上来进行研究。高速公路隧道洞口的开挖改变了周边的自然环境,洞门作为坡面的挡墙或突出的构筑物,对地区局部景观会产生极大的影响。因此,景观设计从创造结构物与周围的自然环境相协调的视点出发,使高速公路隧道洞门的设计在满足其基本功能的同时,达到既与周边环境有机融合,又成为周边单调景观的亮点的目的。

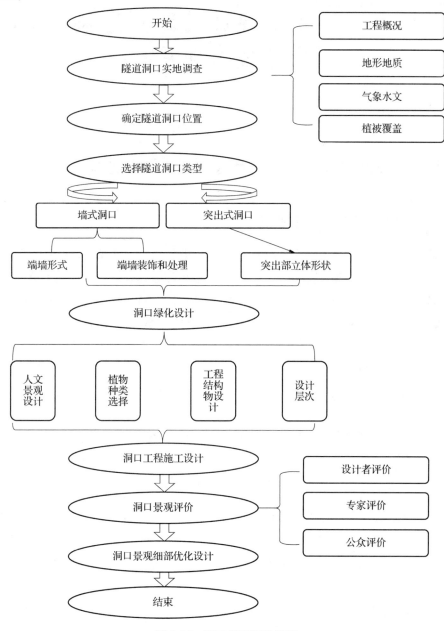

图 7.24 洞口景观设计流程

因此,在现代高速公路隧道洞口景观的发展趋势上着重强调:
(1) 洞门结构物自身结构的亮点性;
(2) 洞门结构物和周围自然环境的协调性。

第八章 惠清高速公路隧道洞口绿色技术应用

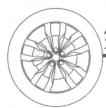

8.1 惠清高速公路隧道洞口及洞门优化设计

8.1.1 惠清高速公路隧道概况

惠清高速公路是广东省高速公路网规划的"二横"线——汕湛高速公路的重要组成部分,属广东省"十三五"重点建设项目,是交通运输部绿色公路典型示范工程、交通运输部科技示范工程、交通运输部品质攻关行动试点项目,项目总体线路呈东西走向,全长125.277 km,全程采用双向6车道建设标准,设计时速100 km/h,于2017年3月全面开工,2020年建成通车。建成后,惠州和清远之间的车程从原来的3 h 缩短至1.5 h。

由于特殊的地理位置及气候环境,本项目存在桥隧比高、工程规模和投资规模大、工程建设技术难度大、安全管控敏感点多、征地拆迁和地方关系协调难度大、环境保护难度大等诸多难点。

惠清高速公路沿线隧道共32座(双线),总长42 763 m,占路线全长的17.1%。其中,短隧道8座、中隧道9座、长隧道11座、特长隧道4座,如表8.1所示。

表8.1 惠清高速公路沿线隧道分布

标段	隧道名称	隧道长度/m	按长度分类
TJ4	枫树坳隧道左线	739	中隧道
TJ4	枫树坳隧道右线	750	中隧道
TJ4	大坪隧道左线	745	中隧道
TJ4	大坪隧道右线	632	中隧道
TJ4	乌树头隧道左线	243	短隧道
TJ4	乌树头隧道右线	219	短隧道
TJ5	南昆山隧道左线	4 222	特长隧道

续表

标段	隧道名称	隧道长度/m	按长度分类
TJ5	南昆山隧道右线	4 148	特长隧道
TJ5	桥头隧道左线	1 790	长隧道
TJ5	桥头隧道右线	1 767	长隧道
TJ6	赤岭隧道左线	1 516	长隧道
TJ6	赤岭隧道右线	1 718	长隧道
TJ6	长山埔1号隧道左线	975	中隧道
TJ6	长山埔1号隧道右线	1 011	长隧道
TJ6	长山埔2号隧道左线	496	短隧道
TJ6	长山埔2号隧道右线	490	短隧道
TJ7	罗村隧道左线	275	短隧道
TJ7	罗村隧道右线	251	短隧道
TJ7	石榴花隧道左线	1 857	长隧道
TJ7	石榴花隧道右线	1 934	长隧道
TJ7	大岭隧道左线	388	短隧道
TJ7	大岭隧道右线	422	短隧道
TJ8	赤树隧道左线	794	中隧道
TJ8	赤树隧道右线	776	中隧道
TJ9	石岭隧道左线	524.5	中隧道
TJ9	石岭隧道右线	524.5	中隧道
TJ11	高山顶隧道左线	1 527	长隧道
TJ11	高山顶隧道右线	1 521	长隧道
TJ17	八片山隧道左线	1 001	长隧道
TJ17	八片山隧道右线	1 005	长隧道
TJ17、TJ18	太和洞隧道左线	4 251	特长隧道
TJ17、TJ18	太和洞隧道右线	4 251	特长隧道

8.1.2 惠清高速公路隧道洞口及洞门优化设计

本项目隧道设计时速为 100 km/h，隧道内轮廓断面设计为 $R=840$ cm 的三心圆，内轮廓最大宽度为 15.59 m，最大高度为 10 m，隧道建筑限界宽度为 14.75 m，行车道净高为 5 m。隧道内轮廓图如图 8.1 所示（图中单位为 cm）。

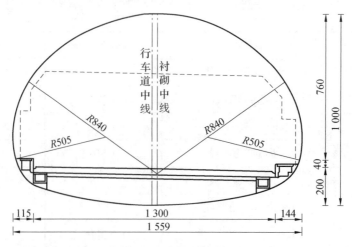

图 8.1 隧道内轮廓图

本项目的隧道贯彻"早进晚出、保护环境"的进洞原则,坚持"零开挖"的进洞理念,尽量减少边仰坡刷方。洞门形式综合考虑地形、地貌、地质条件及附近建筑物和周边自然环境等因素,按照"确保安全、因地制宜、结合环境、美观实用"的原则进行设计。

1. 罗村隧道:桥隧相接设计

桥隧相接分为桥台进洞和桥台与隧道结构物对接(桥台不进洞)两种方案,桥台进洞方案又分为桥台设置在隧道暗洞段和明洞段两种方案。由于桥隧相接洞口处施工场地狭小,施工条件复杂,施工工序干扰大,采用桥台进洞设计方案施工难度较大,各种结构物布设较为复杂,一般情况下尽可能选择桥隧对接的设计方案。桥隧相接涉及桥梁、路基、隧道、机电以及交安各专业,设计难度大,需要各专业协调统一并综合设计,而不可每个专业"各行其是",否则会出现桥隧相接洞口段结构物布设打架或遗漏的现象。

结合洞口段实际地形地质条件,为降低施工难度,减少洞口段各专业的施工相互干扰,罗村隧道选用桥隧对接设计,洞口段涉及的隧道电缆槽手孔井、排水管沟、桥梁搭板、桥台锥坡、检修步道及平台等进行系统设计。桥隧相接平面图和桥隧相接立面图分别如图 8.2、图 8.3 所示。

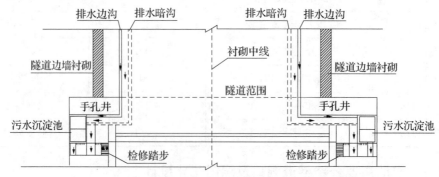

图 8.2 桥隧相接平面图

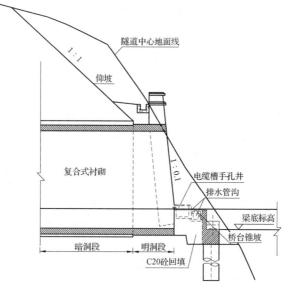

图 8.3 桥隧相接立面图

2. 赤岭隧道：明洞段"偏压明洞+放陡边坡"和暗洞段"挡墙反压回填"进洞设计

"偏压明洞+放陡边坡"（见图 8.4）进洞方案适用于隧道洞口地形偏压严重，地面横坡较陡、隧道纵坡较缓的情形，隧道边坡宜为石质边坡，放陡后自身稳定性较好，无顺层、外倾等不利结构面，同时外侧偏压挡墙基础应落到实处，承载力需达到设计要求。

赤岭隧道左洞进口位于高陡的半山腰上，山体沟底较深，隧道轴线与等高线基本平行，为偏压进洞，地面横坡较陡，偏压严重，进洞条件较为困难，地质条件主要为中-微风化花岗岩，基岩裸露，地质条件较好。明洞段采用"偏压明洞+放陡边坡"方案，洞口暗洞段浅埋偏压段，采取暗洞外侧设置"挡墙反压回填"方案，以消除暗洞洞口段偏压影响。该方案通过放陡边坡有效地减少了隧道边仰坡的开挖，避免洞口段出现高边坡刷坡的情形。

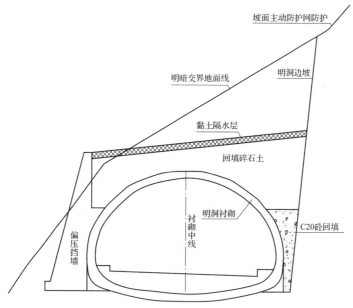

图 8.4 "偏压明洞+放陡边坡"设计图

3. 长山埔 2 号隧道：洞口"楔形管棚套拱+反压回填"进洞设计

一般情况下，位于偏压地形段的管棚传统做法都是采用与隧道正交纵向 2 m 宽的断面齐平的导向墙（套拱）进洞技术，该做法在偏压地形中必然会导致地形较高一侧隧道边仰坡较高。楔形管棚套拱是在隧道轴线与地面线斜交、隧道仰坡及边坡较陡峭的情况下，采用与地形相适应的楔形套拱（左右侧不等宽），最大限度地减小隧道边仰坡开挖，实现"早进晚出、零开挖进洞"的理念。其"楔形"角度不宜过大，否则因管棚外露段较长，造成暗洞段超前管棚有效长度减短的不利影响，同时注重洞口段套拱的纵向和横向稳定性验算，防止套拱失稳导致洞口边仰坡滑塌。

长山埔 2 号隧道进口为小间距隧道，右洞进口与地面斜交，洞口段地形较陡，隧道偏压严重，洞口段主要地质条件为全-强风化花岗岩，采用此方案进洞有效地解决了隧道边仰坡大挖大刷的情况，并能很好地与实际地形相结合，实现了"零开挖"的设计理念。楔形套拱设计平面图如图 8.5 所示。

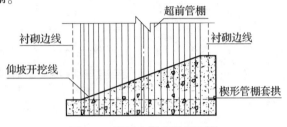

图 8.5　楔形套拱设计平面图

4. 大岭隧道："护拱+反压回填"的半明半暗进洞设计

半明半暗是在隧道洞口地形偏压的情况下，隧道洞口段地质条件较好，为降低和减少隧道洞口较高一侧的边仰坡开挖高度，在隧道较低侧，即隧道覆土厚度较薄一侧设置护拱，并对护拱顶部进行土石回填，在护拱及回填土石施做完毕后，隧道在护拱下方进行大管棚施工及暗洞衬砌施工，该方案极大地避免了隧道洞口的大开大挖。设计过程中应注重偏压挡墙的稳定性验算，结合验算结果拟定偏压挡墙尺寸，避免出现洞口结构抗偏压不足、衬砌横向失稳的现象。半明半暗进洞方案设计图如图 8.6 所示。

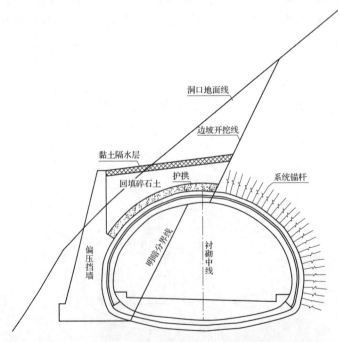

图 8.6　"护拱+反压回填"的半明半暗进洞方案设计图

大岭隧道为小净距隧道，进口位于半山腰上，洞口接流溪河特大桥引桥，地质条件主要为强–中风化花岗岩，地形陡峭、偏压严重。洞口段山体稳定性较好，无滑坡等不良地质情况。采用该方案较好地解决了隧道进洞困难的问题。

5. 乌树头隧道："零开挖"出洞设计

"零开挖"出洞是隧道从洞内向洞外施工出洞，在隧道洞内做好超前预支护措施，采用三台阶法上台阶出洞，在地形偏压情形下，隧道暗洞结构横向两侧端头伸出隧道长度在线路方向不对称设置，以暗洞结构向洞外方向延伸较长一端为准。该方案基本实现了"零开挖"出洞，最大限度地保护了洞口段的原始地貌，与洞口段地形地貌相协调，同时节省了一个洞口开挖面的机械、电力投入等成本，比较美观和经济，适用于地质条件较好、隧道洞口段边仰坡较稳定的短隧道单端出洞。在条件允许的情形下，尽可能地选择从洞外做好大管棚，或者对洞外地表预先加固后出洞，这样较为稳妥。

乌树头隧道为分离式小净距短隧道，隧道进口端地形偏压严重，隧道纵坡较为缓和，洞口段主要地质条件为表层残坡积土及全–强风化花岗岩，以下为强–中风化花岗岩，隧道采取从洞内"双层小导管+三台阶法"的上台阶出洞技术方案，同时加强了各台阶的锁脚锚杆，成功实现了"零开挖"出洞。此方案有效地避免了"洞外段路基高边坡"、大挖大刷的情形。"零开挖"出洞设计图如图8.7所示。

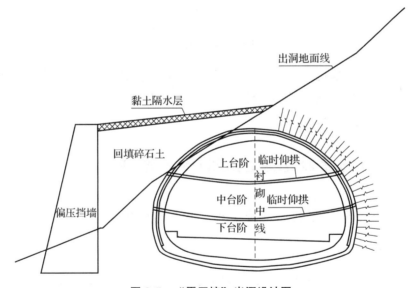

图8.7　"零开挖"出洞设计图

6. 南昆山隧道：棚洞设计

棚洞是一种新型的明洞结构。近年来，由于公路建设对环境保护和山体稳定的重视，而在沿河傍山路段，传统的放坡开挖存在开挖与防护工程量较大、自然生态破坏面大、景观效果差等诸多不足，因此在公路设计、施工及运营中更加注重对环境的保护，棚洞的设置越来越多。棚洞依据结构形式不同分为拱形、半拱形以及框架结构等形式。棚洞设置与工程实际相结合，减少了边坡的刷坡面积范围，有效地保护了原始地貌，但棚洞相对于其他明洞，设计和施工难度相对较大，并且造价较高，棚洞设置长度较小的情形下不宜采用。

南昆山隧道进口端位于南昆山旅游风景区七星墩水库附近，南昆山隧道进口左侧为傍山进洞，自然山体较高，主要地质条件为：表层为全-强风化花岗岩，以下为中风化花岗岩。该边坡总长约60 m，若采用路堑放坡方案，则将形成5~6级的高边坡情形。为保证洞口段的行车安全和美观，且与隧道洞口周边自然环境相协调，综合考虑山体条件、周边环境、交通营运以及经济合理等多方面因素，南昆山隧道进口端采用半拱形棚洞，外侧为开口式，以利于洞口段的光线过渡。棚洞断面图如图8.8所示。

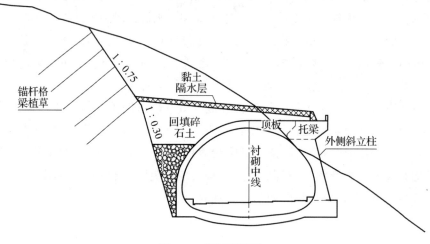

图8.8 棚洞断面图

通过以上隧道洞口优化设计，解决了隧道群穿越环境保护区时遇到桥隧相接、偏压高等复杂地质条件的问题，减少了环境破坏，贯彻了环保理念，达到了"安全、经济、环保、美观"的洞口设计要求。

8.2 惠清高速公路绿色进洞技术应用

8.2.1 乌树头隧道工程概况及工程、水文地质条件

1. 工程概况

乌树头隧道穿过低山丘陵地貌区，为较小净距分离式隧道，左线隧道起讫里程ZK72+144~ZK72+387，长243 m，进口端洞门采用端墙式，洞口设计标高375.74 m，出口端洞门采用明洞式，洞口设计标高377.65 m，隧道最大埋深约58.80 m；右线隧道起讫里程K72+156~K72+375，长219 m，进口端洞门采用端墙式，洞口设计标高375.99 m，出口端洞门采用明洞式，洞口设计标高377.56 m，隧道最大埋深约61.25 m。

2. 工程地质条件

1) 地形地貌

工点属于构造剥蚀中低山地貌区，山体整体植被茂密，地表高程为376~438.7 m。隧道段最高标高在里程K72+255处，高程约438.7 m，最低点为隧道进口，高程约376 m，

相对高差 62.7 m。

2）地质构造

隧址区新构造运动强度较弱，晚更新世以来的活动断裂不发育，构造稳定性相对较好。坡体第四系覆盖，植被发育，隧址区一带未测得节理结构面产状。

3）地层岩性

现根据钻孔资料，将地层岩性分述如下。

（1）粉质黏土（Q^{el+dl}）：褐黄色、灰黄色，可塑，黏性一般，土质不均匀，混碎石，零星分布，厚度为 3.00~3.50 m，地层编号为③1。

（2）强风化砂岩（D_{2l}）：灰色、青灰色、褐红色、锈黄色等，岩芯呈半岩半土状、碎块状，局部夹中风化层，局部分布，厚度为 14.90~21.50 m，地层编号为⑧1-2。

（3）中风化砂岩（D_{2l}）：灰色、青灰色，岩芯呈柱状，少量块状，厚度为 11.00 m，地层编号为⑧2-3。

（4）全风化花岗岩（$\gamma_5^{2(3)}$）：灰黄色，岩石风化完全，岩芯呈硬土状，手捏易散，遇水软化崩解，零星分布，厚度为 3.80 m，地层编号为⑩1-1。

（5）强风化花岗岩（$\gamma_5^{2(3)}$）：灰褐色、锈黄色，岩石风化稍强且不均，岩芯呈砂土状、半岩半土状，遇水软化崩解，局部分布，厚度为 18.90 m，地层编号为⑩1-2。

（6）中风化花岗岩（$\gamma_5^{2(3)}$）：麻灰色、灰白色、肉红色、灰色，中细粒结构，块状构造，裂隙较发育，岩芯呈短柱状，岩质较硬，厚度为 12.50~16.00 m，地层编号为⑩1-3。

（7）微风化花岗岩（$\gamma_5^{2(3)}$）：麻灰色、灰色，中细粒结构，块状构造，岩芯呈柱状，岩质硬，厚度为 14.00 m，地层编号为⑩1-4。

岩石饱和单轴抗压强度试验指标统计表如表 8.2 所示。

表 8.2　岩石饱和单轴抗压强度试验指标统计表

单元土体编号	单元土体名称	试验次数 n	基本值			均方差	变异系数 δ	统计修正系数 rs	标准值 N
			max	min	均值				
⑧2-3	中风化砂岩	1	60.6	60.6	60.6				
⑩1-3 ⑩1-4	中-微风化花岗岩	3	88.6	67.5	79.4				

根据对勘察数据分析可得：第四系土层和全风化层主要为坡残积砂质黏性土、粉质黏土、碎石土、全风化层等，广泛分布于勘察区，特别是隧道进出口位置，大部呈硬塑至坚硬状，纵波波速为 530~1 100 m/s，厚薄不一，一般为 3.2~13 m，最厚可达 22.1 m，陡崖和部分开挖处无土层分布，基岩裸露；强风化岩分布于岩层上部，裂隙极发育，岩石极破碎，强风化花岗岩纵波波速一般为 1 300~2 500 m/s，强风化砂岩纵波波速较低，一般为 1 300~2 300 m/s。强风化层一般厚度为 10~25 m，最厚可达 28.7 m，该层岩石极破碎、裂隙极发育，完整性差，稳定性差。中、微风化岩局部发育，中风化岩裂隙较发育，岩石较破碎，微风化岩裂隙稍发育，岩石较完整。中、微风化花岗岩纵波波速一般为 2 500~4 300 m/s，中、微风化砂岩纵波波速一般为 2 300~3 900 m/s，从所测结果看，所涉及深度内大部为中风化岩，微风化岩埋深较深。钻孔波速测试结果统计表如表 8.3 所示。

表 8.3　钻孔波速测试结果统计表

岩性	地层编号	平均纵波速度/(m·s⁻¹)	岩块测试速度/(m·s⁻¹)	平均完整性系数	最小完整性系数	最大完整性系数	岩体完整性	备注
粉质黏土	③₁	727	—	0.03	0.03	0.04	极破碎	
强风砂岩	⑧₂₋₂	2 105	—	0.27	0.19	0.35	破碎	
中风化砂岩	⑧₂₋₃	2 925	4 078	0.51	0.49	0.53	较破碎	
中风化花岗岩	⑩₁₋₃	3 251	—	0.52	0.47	0.57	较破碎	
微风化花岗岩	⑩₁₋₄	3 616	4 453	0.65	0.60	0.68	较完整	

由表 8.3 可知，强风化岩为破碎岩，中风化岩为较破碎岩。

3. 水文地质条件

1）气象条件

隧道区属亚热带季风性湿润气候，夏长冬短，平均气温 22 ℃，最低气温 −1 ℃，最高气温 37 ℃，偶见霜冻及薄冰。多年平均降雨量 1 500 mm 以上，最大降雨量 2 357 mm，平均蒸发量 1 400 mm。季风长，风力弱。夏秋季为南风，冬春季为北风，秋季偶受台风影响，最大风速 40 m/s。

2）水文地质条件

隧址区地下水类型为第四系松散层孔隙水及基岩裂隙水，分别赋存于坡残积层、基岩岩层中，水位埋深随季节变化，水量受基岩裂隙发育程度影响，局部可能富集。地下水受大气降雨及侧向径流补给为主，以蒸发、侧向径流为主要排泄方式。总体而言，隧址区地下水量一般。

参考就近工点所取水样，按照《公路工程地质勘察规范》（JTG C20—2011）附录 K 及《公路工程混凝土耐久性设计规范》（JTG/T 3310—2019）中环境介质对混凝土腐蚀的标准评价，评价结果表明，隧址区的地下水对混凝土结构腐蚀作用等级为微腐蚀，水对混凝土结构中的钢筋腐蚀作用等级为微腐蚀，化学腐蚀环境作用等级为 B 级。

3）隧道涌水量评价

拟建隧道位于当地侵蚀基准面以上，隧道地下水以基岩裂隙水为主，基岩裂隙水局部发育。隧道的涌水主要来源于降水渗入，汇水面积为 0.25 km²，全隧道涌水量为 132~264 m³/d。

8.2.2　乌树头隧道反向出洞技术

1. 原设计方案

ZK72+149~ZK72+179 段属于乌树头隧道左线进口洞口段，围岩为坡残积土及全-强风化花岗岩，局部有中风化岩。土体松散，岩体破碎，节理裂隙纵向发育，强度及稳定性极差，开挖时易产生坍塌及侧壁失稳，围岩等级Ⅴ级。原设计超前支护采用 ϕ108 mm×6 mm 以内管棚施工。

ZK72+149~ZK72+154 为半明半暗段，原设计采用单侧壁导坑法，ZK72+154~ZK72+179 段属于乌树头进口洞口段，原设计采用工法为双侧壁导坑法。

2. 设计方案变更

依托乌树头隧道右洞进口端，对出洞方案进行了优化，进行了隧道衬砌变形与应力监测。根据监测数据，对超前小导管替代管棚出洞方案中隧道的变形及受力进行了数值分析，对原设计的支护参数进行了优化，如表 8.4 所示。

表 8.4 洞口段施工工艺优化

优化项目		ZK72+149~ZK72+154	ZK72+154~ZK72+179	YK72+161~ZK72+191
辅助支护系统	原设计	大管棚	大管棚	大管棚
	优化后	超前小导管	超前小导管	超前小导管
隧道开挖方式	原设计	单侧壁导坑	双侧壁导坑	双侧壁导坑
	优化后	三台阶临时仰拱	三台阶临时仰拱	三台阶临时仰拱

取消乌树头隧道左线 ZK72+149~ZK72+179 段超前大管棚和护拱，变更为单层超前小导管，长度为 3 m，纵向间距为 1 m，横向间距按照原设计布置。将 ZK72+154~ZK72+179 双侧壁导坑法、ZK72+149~ZK72+154 段单侧壁导坑法调整为三台阶临时仰拱法出洞。取消导坑临时支护及超前支护，增加上台阶、中台阶临时仰拱，临时仰拱间距为 0.5 m，喷射 C25 混凝土。

三台阶临时仰拱法中上台阶高度为 3.5 m，中台阶高度为 4 m，下台阶高度为 4.5 m，中台阶开挖至 ZK72+174 处应暂停掌子面施工，上台阶出洞，下台阶与中台阶掌子面距离不超过 5 m，仰拱及时跟进至下台阶掌子面。

ZK72+149~ZK72+154 半明半暗段初期支护闭合成环，边墙位置向右偏移 2.5 m，高度跟进地形进行调整。端门墙根据边墙调整情况向右延伸 2.5 m，洞顶回填 0.5~1 m 混凝土，再进行碎石土、黏土层回填。

明洞段仰坡调整为一级坡，坡率不大于 1:0.4，其他参数不变。洞口段坡面防护按照原设计施工。

1) 大管棚支护

本隧道设计管棚采用 ϕ108 mm×6 mm 的无缝钢管，每节长度为 3 m、6 m，环向间距为 40 cm，均长为 30 m，采用丝口连接，丝扣长度为 15 cm，同一截面接头不能超过 50%，接头至少错开 1 m，考虑围岩性质及岩层层状、管棚钻杆钻入过程中下挠，采用与路线纵坡 3°~5°的外插角打进。钢花管口端 50 cm 采用加劲箍，管口端 4.45 m 起纵向间隔 30 cm 按梅花形钻 12 mm 的小孔，环向分四路布置，管尖采用同材质扇形状钢板加工成锥形与管身焊接，管锥长 15 cm，注浆参数如下：

(1) 水泥浆与水玻璃体积比为 1:0.5，水泥浆的水灰比控制为 1:1；

(2) 水玻璃浓度：波美度为 35，水玻璃模数为 2.4；

(3) 注浆初压力为 0.5~1.0 Mpa，终压力大于 2.0 Mpa，扩散半径不小于 0.5 m。

2) 超前小导管支护

(1) 按施工图小导管布设要求，测量放样小导管布设轮廓线，沿轮廓线在开挖面上准确画出本循环需要设的小导管孔位。

(2) 钻孔移动多功能作业台架就位，采用气腿式凿岩机进行钻孔，用人工或凿岩机将小导管顶入，钢管尾端外露足够长度，超前小导管外插角严格按施工图要求施做，尾部与钢架焊接在一起。超前小导管与线路中线方向大致平行。孔位钻设偏差不超过5 cm，孔眼长大于小导管长。

（3）将小导管前端加工成尖锥状，尾部焊 $\phi 6$ mm 加肋筋。除尾部1 m外，管壁四周钻注浆孔。

（4）钢管插入及孔口密封处理，在小导管尾部安装止浆阀。

（5）钢管由专用顶头顶进，顶进钻孔长度≮90%管长。钢管尾端除焊上挡圈外，再用胶泥麻筋缠箍成楔形，以便钢管顶进孔内后其外壁与岩壁间隙堵塞严密。钢管尾端外露足够长度，并与钢支撑焊接在一起。钢管顶进时，注意保护管口不受损变形，以便与注浆管路连接。注浆前导管孔口先检查是否达到密封标准，以防漏浆。

（6）采用高压注浆泵注浆，注浆压力为1.0～1.5 Mpa，一般按单管达到施工图标示注浆量作为结束标准。当注浆压力达到终压不少于20 min，进浆量仍达不到注浆终量时，亦可结束注浆。注浆结束后，将管口封堵，以防浆液倒流管外。

3）单侧壁导坑法

（1）施做超前支护。

（2）在超前支护完成后，进行左侧上导坑开挖，一般采用人工配合机械进行开挖，在机械开挖比较困难时，采用手持式凿岩机进行钻眼，辅以浅眼微震动，再用机械进行开挖。开挖进尺控制在1.2 m左右。

（3）导坑初期支护，根据设计图纸，本段隧道初期支护采用锚杆（$\phi 22$ mm 砂浆锚杆，长3.5 m）、喷射混凝土（C20早强混凝土）、钢拱架支护（I18）。隧道喷射混凝土分两次完成，初喷1～3 cm，安设拱部钢架，钢架间距为60 cm，再复喷至厚度，中隔壁采用I18工字钢，喷射C20早强混凝土。

（4）待上导坑施工长度完成5～10 m后开始下导坑开挖。

（5）下导坑初期支护接工字钢时必须连接牢固，保持垂直度，严禁前后里程倾斜，中隔墙的安装也要严格要求钢板的连接及垂直度。

（6）待左侧下导坑开挖长度达到5 m后，开始右侧上导坑开挖。

（7）导坑初期支护，隧道喷射混凝土分两次完成，初喷1～3 cm，安设拱部钢架，复喷至厚度。

（8）待上导坑施工长度完成5～10 m后，开始下导坑开挖。

（9）导坑初期支护，隧道喷射混凝土分两次完成，初喷1～3 cm，安设边墙及仰拱钢架，封闭成环，复喷至厚度。

（10）拆除中隔壁，中隔壁的拆除应在全断面成环，各个部位位移基本稳定后进行。如果沉降收敛一直在变化，那么在初期支护侵入二衬前（预留变形量12 cm），应及时施工二衬混凝土。

（11）浇筑仰拱混凝土。在下部开挖至设计标高后，即可清基，施做单侧仰拱，另一侧仰拱应在中隔壁撤除后进行。

（12）浇筑拱墙混凝土。

单侧壁导坑施工应遵循隧道施工质量、验收规范。同时应注意以下几点。

（1）双洞开挖时，后行洞靠先行洞侧的围岩实际上是处于悬空状态，这部分围岩经开挖已扰动过一次，如果后行洞的施工方法不当，可能对围岩造成严重二次扰动，并导致先行洞洞壁破坏。为此，应弱爆破、强支护、勤量测，结合具体工程情况，认真分析，精心施工。

（2）中隔壁的拆除，必须待围岩完全稳定后方可进行。

（3）控制隧道超欠挖，由于拱顶分两次开挖，很易造成拱超欠挖严重，因此必须提高测量精度、钻眼精度，特别是周边眼的精度，为快速衬砌提供条件。

单侧壁导坑法施工流程如图 8.9 所示。

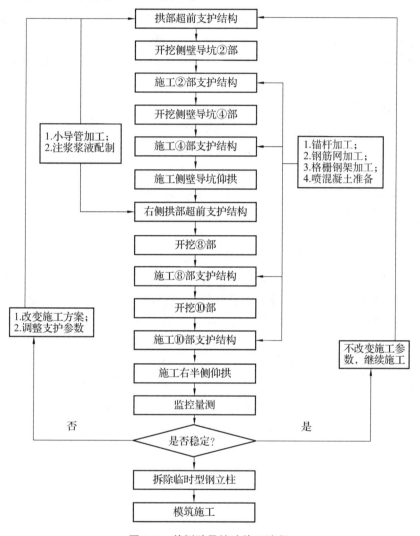

图 8.9　单侧壁导坑法施工流程

4）三台阶临时仰拱法

（1）开挖①部台阶。

（2）施做②部洞身结构的初期支护，即初喷 4 cm 厚混凝土，架立钢架。

（3）钻设系统锚杆后复喷混凝土至设计厚度，底部设临时仰拱进行封闭，喷混凝土。

（4）上台阶施工至适当距离后，开挖②部台阶，接长钢架，施做洞身结构的初期支护和封底，可参见工序（1）进行。

（5）开挖③部台阶，及时封闭初期支护，可参见工序（2）进行。

（6）浇筑该段内④部仰拱。

（7）浇筑该段内⑤部隧底填充。

（8）根据监控量测结果分析，待初期支护收敛稳定后，利用衬砌模板台车一次性浇筑⑥部二次衬砌（拱墙衬砌一次施做）。

3. 出洞方案

1）出洞施工工序

（1）在 ZK72+174～ZK72+149 出洞段，暂停中下台阶开挖，上台阶开挖出洞，做好初期支护，临时仰拱闭合成环，开挖至 ZK72+149 里程桩。

（2）暂停该段施工，将施工所需的风、水、电等接至边仰坡，施做洞顶截水天沟及洞口边坡防护。

（3）施做侧挡墙。

（4）施做 ZK72+149～ZK72+154 洞顶混凝土回填。

（5）施做该段暗洞中下台阶及仰拱，直至全断面出洞。

（6）开挖洞口明洞 ZK72+149～ZK72+144 段并及时施做明洞仰拱衬砌。

（7）施做暗洞及明洞二次衬砌。

（8）施做洞门端墙。

（9）施做洞顶明洞段回填。

2）施工控制要点

（1）施工中应做好监控量测，时时掌握围岩动态，保证量测数据及时且准确。

（2）ZK72+149～ZK72+154 段，地形高低不平，施工该段初期支护时，局部地方外露，施工时做好防护工作，如遇锁脚外露，应适当调整出洞里程桩号，或采用地基处理加固的方式。

（3）ZK72+149～ZK72+154 段，线路左侧边坡较陡，应加强边坡临时支护，必要时加密加长系统锚杆。

（4）ZK72+146～ZK72+154 偏压挡墙段，随时开挖随时支护，在 ZK72+149～ZK72+154 段，根据实际情况，调整挡墙高度。

8.2.3　单向出洞技术效果分析

1. 变形测试方案

1）拱顶下沉

拱顶下沉是指隧道拱顶下沉变化情况，量测设备为高精度全站仪或高精度水准仪。拱顶下沉量测点必须与洞内外水准点建立联系，量测点（简称测点）布设如图 8.10 所示。

拱顶下沉量测频率可根据位移速度和量测断面距掌子面距离确定，具体如表 8.5 所示。量测作业应持续到变形基本稳定 2～3 周后结束。对于膨胀性和挤压性围岩，位移长期没有减缓趋势时，应适当延长量测时间。

2）周边位移

周边位移是指隧道两侧壁面测点之间的相对位移，量测的主要设备为高精度全站仪或收敛计。

表 8.5 隧道拱顶下沉与周边位移量测频率

按位移速度/(mm·d^{-1})	量测频率	按量测断面距掌子面的距离	量测频率
≥5	2 次/天	(0~1)B	2 次/天
1~5	1 次/天	(1~2)B	1 次/天
0.5~1	1 次/2~3 天	(2~5)B	1 次/2~3 天
0.2~0.5	1 次/3 天	>5B	1 次/7 天
<0.2	1 次/7 天	注：B 为隧道开挖宽度	

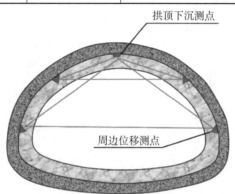

图 8.10 拱顶下沉与周边位移量测点布设

周边位移测点和拱顶下沉测点布置在同一断面上，用凿岩机钻成孔，然后将预埋件敲入，贴反光膜片进行测量工作。测点应尽量对称布设，即"同面等高"，以便数据的相互验证，测点布设如图 8.10 所示。量测方法包括自由设站和固定设站两种。

周边位移与拱顶下沉采用相同的量测频率进行监测，其量测频率可根据位移速度和量测断面距掌子面距离确定，具体如表 8.5 所示。量测作业应持续到变形基本稳定 2~3 周后结束。对于膨胀性和挤压性围岩，位移长期没有减缓趋势时，应适当延长量测时间。

2. 应力测试方案

1）锚杆轴力

锚杆轴力量测可以了解锚杆实际工作状态及轴向力的大小，结合位移量测，判断围岩发展趋势。

锚杆轴力量测是在选定的量测断面进行量测，测点布设如图 8.11 所示。孔深应比锚杆设计长度大 200 mm，或根据量测要求和分析松动范围确定钻孔深度，一般为 3.0~5.0 m，每个孔内一般设 3~4 个测点。

2）钢架内力

钢架内力量测根据钢支撑的受力状态，判断隧道空间和支护结构的稳定性。

在选定的量测断面的隧道拱顶、拱腰和边墙等位置布设测点，如图 8.11 所示。但应避开钢架节段的接头位置，距接头距离应大于 500 mm。选用表面应变计监测钢架内力，表面应变计可安装在型钢拱架上、下翼缘外侧，根据量测的应变值，可计算出钢架截面的应力分布。

3）围岩与初期支护间接触压力

围岩与初期支护间接触压力可以了解围岩压力的量值及分布状态，判断围岩和支护的稳定性。

选定量测断面后，在隧道拱顶、拱腰和边墙布设测点，如图8.11所示。在喷射混凝土之前，在确定的测点位置，将岩面用砂浆找平，把压力盒双模的一面紧贴围岩，用铆钉、铅丝或钢筋固定，导线穿管引至保护盒内，喷射混凝土时将压力盒和导线全部覆盖，导线头在保护盒内露出。

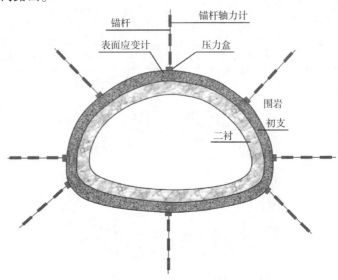

图8.11 锚杆轴力、钢架内力与接触压力测点布设

量测项目及频率如表8.6所示，各项目测点布设如表8.7所示。

表8.6 量测项目及频率

量测项目	方法及工具	测试精度	量测间隔时间			
			1~15天	16天~1个月	1~3个月	大于3个月
超前小导管轴力	锚杆测力计	1.0 kN	1~2次/天	1次/2天	1~2次/周	1~3次/月
锚杆轴力	锚杆测力计	1.0 kN				
钢架内力	表面应力计	0.1 kN				
围岩与初期支护间接触压力	压力盒	0.01 MPa				

表8.7 各项目测点布设

量测项目	量测仪器	每个断面测点布设数量	备注
拱顶下沉	全站仪	1	—
周边位移	全站仪	4	—
超前小导管轴力	电测锚杆计	5	每根超前小导管3个测点
锚杆轴力	电测锚杆计	8	每根锚杆3个测点
钢架内力	智能型应变计	16	—
围岩与初期支护间接触压力	智能型土压力计	8	—

3. 结果分析

在洞口段，左洞 ZK72+158 与右洞 YK72+164 的拱顶沉降与净空收敛在采用三台阶临时仰拱施工后累计变形量不大，分别为 ZK72+158 断面最终沉降 39.5 mm、最终收敛 15.1 mm，YK72+164 断面最终沉降 17.8 mm、最终收敛 9.2 mm。结果如图 8.12、图 8.13 所示。

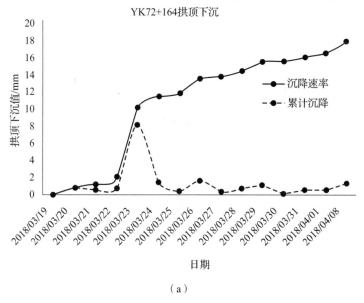

（a）

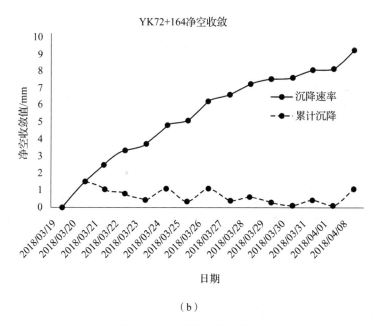

（b）

图 8.12　实测隧道洞口变形

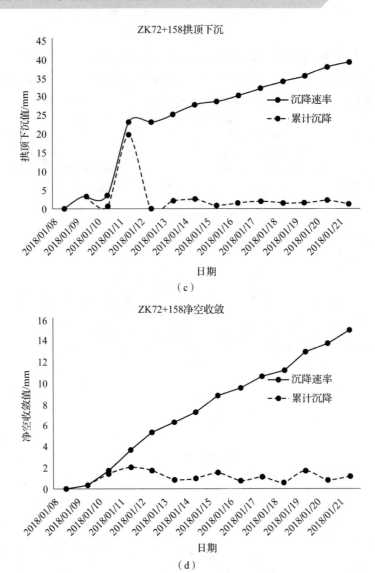

图 8.12 实测隧道洞口变形（续）

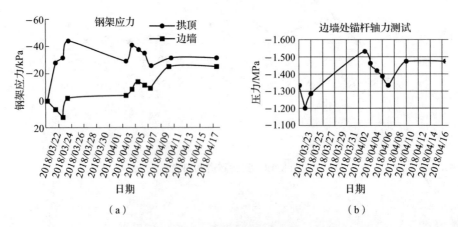

图 8.13 ZK72+158 断面围岩压力测试结果

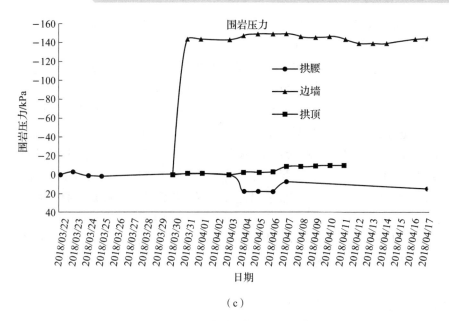

(c)

图 8.13 ZK72+158 断面围岩压力测试结果（续）

ZK72+158 断面隧道埋深 12.4 m，围岩容重为 20 kN/m³，竖向荷载设计值为：

$$q = \gamma h = 248 \text{ kPa}$$

围岩与初期支护间的接触压力在边墙处最大，最大为 149 kPa，受压，小于设计荷载。若全部围岩压力作用在初期支护上，安全系数为 1.66；若初期支护承担 60%围岩压力，安全系数为 2.77，满足施工安全的要求。

钢架应力最终稳定于 31.4 kPa，受压，小于喷射混凝土的抗压强度，能够保证隧道施工安全。因此，使用反向出洞技术是可行的，结合三台阶临时仰拱施工，围岩变形在 5 cm 以内，结构受力也在设计承荷范围内，能够保证隧道施工安全。

4．经济效益分析

1）开挖综合进度对比

隧道开挖综合进度指标如表 8.8 所示。

表 8.8 隧道开挖综合进度指标

围岩级别		施工方法	循环进尺	日循环数	日进尺/m	月进尺/m	备注
主洞	Ⅳ	CD 法（单侧壁导坑法）	1	1	1	25	采取 24 h 不间断作业，月有效施工按 25 天计
	Ⅴ	双侧壁导坑法	0.5	1	0.5	12.5	
	Ⅴ	三台阶临时仰拱法	1	2	2	50	

经对比分析，三台阶临时仰拱法施工进度明显优于单、双侧壁导坑法。

2）质量安全评价

（1）双侧壁导坑法断面分块多，施工相互干扰大，且双侧壁导坑上缘尖而窄，成形、出渣及施做系统锚杆很困难；而三台阶临时仰拱法分块少，各部开挖及支护自上而下，步步成环，及时封闭，各分部封闭成环时间短，临时仰拱能有效阻止支护结构的水平收敛，减少隧道围岩变形。且三台阶临时仰拱法上、中、下台阶同时进行施工,互不干扰,施工空间大,施做方便,系统锚杆的施工质量容易得到保证。

(2) 三台阶临时仰拱法就是将大断面划分成自上而下三个小单元进行开挖,缩小开挖断面;采用临时仰拱就是使每个小单元及时封闭成环,形成环向受力,有效地发挥初期支护整体受力效果,保护围岩的天然承载力,有效抑制围岩变形,阻止支护结构变形。

(3) 双侧壁导坑法需对侧壁导坑靠核心土一侧进行临时支护,支护采用φ22 mm 药卷锚杆(带钢垫板)、I18 钢拱架和φ50 mm 超前小导管,工序多,繁杂,进度缓慢,而三台阶临时仰拱法没有侧壁导坑,只需要临时仰拱支持,施工进度快,工期能得到保障。

(4) 双侧壁导坑法临时支护待监控量测证明围岩稳定后才可拆除,拆除难度大,而且对已稳定围岩进行第二次扰动,有安全隐患,而三台阶临时仰拱法下台阶和中台阶拉开 10 m,下台阶对中台阶能起到核心土作用;中台阶和上台阶拉开 10 m,中台阶对上台阶起到核心土作用,安全上得到保证。

3) 经济效益分析

经济效益分析如表 8.9、表 8.10 所示。

表 8.9 初期支护经济效益分析

序号	项目	单位	单价/元	造价 数量 双侧壁导坑法	单侧壁导坑法	三台阶临时仰拱	造价 金额/元 双侧壁导坑法	单侧壁导坑法	三台阶临时仰拱
1	φ22 mm 药卷锚杆	m	46	30	13.3		1 380	611.8	
2	φ22 mm 锁脚锚杆	m	46	20	6.67		920	3.6.82	
3	φ8 mm 钢筋网	kg	5.5	96.1	53.4		528.55	293.7	
4	喷 C25 混凝土	m³	840	4.6	2.41	7.098	3 864	2 024.4	5 962.32
5	I18 型钢拱架	kg	5.5	990.6		1 552.04	5 448.3		8 536.22
6	φ50 mm 超前支护	m	52	25.6	12		1 331.2	624	
7	I16 型钢拱架	kg	5.5			3.6.4			1 685.2
合计							13 472.05	5 545.92	14 498.54

表 8.10 超前支护经济效益分析

序号	项目	单位	单价/元	原工程造价 数量	金额/元	调整后造价 数量	金额/元	增减 数量	金额/元
1	喷射混凝土	m³	750	141.6	106 200	310.199	232 649.25	168.599	126 449.25
2	超前小导管	m	58	3 163.52	183 484.16	3 885	225 330	721.48	41 845.84
3	型钢钢架	kg	6.9	32 392.45	223 507.905	36 573.25	252 355.425	4 180.8	28 847.52
4	C30 混凝土	m³	620	699.8	433 876	541.542	335 756.04	−158.258	−98 119.96
5	锚杆	m	40	1 400	56 000	—	0	−1 400	−56 000
6	钢筋(网)	kg	5.2	4 478.9	23 290.28	741.06	3 853.512	−3 737.84	−19 436.768

续表

序号	项目	单位	单价/元	原工程造价		调整后造价		增减	
				数量	金额/元	数量	金额/元	数量	金额/元
7	钢筋	kg	4.2	2 978.65	12 510.33	2 262.5	9 502.5	−716.15	−3 007.83
8	管棚	m	205	1 209	247 845	—	0	−1 209	−247 845
合计					1 286 713.675		1 059 446.727		−227 266.948

经对比，双侧壁导坑法每延米导洞支护费用为 1.35 万元，单侧壁导坑法每延米导洞支护费用为 0.55 万元，三台阶临时仰拱每延米支护费用为 1.45 万元。

对比超前支护经济性，管棚支护为 128.67 万元，超前小导管支护为 105.94 万元，降低了工程造价 22.73 万元，降低幅度达 17.7%。

4）环保分析

采用三台阶临时仰拱施工方法，施工进度明显加快，对周边围岩造成的扰动减小，更好地保证了洞口围岩稳定性。并且采用超前小导管支护，降低了采用超前大管棚支护过程中钻孔及注浆对周围大气及水系的破坏。洞口段采用此方式出洞，可对挖方进行回填反压利用，优化了原设计先开挖再回填，减少了资源浪费，符合"零开挖"理念的要求。取消了管棚施做平台，降低了施工对洞口环境的影响。采用单向出洞方式减少了出口施工便道 490 m，减少了土地占用约 2 000 m²。

（1）使用反向出洞技术是可行的，结合三台阶临时仰拱施工，能够保证隧道施工安全，围岩变形在 5 cm 以内。反向出洞，应控制贯通前最后一步的开挖距离，宜不小于 2.5 m。为避免开挖贯通时变形增长的增加，在贯通前需要加固开挖面周边围岩。

（2）反向出洞具有较好的经济效益，减少了仰坡开挖防护面积，从原设计的约 600 m² 降低到 150 m²，减少了出洞口场地布设，节约了永久用地和临时用地，节省了工程造价；大大减少了洞口仰坡的临时防护，保护了原生的植被，体现了环保的施工理念；节省了施工费用，反向出洞方案较原设计减少了便道临时用地和便道施工费用、隧道洞口临时设施配置费用；提升了隧道设计水平及施工技术水平。

（3）在靠近坡面的地方反向出洞引起的围岩扰动比正向进洞产生更大的变形，这种变形能够使得围岩进行较充分的应力释放，降低围岩对结构的应力。应充分认识这种变形的有利作用，但同时关注变形的发展趋势，在必要时加固围岩以控制变形速率与变形量。

8.3 隧道洞口景观优化在惠清高速公路中的应用

在惠清高速公路隧道施工进行的过程中，对洞口进行了设计方案的调整，按景观设计思想变更可能的设计方案，使惠清线成为一条"景观之路"。在考虑景观设计的同时，采取了减缓措施，并考虑了工程造价的变化、施工可能性和工期等诸多因素。惠清高速公路隧道各标段相关工程状况调查表如表 8.11 所示。

表8.11 惠清高速公路隧道各标段相关工程状况调查表

隧道标段	隧道名称	起止桩号	隧道长度/m	洞门形式 汕头端	洞门形式 湛江端	坡度	洞口设计标高	最大埋深	道路线形	相关自然景观要素	地区文化
4标	枫树坳隧道左线	ZK68+026~ZK68+765	739	端墙式	端墙式						
4标	枫树坳隧道右线	K68+020~K68+770	750	端墙式	端墙式						
4标	大坪隧道左线	ZK70+645~ZK71+390	745	削竹式	削竹式						
4标	大坪隧道右线	K70+645~K71+277	632	削竹式	明洞式						
4标	乌树头隧道左线	ZK72+134~ZK72+387	253	端墙式	明洞式						
4标	乌树头隧道右线	K72+141~K72+375	234	削竹式	削竹式						
5标	南昆山隧道左线	ZK73+195~ZK77+417	4 222	棚洞式	削竹式						
5标	南昆山隧道右线	K73+232~K77+380	4 148	端墙式	端墙式						
5标	桥头隧道左线	ZK80+662~ZK82+466	1 804	明洞式	端墙式						
5标	桥头隧道右线	K80+708~K82+495	1 787	端墙式	端墙式						
6标	赤岭隧道左线	ZK84+019~ZK85+550	1 531	端墙式	明洞式						
6标	赤岭隧道右线	K83+917~K85+635	1 718	明洞式	端墙式						

第八章 惠清高速公路隧道洞口绿色技术应用

续表

隧道标段	隧道名称	起止桩号	隧道长度/m	洞门形式 汕头端	洞门形式 湛江端	坡度	洞口设计标高	最大埋深	道路线形	相关自然景观要素	地区文化
6标	长山埔1号隧道左线	ZK87+195~ZK88+170	975	削竹式	明洞式						
6标	长山埔2号隧道右线	K87+205~K88+216	1 011	削竹式	明洞式						
	长山埔2号隧道左线	Z88+369~Z88+865	496	削竹式	端墙式						
	长山埔2号隧道右线	K88+385~K88+875	490	削竹式	端墙式						
7标	罗村隧道左线	ZK90+414~ZK90+689	275	端墙式	明洞式						
	罗村隧道右线	K90+394~K90+645	251	端墙式	端墙式						
7标	石榴花隧道左线	ZK91+855~ZK93+712	1 857	削竹式	削竹式						
	石榴花隧道右线	K91+815~K93+746	1 934	削竹式	削竹式						
7标	大岭隧道左线	ZK95+271~ZK95+659	388	端墙式	削竹式						
	大岭隧道右线	K95+245~K95+667	422	端墙式	削竹式						

8.3.1 桥头隧道进口

1. 隧道洞口环境调查

1）工程概况

桥头隧道穿过丘陵地貌区，为分离式隧道，左线隧道起讫里程 ZK80+662~ZK82+452，长 1 790 m，进口端洞门采用明洞式，洞口设计标高 433.32 m，出口端洞门采用端墙式，洞口设计标高 397.31 m，坡度-1.991%，隧道最大埋深约 137.50 m；右线隧道起讫里程 K80+718~K82+485，长 1 767 m，进口端洞门采用端墙式，洞口设计标高 433.06 m，出口端洞门采用端墙式，洞口设计标高 396.77 m，坡度-2.0%，隧道最大埋深约 135.0 m。

2）地形地质

项目所在区域位于广东省惠州至清远区段，地处九连山山脉支脉，位于龙门断陷盆地西北边缘。全线地形地貌复杂，属于山地丘陵区，丘陵、低山、中山和盆地冲积平原相互交织。该区域以构造作用为主，受长期强烈剥蚀切割作用形成。

工点属于构造剥蚀中低山地貌，山体整体走向近似为南北，洞身段山坡面整体倾向约 30°，顺坡形成多条沟谷，切割深度 12~30 m 不等，宽窄不一。隧道段最高标高在里程 K82+105 处，高程约 556 m，最低点为隧道进口，高程约 439 m，相对高差 117 m。进洞口坡向约 51°，坡度为 21°~30°，位于桥头村，坡底发育有本地旅游漂流用溪流；出洞口为两沟谷间斜坡，斜坡坡向约 240°，坡度约 27°，山体植被茂密。

3）气象水文

隧道区属亚热带季风性湿润气候，夏长冬短，平均气温 22 ℃，最低极端气温-1 ℃，最高气温 37 ℃，偶见霜冻及薄冰。多年平均降雨量 1 500 mm 以上，最大降雨量 2 357 mm，平均蒸发量 1 400 mm。季风长，风力弱。夏秋季为南风，冬春季为北风，秋季偶受台风影响，最大风速 40 m/s。

隧址区地下水类型为第四系松散层孔隙水及基岩裂隙水，分别赋存于坡残积层、基岩岩层中，水位埋深随季节变化，水量受基岩裂隙发育程度影响，局部可能富集。地下水受大气降雨及侧向径流补给为主，以蒸发、侧向径流为主要排泄方式。总体而言，隧址区地下水量一般。

2. 确定洞口位置

隧道洞口位置是影响隧道走向、长度和地层好坏等的重要因素，因此必须通过地质和水文地质的勘探与调绘及环境地质、人文条件、历史人文等综合资料的掌握，并通过工程经验和工程类比来确定。

桥头隧道进口位置贯彻了早进晚出的原则，选定在围岩稳定的地层中，避免设置在带有危石的陡壁下，且与周边融合为一体，没有破坏自然环境，并与自然环境相协调，同时该进口处山体稳定、地质较好、地下水不太丰富，且其位于山脊低洼处，该处线路与地形等高线相垂直，方便施工及随后的运营。

3. 洞口实况相机取景

洞口实况相机取景如图 8.14~图 8.16 所示。

第八章　惠清高速公路隧道洞口绿色技术应用

图 8.14　桥头隧道进口总图

图 8.15　桥头隧道进口图一

图 8.16　桥头隧道进口图二

4. 洞口形式的选择

桥头隧道穿过丘陵地貌区，为分离式隧道，进口端洞门采用明洞式，出口端洞门采用端墙式，右线进口端洞门采用端墙式，出口端洞门采用端墙式。本节主要对桥头隧道进口端进行分析。

桥头隧道进口端主要设计为端墙式洞门，属于洞门大类中的承重式洞门，该洞门以安全性能为第一考究要素，往往忽视了其美学性质。端墙式洞门属于墙式洞门中最频繁出现的主要一类，在自然山坡陡峭、隧道轴线与坡面基本正交、洞口地形开阔、岩层稳定、有一定的山体压力、开挖坡度为 1∶0.3~1∶0.5 的洞口地段较为常见。在洞口岩层较好时使用这种形式的洞门最为经济，也是最为常见的一种洞门，缺点是洞门顶部排水条件较差。这类墙式洞门的主要参数如下。

1）体形参数（即端墙的造型）

无论是直线还是拱形端墙，洞口都宜选择净空高度大，拱顶到洞口顶距离短的形式。直线端墙偏单调，而拱形端墙若两侧有立柱，则偏复杂、厚重。

2）端墙肌理

端墙肌理可分为竖向肌理和横向肌理，根据设计需要，可以对墙面进行适当的人工肌理处理。经过普通凿毛处理的洞是最单调的，而壁画装饰的洞门给人耳目一新之感，横槽和竖槽的处理比较适宜，但壁画装饰的洞口景观评价高。这说明，人们潜意识中是希望对端墙进行美化处理的。同时，端墙洞口上部形状不同，复杂度也是不同的。装饰端墙时，采用描绘的形象比几何线条图形要更加柔软、轻快。

5. 洞口绿化方案设计

桥头隧道绿化设计如图 8.17 所示。

图 8.17 桥头隧道绿化设计

端墙式隧道根据端墙顶部高低选择不同植物种植，当高差小时选择云南黄素馨对端墙顶部进行装饰；当高差不足以让云南黄素馨下垂时，种植小灌木（三角梅）丰富洞口绿化；当高差足以遮挡小灌木时，则需要种植大灌木（小叶紫薇）对洞口进行绿化。同时，种植爬山虎、炮仗花向上攀爬覆绿。

洞顶碎落台上种植小灌木（红花三角梅），对于有骨架的洞顶边坡，在骨架每格正中种植红花三角梅和紫花三角梅。

对于洞口周边及洞顶景观较差的地方进行景观提升，如黄花风铃木、红花风铃木、马尾松、枫香等，自然式种植以达到提升洞口景观的效果。

6. 洞口工程施工设计

施工设计是将上述绿化设计融合之后进行的一个施工步骤，其主要把握力学安全性能，即无论任何工程构筑物，绿色美学都是点缀，安全永远是第一要素，一切都需要在安全性能的前提下方可进行设计。

7. 评价方法的选择

对于本隧道洞口景观评价主要采用三阶段评价方法。

首先是设计者对于桥头隧道绿化设计进行自我评价，根据以前的大量工程实例和现有的美学设计基础对桥头隧道进行一个大概的审阅，其进口为端墙式洞门，在美学上讲究简洁直观大方，设计者对于周边绿色植被的融合借鉴以往实例，更多要求以不破坏为主，辅之以二者相互融合。考虑到该地区主要为丘陵山地，地形崎岖，地质发育不良，以安全性能为第一也是核心要素，所以认定该处洞口设计方案良好。

其次是专家学者的评价，需要对其细部进行专业评价，并且给出相应的指导建议。该地地处岭南山区，绿色植被资源丰富，背景色自然以绿色为主，也彰显了大自然的活力与生命力，洞口为端墙式洞门，由于其简明直观的风格也反映了岭南文化的开放创新特色，因此洞口背景和类型的选择恰到好处，但是也正因此，对于洞门两侧的雕饰显得可有可无，在美学的独特性方面略显乏味，在此设计中洞门更多的还只是一个交通媒介。

最后是公众对于洞口的评价，把初步选定的几个比较方案，让各行各业，如司机、乘务人员、大学生、专业人员、领导层人员等，对各组的景观样本，按照评价指标进行评价。隧道造出来是为民众服务的，应该以民众的需求为主，设计师和专家更多只是前期铺垫服务者，最终的需求是满足人民大众。桥头隧道进口端墙式洞门净空高度大，给司机一种开阔的感觉，但同时端墙壁面面积大，有重量感，也容易对驾驶员有心理上的压迫，对于明暗视觉转换也不如削竹式洞门。此外，墙式洞门曲线柔和，给人一种舒适感，但也因为前述的开阔度，不会使得驾驶员放松警惕性，在安全上更为相得益彰。

8. 景观和结构的细部设计优化

桥头隧道洞门形式为端墙式，端墙式洞门的景观要素首先是端墙的形式。例如，根据上部的处理方法可采用直线形、曲线形和台阶形等的变化。因此，决定端墙上部的形态是景观设计中的重要问题。端墙式洞门的景观要素其次是端墙的装饰和其处理方法。为确保司机的安全，设计上应充分考虑洞口的亮度问题。

桥头隧道进口处左边较右边更为突出，所以更需要在左端进行更为着重的景观细部设计。左右线洞口左侧皆为倾斜山坡，可在其上撒播种草，营造绿色氛围。洞门上沿具有开阔位置，方便洞名的架设。两侧灯杆在洞门前沿开阔地段应对称布置，不至于由于单侧的布置扰乱驾驶员视线，灯杆在高度上应该根据端墙式洞门调节。

此外，对于端墙式洞门而言，可以在端墙面上加以装饰雕琢。由于该地属于岭南文化区，兼容开放，无畏开拓的航海文明应该被积极地包纳吸收在洞门景观设计中，因此可以在端墙面上添加一些有关航海的标志或者海鸥的飞翔图片。同时，创新发展的特色也可以容纳其中，可以雕饰一些改革图腾，或者春风洗面万物复苏之类的画面。

8.3.2 石榴花隧道出口

1. 隧道洞口环境调查

1）工程概况

石榴花隧道穿过丘陵地貌区，为分离式隧道，左线起讫里程 ZK91+855~ZK93+712，长 1 857 m，进口端洞门采用削竹式，出口端洞门采用削竹式，隧道最大埋深约 211 m；右线起讫里程 K91+815~K93+746，长 1 931 m，进出口端洞门均采用削竹式，隧道最大埋深约 225 m。

2）地形地质

隧道穿过丘陵地貌区，地形起伏较大，地面标高 170~475 m，最大相对高差约 305 m。进洞口山体自然坡角 20°~30°，出洞口自然坡角 20°~30°，山体植被茂密。隧道出口左洞存在偏压现象，设计施工时应予以注意。

隧道出口西侧 220 m 处（里程约 K93+980）有 F1 温泉断裂发育，其位于良口镇流溪河流域一带，隶属于广从断裂，其走向大致与流溪河走向一致，呈东北—西南向，延伸长度约 15 km，为张性或张扭性正断层，断面倾向南东，其间充填石英岩脉，构造岩破碎带极为发育，宽度十几米，构造岩以脆性的碎裂岩系列为主，常见硅化现象。本次勘察在隧道出口段及桥位区多个钻孔揭露断层破碎带等断裂形迹，表明隧道出口端 K93+600~K93+740 为断裂影响带。

3）气象水文

隧道区属亚热带季风性湿润气候，气象条件与桥头隧道相同。

地表水：隧道进口南侧存在一套河沟，河水自东北向西南流动，旱季水流较小，雨季水量丰沛。

区域水文试验参数：根据区域水文资料，项目区块状岩类基岩裂隙水水量贫乏，地下径流模数小于 5 L/（s·km^2），泉流量 0.03~0.5 L/s，在三坑村发现一下降泉，泉流量 0.6 L/s，在碧水湾一带发现一热泉，水温约 55 ℃，涌水量 549.3 t/d，水位降深值 3.74 m。

隧址区地下水类型为第四系松散层孔隙水及基岩裂隙水，分别赋存于坡残积层、基岩岩层中，水位埋深随季节变化，水量受基岩裂隙发育程度影响，隧道断层带中可能富集。地下水受大气降雨补给为主，以蒸发、侧向径流为主要排泄方式。总体而言，隧址区地下水量一般。

2. 确定洞口位置

隧道洞口位置选定遵循"早进晚出"的原则，洞口建筑遵循"安全、经济、和谐、自然"的设计理念，采用"小仰坡"开挖技术进洞，洞口周围边仰坡均采用自然的生态防护，整体上突出"小洞门、大绿化"的洞口效果。洞口位置的确定尽量避开不良地质现象，且洞口应有利于行车视线的诱导。

石榴花隧道洞口出口处山体稳定、地质较好、地下水不太丰富，且其位于山脊低洼处，该处线路与地形等高线相垂直，边坡及仰坡角度均相对较缓和，在此处开挖洞口对山体扰动较小，也不宜使新开出的暴露面太大。洞门前方地势开阔，便于车辆行驶，也方便洞门附属物的布设。

3. 洞口实况相机取景

洞口实况相机取景如图 8.18~图 8.20 所示。

图 8.18　石榴花隧道出口总图

图 8.19　石榴花隧道出口图一

图 8.20　石榴花隧道出口图二

4. 洞口形式的选择

石榴花隧道穿过丘陵地貌区，为分离式隧道。石榴花左右线出口端均为削竹式洞门，属于洞门大类中的突出式洞门，按照洞门结构承重与否来衡量，该洞门属于非承重式洞门，也就是无须承受背后山体的土压力，实际上可以看作仅仅是与隧道主体相连接的一个突出山体之外的单独结构。这种洞门形式灵活，能与自然环境很好地融为一体，并且创造属于本结构的装饰风格，对于山坡体周边的影响较小，没有破坏当地植被和整体感，有利于生态的保护。

削竹式洞门更是突出式洞门中的典型结构，类似于一根被削断的竹子，可以根据边仰坡度数选择削切的坡度，以及对于边坡两边刷坡与否的选择也具有决定性的意义。这种洞门形式严格符合"早进晚出"原则，洞口更为开阔，对于驾驶员行驶进洞的视力转换更具有安全性保证。

5. 洞口绿化方案设计

削竹式洞门主色调依旧以绿色为主，彰显与周边环境的融合，所以在隧道两侧边坡上植生袋挂网喷播植草，在陡峭的石质爬坡上种植爬山虎或其他绿色藤蔓植物。在左右线洞口中间及两侧边缘可以种植一颗风铃木以达到色彩的点缀作用。

在洞口上边缘也可以加以辅色调，使景观绿化不至于太过单调，所以在上边缘处种植藤蔓植物紫藤花，紫色混杂在绿色之中，使人眼前一亮，也可提醒驾驶员，提高安全警惕性。

至于洞口上部平坦地带，则是种植红绿交相辉映的苋草植物，远远望去，更像是一处园林修饰景观，而不单单只是草皮覆盖的简单洞门结构。石榴花隧道绿化设计如图8.21所示。

图8.21　石榴花隧道绿化设计

6. 洞口工程施工设计

施工设计是将上述绿化设计融合之后进行的一个施工步骤，其主要把握其力学安全性能，即无论任何工程构筑物，绿色美学都是点缀，安全永远是第一要素，一切都需要在安全性能的前提下方可进行设计。

7. 评价方法的选择

对于本隧道洞口景观评价同样采用层次评价方法。

首先是设计者对于桥头隧道绿化设计进行自我评价，根据以前的大量工程实例和现有的美学设计基础对石榴花隧道进行一个大概的审阅，其进口为削竹式洞门，这是结合绿化和景观效果的新型洞门形式。这种洞门形式为非承重结构，更多以造型和周边融合为主，周边可以根据仰坡角度选择刷坡甚至不刷坡。造型美观，保护了周边自然环境，在未来势必会因为民众审美的提高大量使用，设计方案良好。

其次是专家学者的评价，需要对其细部进行专业评价，并且给出相应的指导建议。削竹式洞门更多考虑其突出部位立体形状的装饰。可以确定的是削竹式洞门的选择在此地与周边绿色植被相辅相成，不仅没有破坏周边环境，更是将其恰如其分地融合在洞口工程中。石榴花隧道出口设计背景色同样是以绿色为主，这是由当地的植被覆盖决定的，对于该种非承重洞门，可以做到更多的美学装饰设计，对于洞口入口明暗度的调配也更具有进步意义。

最后是公众对于洞口的评价，把初步选定的几个比较方案，让各行各业，如司机、乘务人员、大学生、专业人员、领导层人员等，对各组的景观样本，按照评价指标进行评价。石榴花隧道的削竹式洞门造型美观，表现大方，符合隧道早进晚出原则，在行车安全方面，车辆进入隧道钱，仰坡正面反射光较弱，光的反差小，明暗度调配好，使得驾驶员视觉转换更为方便，有利于行车安全。同时，削竹式洞门也更利于景观的形成，驾驶员驶入洞门前也能得到视觉美的享受。

8. 景观和结构的细部设计优化

石榴花隧道出口为突出式洞门形式中的削竹式洞门，隧道出口左侧削竹洞门更为突出，对于驾驶员视觉明暗变化的体验感也更为显著。可以在洞门之前开阔地段立洞门铭牌或者于削竹顶上立洞门铭牌，只要能满足醒目的特点即可。同时，削竹式洞门很符合行驶早进晚出的要求，在视觉变幻上更具有安全性意义，在两侧的灯光设置不能太耀眼，尽量适合人眼的明暗视觉过渡。

削竹式洞门更多强调的是与周围环境的融合，这种结构更多地做到了景隧结合。对于雕饰，可以在突出部位上加以点缀，同样以岭南文化和改革创新精神为文化依托，也可在洞门两侧进行石块雕凿。在两个洞门中间部分的前沿可以设置一个绿化带，种植草皮和低矮绿色植物，真正做到一隧一景。

8.4 枫树坳隧道洞口遮阳棚设计

8.4.1 工程概况

本节拟选取本项目4标段的枫树坳隧道作为工程依托进行隧道洞口遮阳棚设计，以实现隧道洞外高光照环境向隧道洞内低光照环境的均匀降低变化,旨在消除"黑洞现象",满足驾驶员动态视觉适应特性,从而保障行车安全。枫树坳隧道主洞建筑限界及内轮廓如图 8.22、图 8.23 所示(图中单位为 cm)。

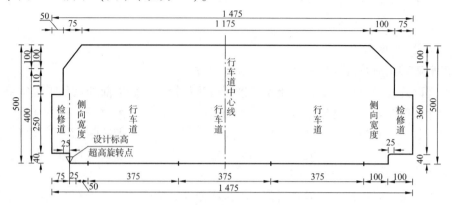

图 8.22　枫树坳隧道主洞建筑限界

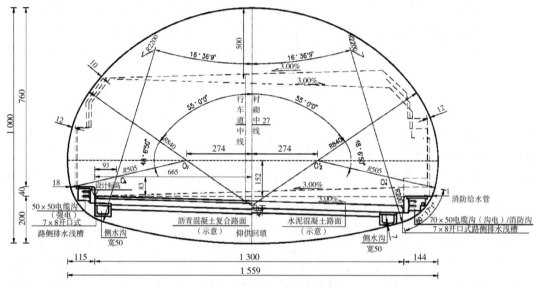

图 8.23　枫树坳隧道内轮廓

8.4.2　设计参数

1. 隧道洞口驾驶员光过渡适应曲线

参考上文室内试验结果,以满足驾驶员动态视觉适应性的环境光过渡拟合公式作为依托工程光环境设计标准。

2. 控制速度

由设计文件可知枫树坳隧道设计速度为 100 km/h,以此作为驾驶员驶入隧道洞口速度设计参数。

3. 始末段环境照度参数

(1) 始段照度参数:据气象统计资料显示,汕湛高速公路惠清段晴朗白天照度为 0.7×

$10^5 \sim 0.9 \times 10^5$ lux，选取交通领域常用的 85 百分位对应的照度值作为隧道洞外环境照度代表值设计参数，本文取 $E = 8.7 \times 10^4$ lux 作为枫树坳隧道外界环境照度设计参数。

（2）末段照度参数：根据《公路隧道照明设计细则》规定，车速为 100 km/h 时，入口段照度折减系数 $k = 0.04$。依托工程外界环境照度参数，参照推荐值 $E = 90\,000$ lux，隧道末段遮阳棚最小透光率为 0.1，隧道洞口加强照明至遮阳棚末段照度差值为 5.5%，考虑小汽车前挡玻璃折减系数 0.6，得隧道洞口遮阳棚末段视点照度设计参数 E_{in} 如下：

$$E_{in} = (87\,000 \times 0.04 + 87\,000 \times 0.055) \times 0.6 \text{ lux} = 4\,959 \text{ lux} \tag{8.1}$$

8.4.3　参照法仿真设计

枫树坳隧道始段照度为 87 000 lux，设计速度为 100 km/h，控制速度为 100 km/h 的长度及透光参数建议，将遮阳棚构建长度设为 62 m，四段透光组合，每分段长度 15.5 m，参数组合推荐值为 0.15~0.3~0.5~0.7。在该方案下进行光环境仿真，构建透光材料参数组合的遮阳棚模型，如图 8.24 所示。

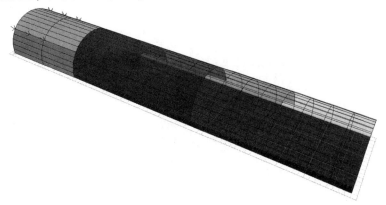

图 8.24　遮阳棚模型

仿真结果如图 8.25 所示，遮阳棚内仿真网格的颜色变迁代表着环境照度的变化，从始段的亮黄色高照度逐渐演变为末段至隧道洞口处的深蓝色低照度。

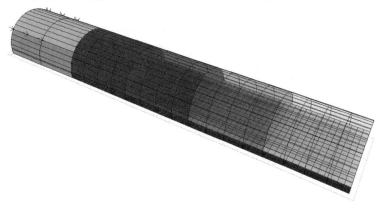

图 8.25　遮阳棚内光环境仿真结果

Ecotect Analysis 光环境仿真软件获取的结果为设计天空照度的百分比，通过计算可得到遮阳棚内 1.5 m 视高处沿线的照度变化值，具体数据如表 8.12 所示。

表8.12 遮阳棚内照度变化值

行驶的距离/m	遮阳棚内照度变化值/lux	行驶的距离/m	遮阳棚内照度变化值/lux
1.11	42 591	37.74	16 967
2.22	38 938	38.85	16 830
3.33	37 986	39.96	16 669
4.44	37 310	41.07	16 289
5.55	36 977	42.18	16 207
6.66	36 714	43.29	15 549
7.77	36 469	44.4	14 701
8.88	36 291	45.51	13 478
9.99	35 966	46.62	12 128
11.1	35 734	47.73	10 389
12.21	35 029	48.84	10 305
13.32	34 341	49.95	9 839
14.43	33 259	51.06	9 371
15.54	31 160	52.17	9 223
16.65	29 449	53.28	9 158
17.76	28 427	54.39	8 886
18.87	27 922	55.5	8 852
19.98	27 279	56.61	8 567
21.09	27 022	57.72	8 078
22.2	26 901	58.83	7 710
23.31	26 659	59.94	7 008
24.42	26 418	61.05	5 781
25.53	26 262	62.16	4 545
26.64	25 935	63.27	3 644
27.75	25 017	64.38	3 029
28.86	24 516	65.49	2 753
29.97	22 921	66.6	2 588
31.08	20 900	67.71	2 275
32.19	19 442	68.82	2 193
33.3	18 433	69.93	2 015
34.41	17 913	71.04	1 983
35.52	17 362	72.15	1 878
36.63	17 286	73.26	1 728

以驾驶员从遮阳棚始端驶向隧道洞口的方向距离为横坐标，棚内至隧道加强照明处照度变化值为纵坐标，绘制遮阳棚内照度变化曲线，如图8.26所示。

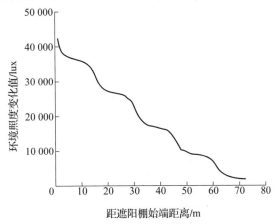

图8.26 遮阳棚内照度变化曲线

在遮阳棚构建长度为62 m及行车速度为100 km/h的条件下，小汽车在0.15~0.3~0.5~0.7遮光材料透光率组合过渡处的每0.2 s最大照度变化如下。

（1）遮阳棚始段–遮阳棚中间段1：

仿真照度差：（35 029−28 427）lux = 6 602 lux

拟合照度差：（6 080.11+7.88×10^{-6}×28 427$^{1.884}$）lux = 8 008 lux

（2）遮阳棚中间段1–遮阳棚中间段2：

仿真照度差：（24 516−17 913）lux = 6 603 lux

拟合照度差：（6 080.11+7.88×10^{-6}×17 913$^{1.884}$）lux = 6 882 lux

（3）遮阳棚中间段2–遮阳棚末段：

仿真照度差：（16 207−10 389）lux = 5 818 lux

拟合照度差：（6 080.11+7.88×10^{-6}×10 389$^{1.884}$）lux = 6 361 lux

（4）遮阳棚末段–隧道加强照明处：

仿真照度差：（7 710−3 029）lux = 4 681 lux

拟合照度差：（6 080.11+7.88×10^{-6}×3 029$^{1.884}$）lux = 6 099 lux

经验证，遮阳棚全场范围内至隧道洞内照度过渡满足视觉要求。

参考文献

[1] 交通运输部. JTG/T D70/2-02—2014 公路隧道照明设计细则[S]. 北京：人民交通出版社，2014.

[2] 郭应时，付锐，袁伟，等. 通道宽度对驾驶员动态视觉和操作行为的影响[J]. 中国公路学报，2006，19（5）.

[3] 杜志刚，黄发明，严新平，等. 基于瞳孔面积变动的公路隧道明暗适应时间[J]. 公路交通科技，2013，030（005）：98-102.

[4] 胡江碧，李然，马勇. 高速公路隧道入口段照明安全阈值评价方法[J]. 中国公路学报，2014，27（3）.

[5] ONAYGIL S, GUELER O, ERKIN E. Determination of the effects of structural properties on tunnel lighting with examples from Turkey[J]. Tunnelling and Underground Space Technology incorporating Trenchless Technology Research，2003，18（1）.

[6] 杨公侠，丛艺，郑汉璋，等. 上海打浦路隧道遮阳棚模型试验与研究[J]. 照明工程学报，1989（01）：17-28.

[7] 于亚敏. 公路隧道入口"黑洞"效应的数值表征与遮阳棚光环境设计方法[D]. 西安：长安大学，2019.

[8] 唐鹏飞. 基于驾驶人视点照度的公路隧道入口遮阳棚设计方法[D]. 西安：长安大学，2018.

[9] 张韬. 基于视觉特性的高速公路隧道照明光源亮度与能耗分析[D]. 重庆：重庆交通大学，2015.

[10] 申振武. 基于驾驶员心理的高速公路隧道口绿化研究[D]. 武汉：华中科技大学，2016.

[11] 李炳杰. 基于视觉明暗适应变化规律的公路隧道洞口景观优化研究[D]. 重庆：重庆交通大学，2016.

[12] 郑勇. 棚洞结构体、回填缓冲体与山体的适应性研究[D]. 重庆：重庆交通大学，2015.

[13] 王东方，叶飞，张金龙，等. 山岭公路隧道洞口景观问题分析探讨[J]. 地下空间与工程学报，2012，8（04）：874-883.

[14] 王耀. 高速公路景观设计安全评价指标体系研究[D]. 西安：长安大学，2010.

[15] 陈芳. 公路视觉环境对行车安全的影响[D]. 重庆：重庆交通大学，2009.

[16] 黎明. 高速公路隧道洞口景观艺术设计研究[D]. 昆明：昆明理工大学，2008.

[17] 王梦恕,谭忠盛. 中国隧道及地下工程修建技术[J]. 中国工程科学,2010,12(12):4-10.

[18] 蒋树屏,李建军. 公路隧道前置式洞口工法的三维数值分析[J]. 岩土工程学报,2007,4(04):484-489.

[19] 黄伦海,蒋树屏,张军. 公路隧道洞口环保型设计施工现状及展望[J]. 地下空间与工程学报,2005,4(03):455-459.